MATLAB 仿真及电子信息应用

第2版

◎侯艳丽 苏佳 侯卫民 崔慧敏 编著

人民邮电出版社
北京

图书在版编目（CIP）数据

MATLAB仿真及电子信息应用 / 侯艳丽等编著. -- 2版. -- 北京 : 人民邮电出版社, 2016.8
普通高等学校电类规划教材. 电子信息与通信工程
ISBN 978-7-115-43105-9

Ⅰ. ①M… Ⅱ. ①侯… Ⅲ. ①Matlab软件－计算机仿真－应用－电子信息－高等学校－教材 Ⅳ. ①G203

中国版本图书馆CIP数据核字(2016)第160901号

内容提要

本书结合电子信息类课程的特点，介绍了 MATLAB 语言在电路、信号与系统、数字信号处理、通信原理中的应用。全书共 9 章。前 5 章是 MATLAB 基础部分，主要介绍了 MATLAB 语言的开发环境、基本语法、计算功能、编程基本方法、绘图功能和 SIMULINK；后 4 章讲述了 MATLAB 在电子信息领域中的应用。其中第 6 章介绍了 MATLAB 在电路分析中的应用；第 7 章介绍了 MATLAB 在信号与系统中的各种分析处理函数，重点介绍 MATLAB 在变换域分析中的应用；第 8 章介绍了 MATLAB 在数字信号处理中的应用，重点介绍离散傅里叶变换和数字滤波器；第 9 章介绍了 MATLAB 在通信原理中的应用，说明了如何使用 MATLAB 语言实现不同传输系统的建模仿真。

本书实例丰富，针对性强，可作为电子信息类专业及其相关专业的本科生和研究生学习专业知识的辅助教材和参考书，也可供相应的工程技术人员参考使用。

◆ 编　　著　侯艳丽　苏　佳　侯卫民　崔慧敏
　责任编辑　张孟玮
　执行编辑　李　召
　责任印制　沈　蓉　彭志环

◆ 人民邮电出版社出版发行　　北京市丰台区成寿寺路 11 号
　邮编　100164　　电子邮件　315@ptpress.com.cn
　网址　http://www.ptpress.com.cn
　固安县铭成印刷有限公司印刷

◆ 开本：787×1092　1/16
　印张：14.25　　　2016 年 8 月第 2 版
　字数：343 千字　　2025 年 7 月河北第 20 次印刷

定价：39.80 元

读者服务热线：(010)81055256　印装质量热线：(010)81055316
反盗版热线：(010)81055315

第 2 版前言

MATLAB 具有编程简单、数据可视化功能强、可操作性强等特点，已成为国际公认的最优秀的科技应用软件之一，它是集成了数值计算、符号运算和图形处理等多功能于一体的科学计算软件包，包含许多专用工具箱，可以进行科学计算、动态仿真、图形处理、信号处理、系统控制、数据统计等。作者于 2011 年所编写的《MATLAB 仿真及电子信息应用》一书，讲述了如何应用 MATLAB 进行编程仿真，并针对电子信息类的本科学生，重点介绍了在电路、信号与系统、数字信号处理及通信原理中的具体应用。作者结合近几年的教学改革实践和广大学生的反馈意见，在保留原书特色的基础上，对教材进行了修订。这次修订的主要内容如下。

- 增加 SIMULINK 参数的具体设置方式。在教学过程中，发现 MATLAB 初学者比较倾向于使用 SIMULINK，但是往往在参数设置方面存在问题，因此本次修订专门将 SIMULINK 的相关内容作为一章，并且针对步长、仿真时间等参数做了介绍，同时利用不同的例子介绍了参数的设置方法。
- 第 8 章和第 9 章增加了两个综合实例，利用 MATLAB 仿真图像处理和 OFDM 通信系统，建立了数学运算与通信系统的桥梁，帮助读者综合运用学到的 MATLAB 命令，建立 MATLAB 的全局观念，更好地掌握 MATLAB 的强大功能，并使用 MATLAB 工具更好地理解通信系统。

本书由侯艳丽、苏佳、侯卫民、崔惠敏共同编写完成。其中，第 1 章、第 2 章由侯艳丽编写，第 3 章由侯艳丽、苏佳编写，第 4 章由苏佳编写，第 5 章由侯艳丽编写，第 6 章由侯艳丽、崔惠敏编写，第 7 章由苏佳、侯卫民编写，第 8 章、第 9 章由侯卫民、崔惠敏编写。

为配合教学需要，本书还提供配套的教学课件、源程序代码，读者可以登录人邮教育社区（www.ryjiaoyu.com）下载。

编　者

2016 年 8 月

目录

第 1 章 MATLAB 简介

1.1 MATLAB 的发展历史

MATLAB 的名字由 MATrix 和 LABoratory 两词的前 3 个字母组合而成，直译就是“矩阵实验室”，可以看出 MATLAB 是研究矩阵理论的强有力工具。20 世纪 70 年代中期，Cleve Moler 博士和同事们在美国国家科学基金的资助下开发了 LINPACK 和 EISPACK 子程序库。20 世纪 70 年代后期，Cleve Moler 担任美国新墨西哥大学计算机科学系主任，他在讲授矩阵理论有关课程时，教学生使用 LINPACK 和 EISPACK 库程序，但学生编写 LINPACK 和 EISPACK 的接口程序很费时，于是他设计了调用 LINPACK 和 EISPACK 库程序的接口程序，这是用 FORTRAN 编写的萌芽状态的 MATLAB。

1983 年初，Cleve Moler、John Litttle 和 Steve Bangert 将基于 FORTRAN 语言的 MATLAB 全部用 C 语言改写，形成了新一代的 MATLAB；1984 年 MathWorks 公司成立，正式将 MATLAB 推向市场。此时 MATLAB 除了具有数值计算能力外，还增加了数据图视功能。

随着科技的发展，MATLAB 的功能不断完善，由于它的开放性和可靠性，到了 20 世纪 90 年代，它已经发展成为国际控制界公认的标准计算软件。随着时间的推移，MATLAB 的功能不断扩充，版本不断升级。1993 年 MathWorks 公司推出 MATLAB 4.0 版，1994 年推出 4.2 版，1997 年推出 MATLAB 5.0 版，紧接着是 5.1、5.2、5.3 版，MATLAB 面向对象的特点更加突出，数据类型和函数类型更加丰富，进一步提高了程序的可读性和运行的可靠性。2000 年推出 MATLAB 6.0 版，操作界面更加友善。2002 年推出了 MATLAB 6.5 版，开始使用 JIT 加速器，大大提高了运算速度。2004 年 7 月推出了 MATLAB 7.0 版，在编程环境、代码效率、数据可视化、文件 I/O 等方面都进行了全面的升级。2005 年 9 月推出了 MATLAB 7.1 版。2006 年先后推出了 MATLAB 7.2 版和 MATLAB 7.3 版。2007 年相继推出了 MATLAB 7.4 版和 MATLAB 7.5 版。2008 年推出了 MATLAB 7.6 版和 MATLAB 7.7 版。2009 年 3 月、6 月分别推出了 MATLAB 7.8 版和 MATLAB 7.9 版。2010 年 3 月推出最新的 MATLAB 7.10 版。

今天的 MATLAB 已经不只是矩阵运算或数值计算的软件，而是一种集数据分析与数值计算、算法开发、数据可视化与图形界面设计、程序设计和仿真等多种功能于一体的集成软件。随着在高等院校的推广和应用，MATLAB 已经成为线性代数、数理统计、数学建模、电路基础、信号与系统、自动控制、数字信号处理、通信原理等课程的基本教学工具，成为攻读相关学位的本科生和研究生必须掌握和精通的技能。

1.2 MATLAB 的特点

MATLAB 语言之所以在多种数值计算语言中脱颖而出，是由于其有着不同于其他语言的特点。

1．友好的工作平台和编程环境

随着 MATLAB 的商业化以及软件本身的不断升级，MATLAB 的用户界面也越来越精致，更加接近 Windows 的标准界面，操作更简单，人机交互性更强。

2．语言简洁

与 C 语言和 FORTRAN 语言相比，MATLAB 使用的代码更简洁、更直观，符合人们的思维习惯，使用方便灵活，语言可移植性好、可拓展性强。

3．强大的数据处理能力

在 MATLAB 中，矩阵是运算的基本单位，矩阵运算就像执行普通的标量运算一样简单。同时 MATLAB 是一个包含大量计算算法的集合，它拥有 600 多个工程要用到的数学运算函数，可以方便地实现用户所需的各种计算功能。

4．强大的图形绘制能力

MATLAB 的图形绘制能力，使得数据可视化，能够将数据更加形象生动地显示出来。

5．具有功能强大的工具箱

MATLAB 的 40 多个工具箱分为两类：功能型工具箱和领域型工具箱。功能型工具箱主要用来扩充其符号计算功能、图示建模仿真功能、文字处理以及与硬件实时交互功能，适用于多种学科；领域型工具箱专门用于某一专业领域，专业性比较强。常用的工具箱如下。

Matlab Main Toolbox——MATLAB 主工具箱；
Control System Toolbox——控制系统工具箱；
Communication Toolbox——通信工具箱；
Filter Design Toolbox——滤波器设计工具箱；
Fuzzy Logic Toolbox——模糊逻辑工具箱；
High-Order Spectral Analysis Toolbox——高阶谱分析工具箱；
Image Processing Toolbox——图像处理工具箱；
Neural Network Toolbox——神经网络工具箱；
Optimization Toolbox——优化工具箱；
Signal Processing Toolbox——信号处理工具箱；
Statistics Toolbox——统计工具箱；
Wavelet Toolbox——小波工具箱。

6．具有极好的开放性

MATLAB 中除内部函数外，所有的主包文件和各种工具包都是可读、可修改的文件，用户可通过修改源程序或加入自己编写的程序构造新的专用工具包。MATLAB 还提供了专门的应用程序接口（API），从而实现与外部应用程序的“无缝”结合。

MATLAB 的显著特点使其逐渐成为科技计算、视图交互系统和程序中的首选语言工具，广泛应用于各领域，如信号和图像处理、通信系统的设计与仿真、控制系统设计、测试和测量、财务建模和分析、计算生物学等。

1.3　MATLAB 的安装和启动

1. MATLAB 系统的安装

安装 MATLAB 系统，需要启动计算机中已有的或光盘中的安装程序，按照安装提示依次操作。首先，双击 setup.exe 文件，将显示如图 1-1 所示界面。

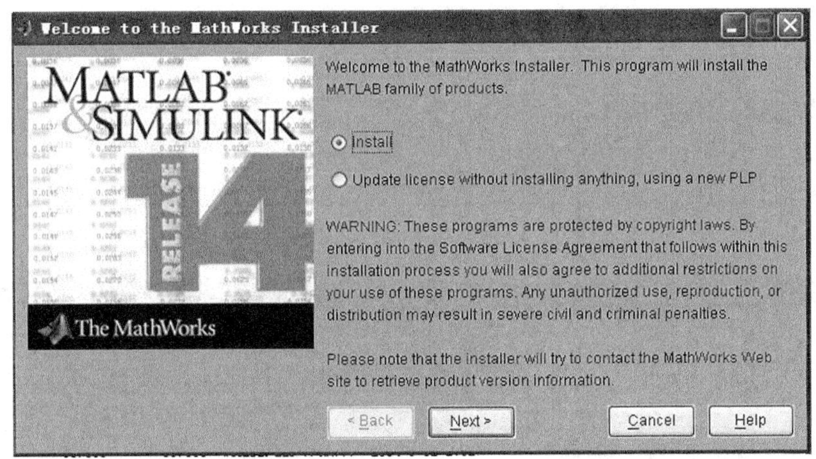

图 1-1 "Welcome to the MathWorks Installer" 对话框

单击图 1-1 中的"Next"按钮，将出现如图 1-2 所示的"License Information"对话框，填入相应的内容，单击"Next"按钮，进入如图 1-3 所示的"License Agreement"对话框。选中"Yes"后，单击"Next"按钮，进入如图 1-4 所示的"Installation Type"对话框，有两个选项："Typical"选项表示安装所有组件，是完全安装；"Custom"选项表示自定义安装，根据需要进行选择。这里选择的是"Typical"完全安装，然后单击"Next"按钮，进入如图 1-5 所示的"Folder Selection"对话框，单击"Browse..."按钮选择路径后，单击"Next"按钮。将进入如图 1-6 所示的安装进度对话框，安装完成后，就可以启动 MATLAB 了。

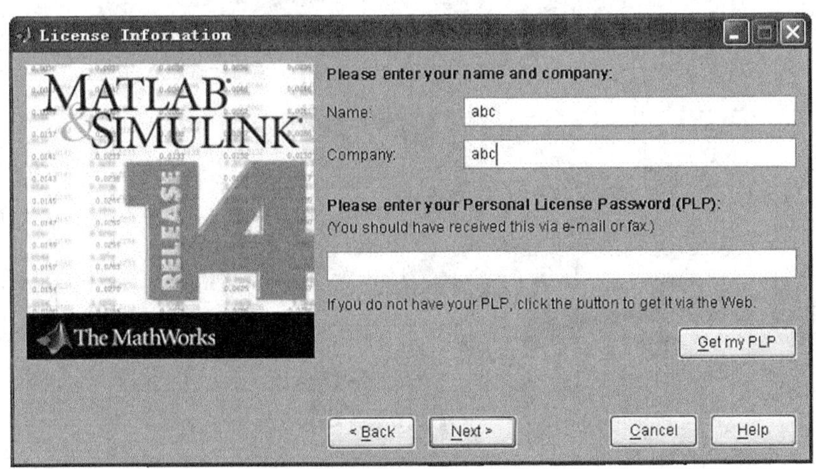

图 1-2 "License Information" 对话框

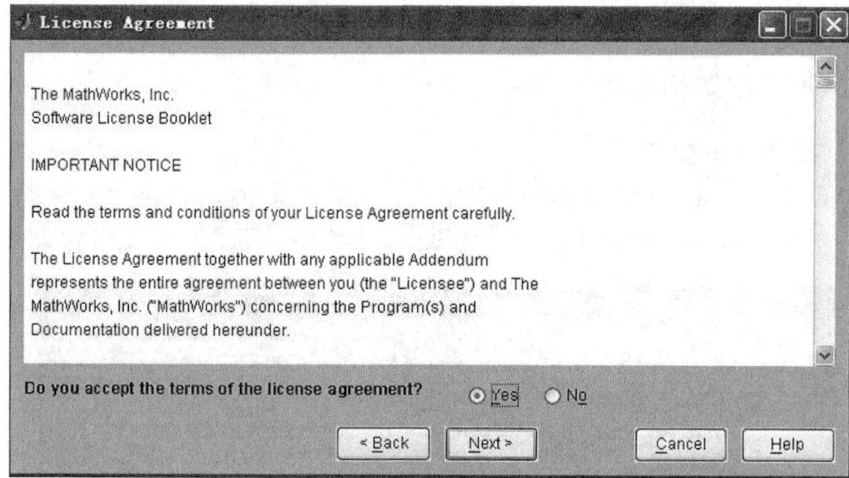

图 1-3 “License Agreement” 对话框

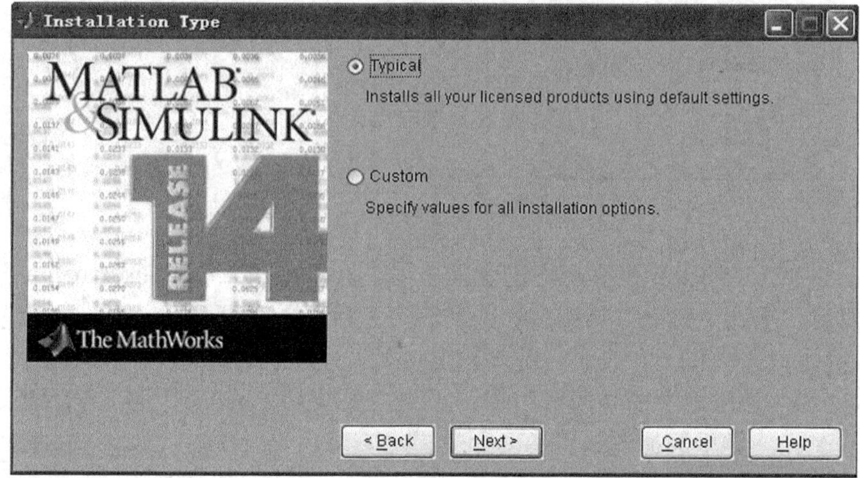

图 1-4 “Installation Type” 对话框

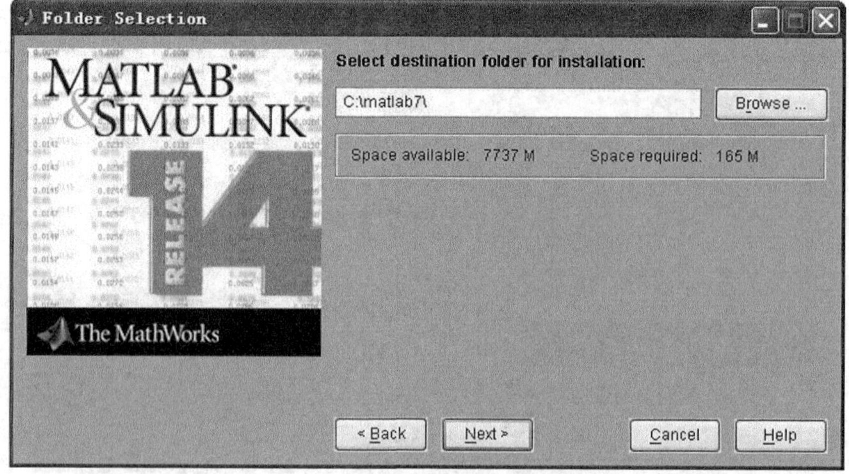

图 1-5 “Folder Selection” 对话框

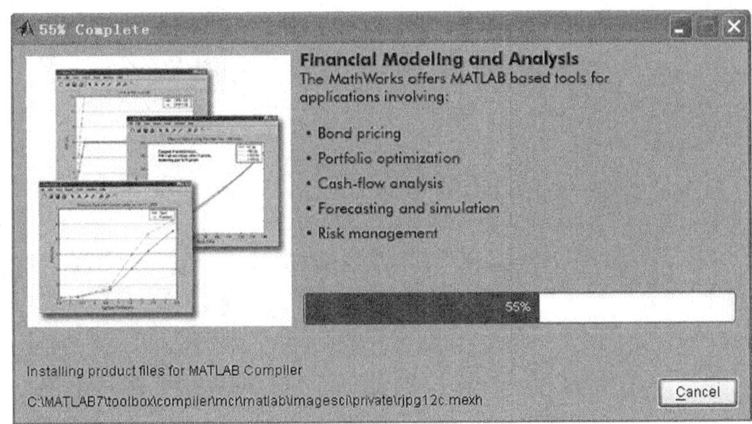

图 1-6　安装进度对话框

2. MATLAB 系统的启动

可以通过以下 3 种方法来启动 MATLAB 系统。

① 使用 Windows 的“开始”菜单。

② 运行 MATLAB 系统的启动程序 matlab.exe。

③ 利用桌面上的快捷方式。

3. MATLAB 系统的退出

退出 MATLAB 系统的常用方法有如下 3 种。

① 在 MATLAB 命令窗口中输入“exit”或“quit”命令。

② 在 MATLAB 的 File 菜单中选择 Exit MATLAB 命令。

③ 直接单击 MATLAB 命令窗口右上角的☒按钮。

1.4 MATLAB 操作界面

启动 MATLAB 后，进入操作界面，主要包括 MATLAB 主窗口、命令窗口（Command Window）、工作空间窗口（Workspace）、当前目录窗口（Current Directory）和命令历史窗口（Command History）。

1. 主窗口

MATLAB 的主窗口除了嵌入一些子窗口外，还包括菜单栏和工具栏。

（1）菜单栏

菜单栏界面如图 1-7 所示。

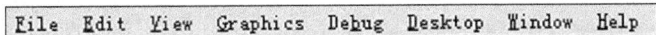

File　Edit　View　Graphics　Debug　Desktop　Window　Help

图 1-7　MATLAB 的菜单栏

File 菜单：实现文件的有关操作，如新建文件、打开文件和导入文件等。

Edit 菜单：实现命令窗口的编辑，如复制、粘贴和删除等操作。

View 菜单：用于设置如何显示当前目录下的文件，或如何在工作空间窗口中显示变量。

Graphics 菜单：用来打开绘图工具。

Debug 菜单：设置程序的调试。

Desktop 菜单：设置主窗口中需要打开的子窗口。

Window 菜单：实现已打开的各窗口间的切换，或关闭所有的窗口。

Help 菜单：用于进入帮助系统。

（2）工具栏

工具栏界面如图 1-8 所示。

图 1-8　MATLAB 的工具栏

工具栏中各项的作用由左到右依次是：新建一个 M 文件；打开一个已有的 M 文件；剪切；复制；粘贴；撤销上一步操作；恢复上一步操作；打开 Simulink 仿真器；打开用户界面设计窗口；打开 MATLAB 帮助系统；设置当前目录。

2．命令窗口

命令窗口是 MATLAB 最主要的窗口，它实现了 MATLAB 的交互性，主要用于命令行的输入和除图形以外的执行结果的显示。在该窗口中的提示符“>>”表示 MATLAB 处于准备状态。在命令提示符后输入命令后，按“Enter”键，在命令窗中就会显示运行结果。

一般一行输入一条命令，当命令较长需占用两行或多行时，要在行尾加上“...”，再按“Enter”键，就可以到下一行接着写命令。当然，也可以输入多条命令，这时各命令间要以逗号或分号分隔开。

命令窗口中各字符的颜色不同，在默认情况下，关键字采用蓝色，字符串采用褐红色，命令、表达式和运行结果采用黑色。

举一个简单的例子：已知 a=1、b=2、c=3，$d=a^2+b^2+c^2$，求 d 的平方根。在命令窗口输入命令，按“Enter”键，输入的命令和运算结果如图 1-9 所示。

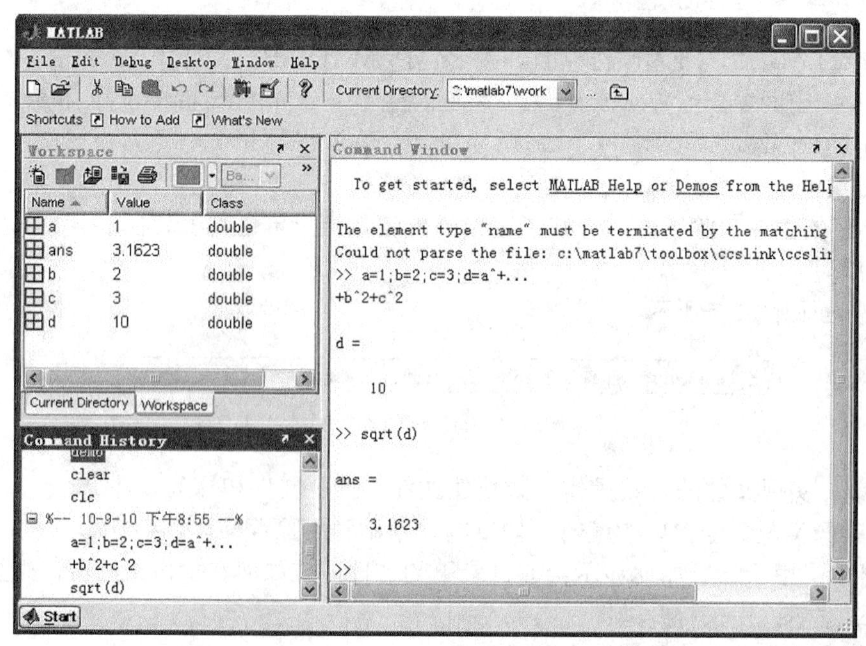

图 1-9　MATLAB 的工作界面

图 1-9 命令窗口中显示了最后 d 的平方根值，并把这个值赋给了变量 ans。ans 是 answer 的缩写，它是 MATLAB 默认的系统变量。另外，如果单击各子窗口右上角的 ↗ 图标，各子窗口可浮动出来单独显示。

3．工作空间窗口

如图 1-9 所示，Workspace 用来显示当前计算机内存中 MATLAB 变量的名称、类型、字节数和数据结构。选中变量后，双击或右键单击可以修改变量的内容。

4．当前目录窗口

当前目录窗口和工作空间窗口共用一个窗口，通过 Current Directory | Workspace 按钮的选择进行切换。当前目录是指 MATLAB 运行文件时的工作目录，只有在当前目录或搜索路径下的文件、函数才能被运行或调用。当需要被执行的文件或函数不在当前目录时，可以使用 cd 命令将其目录变成当前目录，如 cd c:\myfile。

5．命令历史窗口

如图 1-9 所示，Command History 显示用户在命令窗口中所输入命令的历史记录，同时标明了使用时间，以方便用户查询。如果用户想再次执行某条命令时，直接在命令历史窗口中双击该命令即可；如果想从命令历史窗口中删除某条命令，选中命令后，单击鼠标右键，选择“Delete Selection”命令。如果要清除所有历史记录，除了可使用上面的方法外，还可选择“Edit”菜单中的“Clear Command History”命令来实现。

MATLAB 主窗口的左下角有一个 Start 按钮，单击它将弹出一个菜单，包括 MATLAB、Toolboxes、Simulink、Blocksets、Desktop Tools、Web、Preferences、Find Files、Help、Demos，选择其中的命令就可执行相应的操作。

1.5 MATLAB 的帮助系统

MATLAB 帮助系统主要包括帮助窗口、帮助命令和帮助演示等。

1．帮助窗口

MATLAB 的帮助窗口非常全面，几乎包括该软件的所有内容。帮助窗口如图 1-10 所示，

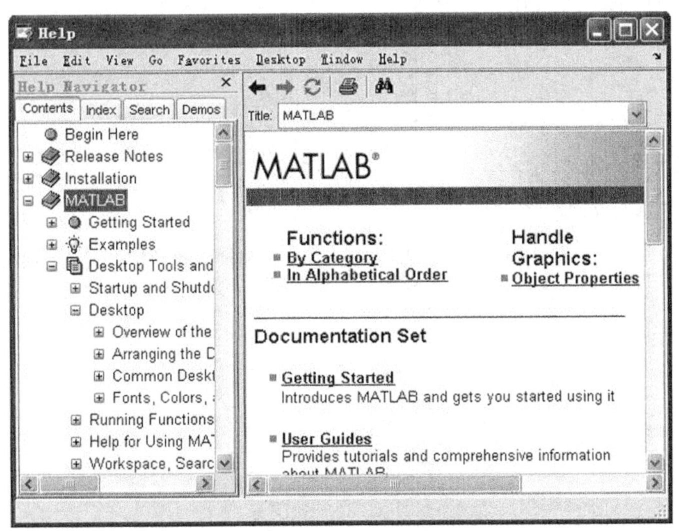

图 1-10 MATLAB 帮助窗口

左侧部分是帮助导航器，有 4 个选项卡：Contents（帮助主题）、Index（帮助索引）、Search（帮助查询）和 Demos（联机演示），右侧是帮助浏览器。当选择 Contents 中的某一项时，帮助浏览器会显示相应的 HTML 帮助文本；Index 选项卡用于查找命令和函数等；Search 选项卡通过关键词查找与其匹配的条目；Demos 选项卡用来运行 MATLAB 中的 Demo。

打开帮助窗口的方法有以下几种。

① 单击 MATLAB 主窗口工具栏中的“?”图标。

② 选择“Help”菜单中的“MATLAB Help”选项。

③ 在命令窗口中输入 helpwin、helpdesk 或 doc 命令。

④ 按快捷键 F1。

2．帮助命令

在命令窗口中直接输入相关的帮助命令，以得到帮助信息。

（1）help 命令

在命令窗口中直接输入 help，将会显示当前帮助系统中包含的所有项目。如果要对某一函数或命令进行查询，在 help 后面加上该函数名或命令名即可。

（2）lookfor 命令

该命令根据关键字，搜索所有的 MATLAB help 标题和 MATLAB 搜索路径中 M 文件的第 1 行，返回包含关键字的那些项。

（3）模糊查询

在命令窗口中输入命令的前几个字母，然后按“Tab”键，将得到以这几个字母开头的所有命令。

3．帮助演示

Demo 演示界面为用户提供了图文并茂的演示实例。可以通过以下几种方法打开 Demo 演示界面。

① 选择“Help”菜单中的“Demo”选项。

② 在帮助导航/浏览器窗口中选择“Demos”面板。

③ 在命令窗口中输入“Demo”命令。

习　　题

1-1　MATLAB 有哪些特点？

1-2　退出 MATLAB 有哪些方法？

1-3　如何在帮助窗口、帮助命令、帮助演示中查找 plot 的相关指令和演示程序？

第 2 章 MATLAB 语言基础

2.1 变量及其赋值

变量是程序设计语言的基本元素之一，在 MATLAB 中，变量不需要声明其类型，但一定要有变量名，且变量命名是有一定规则的。

2.1.1 变量命名规则

（1）变量名只能由字母、数字和下画线组成，且必须以字母开头。

例如：a、a1、a1_和 a_3b 都是合法的，1_a、_a1、{a}、a 1 和 a.1 都是不合法的。

（2）变量名区分字母的大小写，即 A 和 a 代表不同的含义。

（3）变量名不能超过最大长度限制，如果超过了最大允许长度，超过部分的字符就被忽略了。不同版本 MATLAB 的最大长度限制是不同的，可调用 namelengthmax 函数得到系统规定长度。

（4）关键字不能作为变量名，如 for、end 和 if 等。

另外，MATLAB 中存在一些特殊的由系统本身定义的预定义变量，也称为常量。变量命名时应尽量避开这些预定义变量，MATLAB 中的预定义变量如表 2-1 所示。

表 2-1 MATLAB 预定义变量

预定义变量	变量的含义
ans	运算结果的缺省变量名
eps	计算机中的最小数。当某量的绝对值小于 eps 时，可认为此量为零
flops	浮点运算数
Inf 或 inf	正无穷大，由零做除数所引入的常量，如 1/0
i 或 j	虚数单位 $i = j = (-1)^{1/2}$
NaN 或 nan	表示非数值，如 0/0、inf/inf、0*inf、inf-inf 等
nargin	函数的输入变量数目
nargout	函数的输出变量数目
Realmax 或 realmax	最大正实数
Realmin 或 realmin	最小正实数
pi	圆周率

2.1.2 变量赋值

在给变量赋值时，MATLAB 会自动根据所赋的值来确定变量的类型和维数，或根据对变量实施的操作来确定它的类型和维数，所以事先不必声明。如果被赋值变量已经被赋有确定值，MATLAB 会用新值代替旧值，并且变量类型也做相应的改变。

赋值就是把数值或表达式赋予代表变量的标识符。在 MATLAB 中，变量通常是指矩阵，向量看成只有一行或一列的矩阵，标量看成 1×1 阶的矩阵，赋值语句的一般形式为

变量 = 数据（或表达式）

【例 2-1】 变量赋值。

```
>>a=1,b=2,c=a^2+3*b+1  %命令间用逗号间隔
```

回车后命令窗口显示为

```
a=1
b=2
c=8
>>a=1;b=2; c=a^2+3*b+1  %命令间用分号间隔
```

回车后命令窗口显示为

```
c=8
```

加了分号的语句的运行结果不再显示在命令窗口中，但可以通过直接输入变量名查看变量的取值：

```
>>a
a=1
```

当变量再次被赋值时，新值代替旧值：

```
>>a=4
a=4
```

注意：语句末端的“%”是注释的标志，若注释在一行内写不下，另起一行时仍需以“%”开头。在 MATLAB 中，有些标点符号和“%”一样，具有一定的作用，如表 2-2 所示。为保证命令的正确执行，标点符号必须在英文状态下输入。

表 2-2　标点符号及其作用

名称	标点	作用
空格		分隔输入量；分隔同行数组元素
逗号	,	作为要显示结果的指令的结尾；分隔同行数组元素
分号	;	作为不显示结果的指令的结尾；分隔数组的行
冒号	:	用作生成向量；用作下标时表示该维上的所有元素
注释号	%	其后内容为注释
单引号	''	标识字符和字符串
圆括号	()	访问数组元素时用
方括号	[]	输入数组时用
花括号	{}	用作细胞数组标识
续行号	…	长指令分成两行或多行输入时的标识

2.2　向量及其运算

2.2.1　向量的生成

向量有行向量和列向量之分，在 MATLAB 中，一个 *n* 维行向量就是一个 1×*n* 阶矩阵，一个 *n* 维列向量就是一个 *n*×1 阶矩阵。在 MATLAB 中生成向量有以下 4 种方法。

1．直接输入法

向量元素要用“[ ]”括起来，生成行向量的基本格式为“向量名=[a1,a2,a3,…]”，元素间用逗号或空格隔开。生成列向量的基本格式为“向量名=[a1;a2;a3; …]”，元素间用分号隔开；或通过对行向量取转置来得到列向量，基本格式为“向量名=[a1,a2,a3,…]'”，其中单撇号“'”是转置运算符。

【例 2-2】　直接法生成向量。

```
>>a=[1,2,2,3]
a =
     1     2     2     3
```

2．冒号表达式法

一般格式为“向量名=a1:step:a2”，其中 a1 为向量的第一个元素，a2 为向量的最后一个元素，step 为变化步长，当步长省略时，系统默认为 step=1。

【例 2-3】　冒号表达式法生成向量。

```
>>a=[1:2:10],b=[1:5]
a =
     1     3     5     7     9
b =
     1     2     3     4     5
```

注意：生成向量 a 的最后一个元素是 9，而不是 10，也就是说用冒号表达式法生成向量时，最后一个元素不一定是 a2。

3．组合法

一个向量和数值或另一向量（同为行或列向量）组合在一起，构成一个新的向量。

【例 2-4】　组合法生成向量。

```
>>a=[1 2 3 4];b=[10 11];c=[a 13 b zeros(1,2)]
c =
     1     2     3     4    13    10    11     0     0
```

4．利用 linspace()函数或 logspace( )函数生成向量

① linspace(a,b,n)：产生首尾元素分别为 a 和 b、长度为 n 的等差行向量。当 n 省略时，默认 n=100。

② logspace(a,b,n)：产生首尾元素分别为 10^a 和 10^b、长度为 n 的对数等分行向量。当 n 省略时，默认 n=50；当 b=pi 时，在[10^a，pi]区间产生长度为 n 的对数等分行向量。

【例 2-5】　利用 linspace()函数生成向量。

```
>>linspace(1,50,90) %生成首尾分别是 1 和 50、包含 90 个元素的等差行向量。
>>linspace(0,100)   %生成首尾分别是 0 和 100、包含 100 个元素的等差行向量。
```

【例 2-6】　利用 logspace()函数生成向量。

```
>>logspace(1,2,100)      %生成首尾分别是 10 和 100、包含 100 个元素的对数等分行向量。
>>logspace(1,2)          %生成首尾分别是 10 和 100、包含 50 个元素的对数等分行向量。
>>logspace(2,pi)         %生成首尾分别是 100 和 pi、包含 50 个元素的对数等分行向量。
```

2.2.2 向量的运算

在 MATLAB 中，维数相同的行（或列）向量之间可以相加减，数可以与向量相加减和乘除。

1．同维向量的加减

向量间相加减，维数必须相同。

2．数与向量的加减

先将数扩展为与参与运算向量同维、且每一元素都等于该数的向量，再进行加减运算。

3．数乘向量

将数分别与向量的每一元素相乘。

4．向量的点积

点积运算($\boldsymbol{A}\cdot\boldsymbol{B}$)：维数相同的向量 $\boldsymbol{A}$ 和 $\boldsymbol{B}$ 各对应位置上元素相乘后的和，其结果是一个标量。即若向量 $\boldsymbol{A}=(a1,a2,a3)$，向量 $\boldsymbol{B}=(b1,b2,b3)$，$(\boldsymbol{A}\cdot\boldsymbol{B})=a1b1+a2b2+a3b3$。点积运算函数是 dot(A,B)。

5．向量的叉积

叉积运算($\boldsymbol{A}\times\boldsymbol{B}$)：结果是一个过两向量交点且垂直于两个向量所在平面的向量，即向量 $\boldsymbol{A}$=(a1,a2,a3)，向量 $\boldsymbol{B}$=(b1,b2,b3)，($\boldsymbol{A}\times\boldsymbol{B}$)=(a2b3−b2a3,a3b1−a1b3,a1b2−a2b1)。叉积运算要求 $\boldsymbol{A}$ 和 $\boldsymbol{B}$ 必须是三元素的向量，叉积运算函数是 cross(A,B)。

6．向量的混合积

混合积是指先叉乘后再点乘，运算格式是 dot(A,cross(B,C))。

【例 2-7】 向量的运算。

```
>>a=[1 2 3];b=4:6;c=linspace(7,10,4);d=[1 4 6];
>>d=a+b, e=a-c
d =
     5     7     9
??? Error using ==> minus
Matrix dimensions must agree.
```

表明 e=a-c 运算中 a 与 c 的维数不同，使运算出错。

```
>>f=a+1,g=b-1
f =
     2     3     4
g =
     3     4     5
>> h=3*a, k=4*b'
h =
     3     6     9
k =
    16
    20
    24
>>dot(a,b)
```

```
ans =
     32
>> cross(a,b)
ans =
     -3     6    -3
>> dot(a,cross(b,d))
ans =
      0
```

2.3 数组及其运算

2.2 节介绍了向量的生成和运算，向量是一维数组，本节主要介绍二维数组的生成和运算。

2.3.1 数组的创建

二维数组是由实数或复数排列成矩阵构成的，创建二维数组的方法有以下两种。

1．直接输入法

整个数组放在“[ ]”内；数组元素以逗号或空格隔开；行与行之间用分号或回车键隔开；行内元素也可采用冒号表达式法生成。如果数组中的元素都是复数，也可以先产生实部数组和虚部数组，然后再将实部数组加上虚数单位与虚部数组的乘积，得到复数数组。

【例 2-8】 直接输入法创建数组。

```
>> A=[1 2 3 4;5 6 7 8],B=[1 2+i 3i 4],C=[9:12;1:2:5 21],D=A+i*C
A =
      1     2     3     4
      5     6     7     8
B =
    1.0000              2.0000 + 1.0000i         0 + 3.0000i   4.0000
C =
      9    10    11    12
      1     3     5    21
D =
    1.0000 + 9.0000i   2.0000 +10.0000i   3.0000 +11.0000i   4.0000 +12.0000i
    5.0000 + 1.0000i   6.0000 + 3.0000i   7.0000 + 5.0000i   8.0000 +21.0000i
```

2．函数法

MATLAB 提供了许多生成特殊数组的函数。有些函数能对数组实现特定的操作——旋转、拼接、变形，以生成新的数组，主要的特殊函数如表 2-3 所示。

表 2-3　数组操作函数

函数	语法	说明
Eye	eye(n); eye(m,n)	生成单位数组
ones	ones(n); ones(m,n)	生成元素全为 1 的数组
rand	rand(n); rand(m,n)	生成均匀分布的随机数组
randn	randn(n); randn(m,n)	生成正态分布的随机数组
zeros	zeros(n); zeros(m,n)	生成全零数组
cat	cat(dim,A,B)	按指定维方向串接数组

续表

函数	语法	说明
diag	diag(v); diag(v,k); diag(A); diag(A,k)	求对角线元素或对角矩阵
flipud	flipud(A)	以数组水平中线为对称轴，交换上下对称位置上的数组元素
fliplr	fliplr(A)	以数组垂直中线为对称轴，交换左右对称位置上的数组元素
repmat	repmat(A,m,n)	按指定维上的数目复制数组
reshape	reshape(A,m,n)	按指定的行和列重新排列数组
rot90	rot90(A); rot90(A,k)	逆时针旋转数组 90°的整数倍
tril	tril(A); tril(A,k)	提取数组下三角部分，生成下三角矩阵
triu	triu(A); triu(A,k)	提取数组上三角部分，生成上三角矩阵

【例 2-9】 函数法创建数组。

```
>>A=eye(2), B=ones(2,3),C=zeros(3)
A =
         1     0
         0     1
B =

     1     1     1
     1     1     1
C =
     0     0     0
     0     0     0
     0     0     0
>>A=rand(3),B=randn(3),C=cat(1,A,B), D=cat(2,A,B), E=cat(3,A,B)
%C、D、E 分别是将 A 和 B 按照行、列和页方向进行串接
A =
    0.9501    0.4860    0.4565
    0.2311    0.8913    0.0185
    0.6068    0.7621    0.8214
B =
   -0.4326    0.2877    1.1892
   -1.6656   -1.1465   -0.0376
    0.1253    1.1909    0.3273
C =
    0.9501    0.4860    0.4565
    0.2311    0.8913    0.0185
    0.6068    0.7621    0.8214
   -0.4326    0.2877    1.1892
   -1.6656   -1.1465   -0.0376
    0.1253    1.1909    0.3273
D =
```

```
    0.9501    0.4860    0.4565   -0.4326    0.2877    1.1892
    0.2311    0.8913    0.0185   -1.6656   -1.1465   -0.0376
    0.6068    0.7621    0.8214    0.1253    1.1909    0.3273
E(:,:,1) =
    0.9501    0.4860    0.4565
    0.2311    0.8913    0.0185
    0.6068    0.7621    0.8214
E(:,:,2) =
   -0.4326    0.2877    1.1892
   -1.6656   -1.1465   -0.0376
    0.1253    1.1909    0.3273
>>a=diag(A),F=diag(a,-1),G=flipud(F),H=fliplr(F)
%a 为 A 的对角线元素,F 是以 a 为"第一下对角线"元素的二维数组
%将 F 以水平中线为对称轴,交换上下对称位置上的元素,得到 G
%将 F 以垂直中线为对称轴,交换左右对称位置上的元素,得到 H
a =
    0.9501
    0.8913
    0.8214
F =
         0         0         0         0
    0.9501         0         0         0
         0    0.8913         0         0
         0         0    0.8214         0
G =

         0         0    0.8214         0
         0    0.8913         0         0
    0.9501         0         0         0
         0         0         0         0
H =
         0         0         0         0
         0         0         0    0.9501
         0         0    0.8913         0
         0    0.8214         0         0
>>I=repmat(B,1,2),J=reshape(D,6,3)
%将 B 按指定要求复制得到 I,将 D 变形为 6 行 3 列的数组 J
I =
   -0.4326    0.2877    1.1892   -0.4326    0.2877    1.1892
   -1.6656   -1.1465   -0.0376   -1.6656   -1.1465   -0.0376
    0.1253    1.1909    0.3273    0.1253    1.1909    0.3273
J =
    0.9501    0.4565    0.2877
    0.2311    0.0185   -1.1465
    0.6068    0.8214    1.1909
    0.4860   -0.4326    1.1892
    0.8913   -1.6656   -0.0376
```

```
    0.7621    0.1253    0.3273
>>K=rot90(A), L=rot90(A,2), M=tril(D), N=triu(D,1)
%将 A 逆时针分别旋转 90 度和 180 度得到 K 和 L
%M 为 D 对应的下三角矩阵，N 为 D 从“第一上对角线”开始的上三角矩阵
K =
    0.4565    0.0185    0.8214
    0.4860    0.8913    0.7621
    0.9501    0.2311    0.6068
L =
    0.8214    0.7621    0.6068
    0.0185    0.8913    0.2311
    0.4565    0.4860    0.9501
M =
    0.9501         0         0         0         0         0
    0.2311    0.8913         0         0         0         0
    0.6068    0.7621    0.8214         0         0         0
N =
    0    0.4860    0.4565   -0.4326    0.2877    1.1892
    0         0    0.0185   -1.6656   -1.1465   -0.0376
    0         0         0    0.1253    1.1909    0.3273
```

2.3.2 数组的寻址

执行数组运算时，既可以对整个数组操作，也可以对数组中的某一元素或某些元素进行赋值或执行其他操作。如何找出需要被操作的元素，就是数组的寻址。对数组 A 寻址的指令如下。

A(r,c)：表示数组 A 的第 r 行第 c 列的元素。

A(r,:)：表示数组 A 的第 r 行元素。

A(:,c)：表示数组 A 的第 c 列的元素。

以上采用的是双下标寻址，若采用单下标寻址，则使用下面的指令。

A(s)：把数组 A 的所有列按先左后右的次序，首尾连接成一个序列后，由上到下的第 s 个元素。（MATLAB 规定数组元素在存储器中是按照列的先后顺序存放的。）

【例 2-10】 数组的寻址。

```
>>A=randn(3,4),a=A(1,3),b=A(2,:),c= (A(:,3))',d=A(10)
A =
   -1.3362   -0.6918   -1.5937   -0.3999
    0.7143    0.8580   -1.4410    0.6900
    1.6236    1.2540    0.5711    0.8156
a =
  -1.5937
b =
    0.7143    0.8580   -1.4410    0.6900
c=
   -1.5937   -1.4410    0.5711
d =
   -0.3999
```

2.3.3　数组的代数运算

MATLAB 中数组的代数运算是按元素对元素的方式进行的，主要包括加（+）、减（−）、乘（. *）、除（./和.\）、幂运算（.^）、指数运算（exp）、对数运算（log）和开方运算（sqrt）等。其中数组与数组的加、减、乘、除运算要求二者具有相同的行数和列数。

【例 2-11】　数组的代数运算。

```
>>A=[1 2 3;4 5 6];B=[1 3 4;2 5 6];
>>C=A+B,D=A-B,E=A.*B,F=A./B,G=A.\B,H=A.^2,I=exp(A),J=log(A),K=sqrt(A)
C =
     2     5     7
     6    10    12
D =
     0    -1    -1
     2     0     0
E =
     1     6    12
     8    25    36
F =
    1.0000    0.6667    0.7500
    2.0000    1.0000    1.0000
G =
    1.0000    1.5000    1.3333
    0.5000    1.0000    1.0000
H =
     1     4     9
    16    25    36
I =
    2.7183    7.3891   20.0855
   54.5982  148.4132  403.4288
J =
         0    0.6931    1.0986
    1.3863    1.6094    1.7918
K =
    1.0000    1.4142    1.7321
    2.0000    2.2361    2.4495
>>L=2.^A,M=A.^B
L =
     2     4     8
    16    32    64
M =
    1           8          81
    16        3125       46656
```

2.3.4　数组的关系运算

数组的关系运算是按元素来比较相同规格数组（行、列数相同）或比较数组与标量。MATLAB 中的关系运算符如表 2-4 所示。

表 2-4 关系运算符

运算符	函数	说明	运算符	函数	说明
<	lt	小于	>=	ge	大于或等于
<=	le	小于或等于	==	eq	等于
>	gt	大于	～=	ne	不等于

【例 2-12】 数组的关系运算。

```
>>A=[1 3;2 0];B=[4 2;2 -1];C=(A>B),D=le(A,B),E=(A~=B)
C =
      0     1
      0     1
D =
      1     0
      1     0
E =
      1     1
      0     1
```

2.3.5 数组的逻辑运算

MATLAB 中的逻辑运算符和相应的逻辑运算函数如表 2-5 所示。

表 2-5 逻辑运算符和逻辑运算函数

逻辑运算	相应的逻辑运算函数	逻辑运算符	说明
与	and	&：能实现所有的逻辑与运算	数组对应元素或两标量同为非零时返回 1，否则返回 0
		&&：只能用于标量之间	
或	or	|：能实现所有的逻辑或运算	数组对应元素或两标量同为零时返回 0，否则返回 1
		||：只能用于标量之间	
非	not	～：实现所有的非运算	数组元素或标量为非零时返回 0，否则返回 1
异或	xor	没有相应的运算符	数组对应元素或两标量只有一个非零时返回 1，否则返回 0

【例 2-13】 数组的逻辑运算。

```
>>A=[1 0 0;2 3 4];B=[0 1 3;0 1 2];C=A&B,D=or(A,B),E=~(A),F=xor(A,B)
C =
      0     0     0
      0     1     1
D =
      1     1     1
      1     1     1
E =
      0     1     1
      0     0     0
F =
```

```
        1     1     1
        1     0     0
>>a=A(1)&&A(4),b=A(1)&A(4),c=and(A(1),B(1))
结果显示 a =1, b=1, c=0。
```

2.4 矩阵及其运算

MATLAB 语言最基本的特点在于矩阵运算，绝大多数变量都可以看成矩阵变量。在 MATLAB 中，二维数组和矩阵是数据结构形式完全相同的两种运算量，其表示、建立和存储完全一致，但运算符和运算法则不相同。

2.4.1 矩阵的创建

与创建二维数组一样，矩阵的主要创建方法有直接输入法、函数法、变换法（利用已有矩阵进行旋转、拼接、变形）。在 2.3 节已详细介绍并举例说明了二维数组的创建。除了表 2-3 中列出的用于创建二维数组的函数外，还有一些函数可以创建特殊的矩阵，如表 2-6 所示。

表 2-6 特殊矩阵生成函数

函数	语法	说明
hadamard	hadamard(n)	生成 n 阶 hadamard 矩阵，其中 n 满足 rem(n,4)=0
hankel	hankel(c); hankel(c,r)	生成第一行和第一列都为 c，或第一列为 c 和最后一行为 r 的 hankel 矩阵
hilb	hilb(n)	生成 n 阶 hilbert 矩阵
invhilb	invhilb(n)	生成 n 阶逆 hilbert 矩阵
magic	magic(n)	生成 n 阶魔方矩阵，其中 n>0 且 n≠2
pascal	pascal (n); pascal (n,1); pascal (n,2)	生成满足指定要求的 n 阶 pascal 矩阵
toeplitz	toeplitz(r); toeplitz (c,r)	生成第一行和第一列都是 r，或第一列为 c 和第一行为 r 的 toeplitz 矩阵
wilkinson	wilkinson(n)	生成 n 阶 J. H. Wilkinson's 特征值测试矩阵

【例 2-14】 特殊矩阵的生成。

```
>> hadamard(4)
ans =
     1     1     1     1
     1    -1     1    -1
     1     1    -1    -1
     1    -1    -1     1
>> hilb(4)
ans =
    1.0000    0.5000    0.3333    0.2500
    0.5000    0.3333    0.2500    0.2000
    0.3333    0.2500    0.2000    0.1667
    0.2500    0.2000    0.1667    0.1429
>> pascal(4)
ans =
```

```
     1     1     1     1
     1     2     3     4
     1     3     6    10
     1     4    10    20
>> magic(5)
ans =
    17    24     1     8    15
    23     5     7    14    16
     4     6    13    20    22
    10    12    19    21     3
    11    18    25     2     9
>> c=[1 2 3 4];
>> r=[4 -2 3 -5 0];
>> hankel(c,r)
ans =
     1     2     3     4    -2
     2     3     4    -2     3
     3     4    -2     3    -5
     4    -2     3    -5     0
>> c1=[1 3 0 4];
>> r1=[1 -2 0 -6 5];
>> toeplitz(c1,r1)
ans =
     1    -2     0    -6     5
     3     1    -2     0    -6
     0     3     1    -2     0
     4     0     3     1    -2
```

2.4.2 矩阵的运算

1．矩阵的加、减

与数组的加、减一样，相同行数和列数的两矩阵对应元素间进行加减运算。如果其中一个运算量是标量，则该标量依次与矩阵中的每一个元素进行加减运算。

【例 2-15】 求矩阵 ***A*** 和 ***B*** 的和。

```
>> A=[1 3 5;2 4 6;1 -4 -8];
>> B=[-3:-1;3 -8 9;1 2 3];
>> C=A+B
C =
     -2            1            4
      5           -4           15
      2           -2           -5
```

2．矩阵的乘法

两矩阵 ***A*** 与 ***B*** 相乘，必须满足 ***A*** 的列数等于 ***B*** 的行数。结果 ***C=A*B***，***C*** 的行数等于 ***A*** 的行数，***C*** 的列数等于 ***B*** 的列数。

【例 2-16】 求【例 2-15】中矩阵 ***A*** 与 2***B*** 的乘积。

```
>> D=A* (2*B)
```

```
D =
    22        -32        82
    24        -48       104
   -46         28      -122
```

3. 矩阵的除法

矩阵除法有左除“\”和右除“/”之分。左除 A\B=inv(A) *B，是线性方程 ***Ax*=*B*** 的解；右除 B/A=B*inv(A)，是线性方程 ***xA*=*B*** 的解。

【例 2-17】 求【例 2-15】中矩阵 ***A*** 与 ***B*** 的左除和右除。

```
>> E=A\B
E =
  -17.0000   10.0000  -19.0000
   50.5000  -34.0000   63.5000
  -27.5000   18.0000  -34.5000
>> F=A/B
F =
    0.2500    0.0000    1.7500
        0         0    2.0000
   -1.3750    0.0357   -3.2321
```

4. 矩阵的乘方和开方

矩阵的乘方利用符号“^”实现，开方利用函数 sqrtm 实现。

【例 2-18】 求【例 2-15】中矩阵 ***A*** 的平方和开方。

```
>> S1=A^2
S1 =
    12    -5   -17
    16    -2   -14
   -15    19    45
>> S2=sqrtm(A)
S2 =
   1.0846 + 0.3365i   0.7355 - 0.6024i   0.8638 - 1.3373i
   1.2978 + 0.3418i   1.4441 - 0.6120i   1.3038 - 1.3586i
  -0.3117 - 0.7135i  -0.4655 + 1.2775i  -0.3700 + 2.8359i
```

5. 矩阵的指数和对数

矩阵的指数运算用函数 expm 实现，对数运算用函数 logm 实现。

【例 2-19】 求【例 2-15】中矩阵 ***B*** 的指数和 ***B*** 取绝对值后的对数。

```
>> E1=expm(B)
E1 =
   -3.5114   -2.3845  -17.7802
    7.1313    4.7457   35.6121
   10.6711    7.1239   53.4059
>> L1=logm(abs(B))
L1 =
    0.9548    0.5232   -0.4383
    0.4349    1.5629    2.7045
    0.2616    0.5232    0.2549
```

6．矩阵的特殊运算

矩阵除了可以进行上述基本运算外，还有一些特殊运算，如求其行列式的值、转置、逆矩阵、秩、迹、特征值和特征向量，MATLAB 为这些运算提供了相应的函数，如表 2-7 所示。

表 2-7　矩阵运算函数

函数	说明
det(A)	求矩阵 **A** 的行列式的值
inv(A)	求矩阵 **A** 的逆矩阵，要求 **A** 必须是方阵
rank(A)	求矩阵 **A** 的秩
trace(A)	求矩阵 **A** 的迹（对角线元素之和）
[x,lamda]=eig(A)	求矩阵 **A** 的特征值 lamda 和特性向量 *x*

【例 2-20】　求矩阵 **A** 的行列式的值、转置、逆矩阵、秩、迹、特征值和特征向量。

```
>> A=[1 3 5;2 4 6;1 -4 -8]
>> a=det(A)
a =
    -2
>> B=A'
B =
     1     2     1
     3     4    -4
     5     6    -8
>> C=inv(A)
C =
    4.0000   -2.0000    1.0000
  -11.0000    6.5000   -2.0000
    6.0000   -3.5000    1.0000
>> r=rank(A)
r =
     3
>> d=trace(A)
d =
     3
>> [x,lamda]=eig(A)
x =
   -0.5101   -0.2904   -0.3914
   -0.8250    0.8430   -0.3976
    0.2433   -0.4528    0.8299
lamda =
    3.4672         0         0
         0    0.0880         0
         0         0   -6.5552
```

MATLAB 还提供了许多数学函数，如三角函数、指数函数和复数运算函数等，用于向量和矩阵的数学运算，如表 2-8 所示。

表 2-8 数学函数

类型	函数	含义	类型	函数	含义
三角函数	sin	正弦	复数函数	abs	绝对值和复数模
	asin	反正弦		angle	复数的相角
	cos	余弦		real	复数的实部
	acos	反余弦		imag	复数的虚部
	tan	正切		conj	求共轭复数
	atan	反正切		complex	构造复数
	cot	余切		isreal	判断实数
	acot	反余切	指数函数	exp	以 e 为底的指数
	sec	正割		log	自然对数
	asec	反正割		log2	以 2 为底的对数
	csc	余割		log10	以 10 为底的对数
	acsc	反余割		pow2	2 的幂
取整函数	ceil	向+∞取整		sqrt	平方根
	floor	向–∞取整	求余函数	mod	模除求余
	fix	向 0 取整		rem	求余数
	round	四舍五入为整数	其他	lem	求最小公倍数
	sign	符号函数		ged	求最大公约数

2.5 函数与表达式

2.5.1 函数

MATALB 的函数有两类：系统内部函数和用户自定义函数。

系统内部函数是指 MATLAB 系统中已经编写好的可以直接调用的函数，如表 2-8 中的函数，这类系统函数的使用可以参考 MATLAB 帮助系统。

如果没有合适的函数可以应用，用户还可以自定义函数，将自定义的函数存储起来，就可以和系统函数一样自由地使用；或者对 MATLAB 工具箱中函数的源程序进行修改，构成新的函数。

2.5.2 表达式

将变量、数值和函数用操作符连接起来，就构成了表达式。在执行包含有多种运算符的表达式时，要按照优先级的先后顺序执行；如果优先级相同，要按先左后右的顺序执行。表 2-9 列出了 MATLAB 中各运算符的优先顺序，由上到下表示优先级由高到低。

表 2-9 MATLAB 运算符的优先顺序

括号()
共轭转置'、转置.'、矩阵乘方^、数组乘方.^
代数+、代数–、逻辑非~

续表

矩阵乘*、矩阵左除\、矩阵右除/、数组乘. *、数组左除./、数组右除.\
加+、减−
冒号运算符:
小于<、小于等于<=、大于>、大于等于>=、等于==、不等于～=
逻辑与&
逻辑或|
标量与&&
标量或||

2.6 MATLAB 数据类型

和大多数高级编程语言一样，MATLAB 也提供了多种数据类型。MATLAB 中常用的数据类型有数值型、逻辑型、字符型、细胞型和结构型，其中前两种为基本数据类型。

2.6.1 基本数据类型

1. 数值型

数值型数据包括整数和浮点数。其中整数分为有符号整数（int）和无符号整数（unit）；浮点数分为单精度浮点数（float）和双精度浮点数（double）。MATLAB 存储数值数据时，默认的数据类型是双精度浮点数。与整数和单精度浮点数相比，双精度浮点数需要更大的存储空间，但精度更高、取值范围更大。

MATLAB 提供了 4 种有符号整数和 4 种无符号整数，如表 2-10 所示。

表 2-10　　MATLAB 的整数类型

数据类型	取值范围	转换函数
有符号 8 位整数	[-2^{7} $2^{7}-1$]	int8
有符号 16 位整数	[-2^{15} $2^{15}-1$]	int16
有符号 32 位整数	[-2^{31} $2^{31}-1$]	int32
有符号 64 位整数	[-2^{63} $2^{63}-1$]	int64
无符号 8 位整数	[0 $2^{8}-1$]	uint8
无符号 16 位整数	[0 $2^{16}-1$]	uint16
无符号 32 位整数	[0 $2^{32}-1$]	uint32
无符号 64 位整数	[0 $2^{64}-1$]	uint64

可以通过表 2-10 中的类型转换函数将数值型数据转换成期望的整数型。如 int8(3)→3，int8(112.3)→112，int8(−112.6)→ −113，int8(128)→127，int8(12345)→127；uint8(112.3)→112，uint8(−112.6)→0，uint8(256)→255，uint8(12345)→255。其他函数的用法大体相同。

注意：整数数据之间进行运算，必须保证它们具有相同的类型，如果类型不同，须在运算前利用转换函数进行转换。如 int8 型数据不能直接与 int16 型数据进行运算，要将数据转换成同为 int8 或 int16 才可进行运算。整数可与双精度标量数据进行运算，结果为整数。

除表 2-10 中的类型转换函数外，MATLAB 还提供了一些与数据类型相关的函数，如表

2-11 所示。

表 2-11 与数值型数据类型有关的函数

函数	功能	语法
who	显示当前工作空间中所有内存变量的名称	who
whos	显示变量的维数、字节数和数据类型	whos 变量名
class	显示变量的数据类型	class(变量名)
isinteger	验证变量是否为整数，结果返回 1 或 0	isinteger(变量)
intmax	查询不同整型所能表示的最大整数	intmax('整型数据类型名')
intmin	查询不同整型所能表示的最小整数	intmin('整型数据类型名')
isnumeric	验证变量是否为数值型	isnumeric(变量)
double	将数据转换成双精度浮点型	double(变量)
single	将数据转换成单精度浮点型	single(变量)
isfloat	验证变量是否为浮点型	isfloat(变量)
isa	验证输入变量是否为指定的数据类型	isa(变量，数据类型)
realmax	查询单精度和双精度所能表示的最大浮点数	realmax('double'或'single')
realmin	查询单精度和双精度所能表示的最小浮点数	realmin('double'或'single')

【例 2-21】 数值型数据类型的转换。

```
>>a=123.4,b=int8(a),c1=isinteger(a),c2=isnumeric(a),d=double(b),e=single(
d),f=isa(e,'dou ble')
```

运算结果为 a =123.400 0,b=123,c1=0,c2=1,d=123,e=123,f=0。

```
>>whos
Name      Size                Bytes    Class
  a        1x1                8        double array
  b        1x1                1        int8 array
  c1       1x1                1        logical array
  c2       1x1                1        logical array
  d        1x1                8        double array
  e        1x1                4        single array
  f        1x1                1        logical array
>>class(a),class(b),m1=intmax,m2=intmin('int64'),m3=realmax('single'),m4=
realmin('double')
```

运算结果为 double, int8, m1=2 147 483 647, m2=−9 223 372 036 854 775 808, m3=3.4028e+038,m4=2.2251e−308。

从 whos 命令的执行结果可知，int8 占 1 字节，single 占 4 字节，double 占 8 字节。其他类型 uint8 占 1 字节，int16 和 uint16 占 2 字节，int32 和 uint32 占 4 字节，int64 和 uint64 占 8 字节。其中 size 列为对应变量的尺寸，1×1 为一行一列的矩阵，也就是标量。

利用函数 size(x)可以查询变量 x 的尺寸；函数 length(x)相当于 max(size(x))，返回各维中维数最大的数值；函数 ndims(x)返回变量的维数，相当于 length(size(x))；函数 nnz(x)返回 x 中非零元素的个数；函数 nonzeros(x)返回一个由 x 的非零元素构成的列向量，也就是说 length(nonzeros(x))=nnz(x)。其中 x 可以是标量、向量、数组、矩阵、字符串等各种类型量。

【例 2-22】 查询变量的尺寸。

```
>> size(randn(2,3))                          %返回随机矩阵的尺寸
ans =
     2     3
>> [a,b]=size(randn(1,3))                    %将随机矩阵的行值赋给变量 a，列值赋给变量 b
a =
     1
b =
     3
>> size(randn(3,4),1)                        %返回指定维上随机矩阵的尺寸
ans =
     3
>> length(randn(3,4))                        %返回随机矩阵各维中最大的值
ans =
     4
>> ndims(randn(3,4))                         %返回随机矩阵的维数
ans =
     2
>> A=[1 2 0 1;0 -1 0 2]
>> nnz(A)                                    %返回 A 中非零元素的个数
ans =
     5
>> nonzeros(A)                               %返回 A 中的非零元素
ans =
     1
     2
    -1
     1
     2
```

2．逻辑型

执行逻辑运算返回的结果是逻辑型数据。逻辑数据类型用 1 和 0 表示真（true）和假（flase）两种状态。在执行 MATLAB 某些函数或语句时，满足条件时为逻辑真，否则为逻辑假。数值型数据也可进行逻辑运算，这时将非零数值看作逻辑真，将零看成逻辑假。MATLAB 提供了 3 个创建逻辑型数据的函数 logical、true 和 false。logical 函数将其他类型数组转换成逻辑类型数组，其中非零元素为真，零元素为假；true 函数产生指定维数的逻辑真值数组；false 产生指定维数的逻辑假值数组。通过函数 islogical 可判别数据是否是逻辑型的。

【例 2-23】 逻辑型数据的有关运算。

```
>>A=randint(2,3),B=logical(A),C=true(size(A)),D=false(2,3)
A =
         1     1     1
         0     0     1
B =
         1     1     1
         0     0     1
C =
         1     1     1
```

```
        1     1     1
D =
        0     0     0
        0     0     0
>>a=true,b=flase,c=islogical(A),d=islogical(B)
```

结果显示 a=1,b=0,c=0,d=1。

```
>>whos B
      Name      Size                     Bytes   Class
      B        2x3                       6       logical array
Grand total is 6 elements using 6 bytes
```

可见逻辑型数组的每一元素占用 1 字节。

2.6.2 字符串

字符和字符串是高级语言不可缺少的数据类型，字符串由字符构成，字符可看成特殊的字符串。在 MATLAB 中，字符串是按照字符顺序逐个存储的，且存储的是字符对应的 ASCII 码，所以可以将字符串看成一个字符数组，字符串中的所有字符（包括空格）都是字符数组中的元素，那么访问字符串中的某一字符的方法同访问数组元素一样。

1. 字符串的定义

定义字符串需要用单引号引起来，由于字符串是按字符对应的 ASCII 码来存储的，所以区分大小写。字符串可以看成字符数组，那么就可以用生成向量的方法来得到一维字符串，如直接输入法、冒号表达式法、组合法和函数法。若字符串中存在单引号，需要在输入字符串内容时，连续输入两个单引号。

【例 2-24】 生成字符串。

```
>>str1='Heibei University',str2=['of',' ','Science',' ','and','
','T','e','c', 'h','n','o','l','o','g','y']
                                                       %直接输入法
str1 =
Heibei University
str2 =
of Science and Technology
>> str=[str1,' ',str2]                                 %组合法
Heibei University of Science and Technology
>>str3='Don''t you?'                                   %字符串中有单引号
str3 =
Don't you?
>>str4=['a':2:'z']                                     %冒号表达式法
str4 =
acegikmoqsuwy
>>str5=char('MATLAB','基础','与应用')                   %函数法
str5 =
MATLAB
基础
与应用
```

2. 查询字符串的长度

利用 size 函数或 length 函数查询字符串的长度，size 函数以向量的形式返回各维的维数；

length 函数返回各维中维数最大的数值。

【例 2-25】 查询【例 2-24】中字符串 str 的长度。

```
>>a1=size(str) ,a2=length(str)
a =
   1    42
a2=
   42
```

3．字符串的操作

两个或多个字符串可以组合成更长的字符串，将字符串依次放在“[ ]”中，并且字符串之间用空格或逗号隔开，这种运算称为字符串的水平合并；字符串还可以垂直合并，将字符串依次放在“[ ]”中，字符串之间用分号隔开，如果各字符串的长度不等，必须用空格补齐，垂直合并后变成了二维字符串。另外，还可以利用函数来实现合并，如 strcat（水平合并）、strvcat（垂直合并）。

【例 2-26】 合并字符串。

```
>> str1=['he','bei'];str2=strcat('shijia','zhuang');str=[str1,' ',str2]
str =
hebei shijiazhuang
>>str3=['information';'world'];str4=strvcat('communication','engineering');
>>str=[str3,str4]
str =
informationcommunication
world      engineering
```

其他常用的字符串操作函数见表 2-12。

表 2-12 字符串操作函数

函数	功能
ischar	判别变量是否是字符型
blanks(n)	返回包含有 n 个空格的字符串
deblank(str)	删除字符串中的空格
findstr(str1,str2)	在 str1 中查找 str2
lower(str)	转换成小写
upper(str)	转换成大写
strcmp(str1,str2)	比较 str1 和 str2，相等返回 1，不等返回 0
strrep(str1,str2,str3)	用 str3 替代 str1 中所有的 str2
strcmpi(str1,str2)	忽略大小写比较 str1 和 str2
strncmpi(str1,str2,n)	比较 str1 和 str2 的前 n 个字符
strmatch(str1,str2)	从 str2 的各行中查询以 str1 开头的行号
strjust(str,'style')	str 按 style（取 left、right 或 center）进行左对齐、右对齐或居中
strtok(str)	返回 str 中第一个分隔符（空格、回车或 Tab 键）前的部分

【例 2-27】 字符串间的操作。

```
    >> str1='Good Morning    ';str2='Good Morning,Sir';str3='Good Afternoon';
    >> s1=deblank(str1), s2=findstr(str2,str1),s3=findstr(str2,s1),s4=lower(s1),
s5=upper(str3)
    s1 =
    Good Morning
    s2 =
            []
    s3=
            1
    s4 =
    good morning
    s5 =
    GOOD AFTERNOON
    >>s6=strcmp(str1,s1), s7=strncmpi(str1,s1,12), s8=strrep(str2,s1,str3),
s9=strmatch(s1,str2),
    s6 =
            0
    s7 =
            1
    s8 =
    Good Afternoon,Sir
    s9 =
            1
    >> s10=strjust(str1,'center')
    s10 =
        Good Morning
    >> s11=strjust(str1,'right')
    s11 =
          Good Morning
    >> s12=strjust(str1,'left')
    s12 =
    Good Morning
```

4．字符串与数值数组的转换

字符串可以和数值型数组相互转换，MATALB 提供的常用字符串转换函数如表 2-13 所示。

表 2-13 字符型转换函数

函数	功能	用法
abs	字符串转换成 ASCII 码	abs(字符串)
double	字符串转换成 ASCII 码	double(字符串)
char	通过 ASCII 码把任意类型数据转换成字符串	char(数据量)
num2str	将非整数数组转换成字符串	num2str(数值数组，有效数位)
int2str	将整数数组转换成字符串	int2str(整数数组)
mat2str	将数值数组转换成字符行向量	mat2str(数值数组，有效数位)
str2num	将字符数组转换成数值数据	str2num(字符数组)

【例 2-28】 字符串与其他类型数组的转换。

```
>> str1='Hebei University';
>>b=abs(str1),c=double(str1),d=char(b)
b =
     Columns 1 through 8
       72   101      98   101   105    32    85   110
     Columns 9 through 16
      105   118   101   114   115   105   116   121
c =
     Columns 1 through 8
       72   101   105    98   101   105    32    85   110
     Columns 9 through 16
      105   118   101   114   115   105   116   121
d =
Heibei University
>>A=randn(2,4),B=int2str(A),C=num2str(A,4) ,D=mat2str(A,3), E=str2num(D)
A =
     -0.6918    1.2540   -1.4410   -0.3999
      0.8580   -1.5937    0.5711    0.6900
B =
     -1   1  -1  0
      1  -2   1  1
C =
     -0.6918     1.254    -1.441     -0.3999
      0.858     -1.594    0.5711     0.69
D =
      [-0.692 1.25 -1.44 -0.4;0.858 -1.59 0.571 0.69]
E =
     -0.6920    1.2500   -1.4400   -0.4000
      0.8580   -1.5900    0.5710    0.6900
```

数值数组转换成字符数组后，观察上面的执行结果，看上去仍然是数值数组，但此时的数组元素是字符型的，而不是数值型的。

```
>> class(A),class(B),class(C),class(D),class(E)
```

得到的结果依次是 double、char、char、char 和 double。

2.6.3 细胞数组

细胞数组是 MATLAB 中一种特殊的数据类型，细胞数组的基本元素是细胞（cell），每个细胞可以存储不同类型、不同维数的数据（如整数、双精度浮点数、字符串、细胞数组以及其他的 MATLAB 数据类型）。和普通的数组一样，细胞数组中细胞的访问可以采用单下标和全下标两种方式。

1．细胞数组的创建

创建细胞数组的方法有以下两种。

（1）用花括号{ }直接赋值生成细胞数组

【例 2-29】 创建细胞数组。

```
>>a={'his score','MATLAB',90,['笔试 45';'上机 45']}
a =
    'his score'    'MATLAB'    [90]    [2x4 char]
```

注意：对于内容较多的细胞，显示的是细胞的字节数和数据类型。

（2）用函数 cell 创建细胞数组，再对每个细胞逐个赋值

基本调用格式为：cell(m,n)，创建一个 m×n 的空细胞数组。当 m=n 时，创建的空细胞数组是方的，这时可以省略一个变量，成为 cell(m)。

【例 2-30】　函数法创建细胞数组。

```
>>a=cell(2);a{1,1}='class1';a{1,2}='no0823101';a{2,1}='name mary';
a{2,2}=['English... 85';'Computer 90']
a =
    'class1'       'no0823101'
    'name mary'      [2x11 char]
```

2．细胞数组的访问

花括号表示细胞元素的内容，圆括号表示细胞元素，在构建细胞数组时，是通过给细胞元素赋值来确定细胞元素的，所以给细胞元素赋值时使用花括号。对细胞数组访问可以采用花括号，也可采用圆括号。当使用圆括号访问细胞元素时，得到的数据仍然是细胞数组；当使用花括号访问细胞元素时，得到的是细胞元素的内容，是字符型的。

【例 2-31】　对【例 2-30】创建的细胞数组进行访问。

```
>> b=a(2,2)                                     %圆括号访问
b =
    [2x11 char]
>> class(b)
ans =
cell
```

b 为细胞型

```
>> c=a{2,2}                                     %花括号访问
c =
English  85
Computer 90
>> class(c)
ans =
char
```

c 为字符型

```
>>a{1,1}='class2',a{2,2}(1,:)='MATLAB 95  ';    %更改细胞数组元素的值
a =
    'class2'       'no0823202'
    'name mary'    [2x11 char]
>> a{2,2}(1,:)
ans =
MATLAB 95
```

3．细胞数组的扩充、收缩和重组

对于已经创建的细胞数组，可以对其进行扩充、收缩和重组，方法与数值数组的基本相同。

【例 2-32】 对【例 2-30】中的细胞数组 a 进行扩充、收缩和重组。

```
>> a{1,3}=[], a{3,1}='age 20'                    %扩充
a =
     'class1'       'no0823101'      []
     'name mary'    [2x11 char]      []
     'age 20'                []      []
>> a(:,2)=[]                                     %收缩
a =
     'class1'         []
     'name mary'      []
     'age 20'         []
>> reshape(a,2,3)                                %重组
ans =
     'class1'       'age 20'      []
     'name mary'          []      []
```

4．细胞数组的其他操作

MATLAB 提供的主要细胞数组运算函数如表 2-14 所示。

表 2-14　细胞数组的运算函数

函数	功能
celldisp(c)	显示细胞数组 c 的内容
cellplot(c)	显示细胞数组 c 的结构图
iscell(c)	查询 c 是否是细胞数组
iscellstr(c)	查询 c 是否是字符型细胞数组
cellfun	应用于细胞数组中的各个细胞元素
cellstr(s)	用字符数组 s 的的行向量作为细胞构成细胞数组
char(c)	细胞数组 c 中的细胞作为行向量构成字符数组
mat2cell(A,m,n)	将普通数组 A 按照指定的 m 和 n 参数转换成细胞数组
cell2mat(c)	将细胞数组 c 转换成普通数组
num2cell(A,dim)	将数组 A 按照指定维方向 dim（1 是列、2 是行、3 是页，并且 3 种方向还可以组合起来，如[1,2]，dim 默认时，把数组的每一元素都转化成细胞数组的一个细胞）转换成细胞数组

【例 2-33】 细胞数组的相关运算。

```
>>A={randn(2,2),'random number',2;i,pi,eye(3)}          %产生细胞数组 A
A =
     [2x2 double]    'random number'    [         2]
     [0+ 1.0000i]    [      3.1416]    [3x3 double]
>> celldisp(A)                                           %显示细胞数组 A
 A{1,1} =
     -1.1465    1.1892
      1.1909   -0.0376
A{2,1} =
         0 + 1.0000i
```

```
A{1,2} =
 random number
A{2,2} =
     3.1416
A{1,3} =
      2
A{2,3} =
      1     0     0
      0     1     0
      0     0     1
>>cellplot(A)                                    %显示细胞数组 A 的结构图，如图 2-1 所示
```

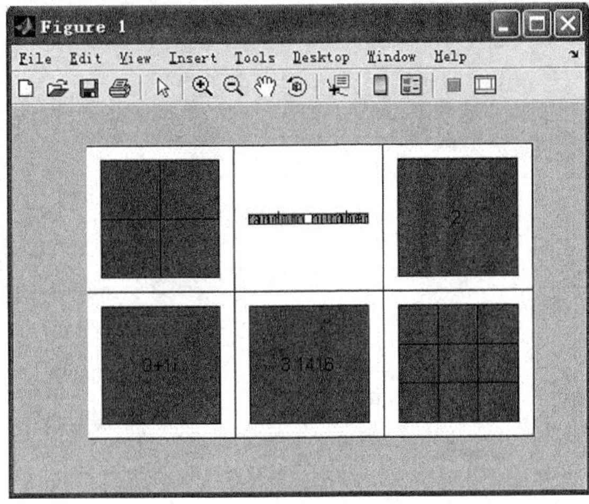

图 2-1 cellplot 产生的图像

```
>> iscell(A)                                     %判别 A 是否是细胞型
ans =
     1
>> iscellstr(A)                                  %判别 A 是否是字符细胞型
ans =
     0
>>B=cellfun('length',A), %cellfun 中可用的函数还有 isreal、isempty、islogical、ndims
                        %和 prodofsize（求各细胞元素包含的元素数）
B =
    2    13     1
    1     1     3
>> A={'English is','a','very important','language'}    %重新创建细胞数组 A
A =
    'English is'    'a'    'very important'    'language'
>> B=char(A)                                     %将 A 转换成字符数组 B
B =
English is
a
very important
language
```

```
>> C=cellstr(B)                                %将 B 转换成细胞数组 C
C =
     'English is'
     'a'
     'very important'
     'language'
>>x=[1:5;6:10;11:15];                          %产生数值数组 x
>>D=mat2cell(x,[2 1],[2,3]);                   %将 x 按普通数组转换成细胞数组 D
>>celldisp(D)
 D{1,1} =
       1     2
       6     7
D{2,1} =
      11    12
D{1,2} =
       3     4     5
       8     9    10
D{2,2} =
      13    14    15
>>E=cell2mat(D(:,2))                           %将 D 的第 2 列元素转换成普通数组
E =
      3     4     5
      8     9    10
     13    14    15
F=num2cell(x)                                  %将数值数组 x 转换成细胞数组 F
F =
     [ 1]    [ 2]    [ 3]    [ 4]    [ 5]
     [ 6]    [ 7]    [ 8]    [ 9]    [10]
     [11]    [12]    [13]    [14]    [15]
>> G1=num2cell(x,1)
G1 =
 [3x1 double]    [3x1 double]    [3x1 double]    [3x1 double]    [3x1 double]
>>G2=num2cell(x,2)
G2 =
     [1x5 double]
     [1x5 double]
     [1x5 double]
>>G3=num2cell(x,3)
G3 =
     [ 1]    [ 2]    [ 3]    [ 4]    [ 5]
     [ 6]    [ 7]    [ 8]    [ 9]    [10]
     [11]    [12]    [13]    [14]    [15]
>> G4=num2cell(x,[1,2]),celldisp(G4)
G4 =
   [3x5 double]
G4{1} =
      1     2     3     4     5
```

```
     6     7     8     9    10
    11    12    13    14    15
```

2.6.4　结构数组

与细胞数组类似，结构数组可以存放各种类型的数据，结构数组的基本元素是结构（struct）。与细胞数组不同的是，结构数组中的各项数据是彼此相关的，其形式类似于数据库。如学生的基本信息可用一个结构数组来表示，如表 2-15 所示。

表 2-15　　　学生基本信息结构数组

student	.number（学号）	'0901001'
	.name（姓名）	'李丽'
	.sex（性别）	'女'
	.age（年龄）	'19'
	.class（班级）	'01'
	.department（所在系）	'09'

在表 2-15 中，student 是结构数组名，结构数组的元素 number、name、sex、age、class 和 department 被称为域名，结构名与域名间用“.”间隔，最后一列是结构数组元素的内容。表 2-15 中举例的结构数组的各个域都是 1 维字符型的，其实它们可以具有不同的维数、不同的类型。

1．结构数组的创建

创建结构数组有两种方法：直接法和函数法。

（1）直接对域赋值来创建结构数组

事先不必声明结构，直接进行赋值，还可以进行动态扩充。

【例 2-34】　创建表 2-15 中所示的 student 结构。

```
>> student.number='0901001';
>> student.name='李丽';
>> student.sex='女';
>> student.age='19';
>> student.class='01';
>> student.department='09';
>> student
student =
       number: '0901001'
         name: '李丽'
          sex: '女'
          age: '19'
        class: '01'
   department: '09'
>> whos student
  Name          Size          Bytes  Class
  student       1x1            776  struct array      %student 为 1×1 的结构数组
Grand total is 22 elements using 776 bytes
>>student(2).number= '0901002';                         %student 扩充为 1×2 的结构数组
>>student(2).institute= 'xinxi';                        %向 student 增加一个新的域
```

```
>> student
student =
1x2 struct array with fields:
    number
    name
    sex
    age
    class
    department
    institute
```

可见当结构数组不是 1×1 时，仅显示数组的结构信息。

（2）利用函数 struct 创建结构数组

函数 struct 的基本语法为

```
struct_name=struct('field1',value1, 'field2',value2,…)
struct_name=struct('field1',{value1}, 'field2',{value2},…)
```

【例 2-35】 用函数法创建表 2-15 中的结构数组 student。

```
>>student=struct('number','0901001','name','李丽','sex','女',
'age','19','class',' 01', 'department','09')
student =
       number: '0901001'
         name: '李丽'
          sex: '女'
          age: '19'
        class: '01'
   department: '09'
```

注意：如果域没有值，创建时一定要赋空值；多个元素域值相同时，可以赋值一次。

```
>>student1=struct('number',{'0901001','0901002'},'name',{'李丽',
[]},'sex','女','age', {'19','20'},'class',{'01',[]},'score',{rand(2,5) *100})
student1 =
1x2 struct array with fields:
    number
    name
    sex
    age
    class
    score
```

2. 结构数组的访问

【例 2-36】 访问【例 2-35】所创建的 student1 结构数组。

```
>>student1(1)                            %访问结构数组的指定元素
ans =
    number: '0901001'
      name: '李丽'
       sex: '女'
       age: '19'
     class: '01'
     score: [2x5 double]
```

```
>> student1.number                    %访问结构数组所有元素的指定域
ans =
0901001
ans =
0901002
>> student1(2).score                  %访问结构数组中指定元素的指定域
ans =
   19.3431   30.2764   15.0873   37.8373   85.3655
   68.2223   54.1674   69.7898   86.0012   59.3563
>> student1(2).score(2,2)             %访问数组中指定元素的指定域的指定下标的域值
ans =
   54.1674
```

增加结构型变量和向结构数组中增加新的域，都属于结构数组的动态扩充，在例 2-34 中已经举例说明了，这里不再重复。

3．获得结构数组中的域名

利用函数 fieldnames 获得结构数组的域名，函数的调用格式为

```
fieldnames(struct_name)
```

【例 2-37】 获取【例 2-35】所创建的 student1 结构数组的域名。

```
    >> fieldnames(student1)
ans =
      'number'
      'name'
      'sex'
      'age'
      'class'
      'score'
```

4．删除结构数组中的域

利用函数 rmfield 删除结构数组中的域，函数的调用格式为

```
rmfield(struct_name,field_name)或 rmfield(struct_name,{field_name1,field_
name2,…})
```

【例 2-38】 删除【例 2-35】所创建的 student1 结构数组的 sex 域和 age 域。

```
>> student1=rmfield(student1,{'sex','age'})
student1 =
1x2 struct array with fields:
    number
    name
    class
    score
```

5．删除结构数组中的元素

将元素赋空值，即可删除该元素。

【例 2-39】 删除【例 2-35】所创建的 student1 结构数据中的第 2 个元素。

```
>> student1(2)=[]
student =
    number: '0901001'
      name: '李丽'
```

```
      sex: '女'
      age: '19'
    class: '01'
    score: [2x5 double]
```

6. 结构数组的其他操作函数

① setfield：设置结构数组中的域值，使用起来没有直接赋值方便。一般调用格式为

```
struct_name=setfield(struct_name,{i,j},'field_name',{m,n},field_value)
```

② getfield：获取结构数组的域值。一般调用格式为

```
getfield(struct_name,{i,j},'field_name',{m,n})
```

③ orderfields：将结构数组的域名按照字母顺序进行排序。一般调用格式为

```
orderfields(struct_name)
```

④ isstruct：判断给定的数据对象是否是结构类型。一般调用格式为

```
isstruct(struct_name)
```

⑤ isfield：判断给定的字符串是否是给定结构的域名。一般调用格式为

```
isfield(struct, 'field_name')
```

⑥ struct2cell：结构数组转换成细胞数组。一般调用格式为

```
cell_name=struct2cell(struct_name)
```

⑦ cell2struct：细胞数组转换成结构数组。一般调用格式为

```
struct_name=cell2struct(cell_name,fields,dim)
```

【例 2-40】 对于【例 2-35】所创建的结构数组 student1，将第一个元素的学号改为'0901020'，成绩中的第 6 项改为 100；获取第一个元素的学号、班级和成绩；对该结构数组的域名排序；将该结构数组转换成细胞数组，再将该细胞数组转换成结构数组。

```
>> student1=setfield(student1,{1,1},'number','0901020'); %利用 setfield 函数来设
                                                          %置域值
>> student1(1).score(6)=100;              %直接赋域值
>> student1(1).number                     %直接读取域值
ans =
0901020
>>getfield(student1,{1,1},'score',{6}) %利用 getfield 函数来获取域值
ans =
   100
>> student1=orderfields(student1)         %对结构数组的域名进行排序
student1 =
1x2 struct array with fields:
    age
    class
    name
    number
    score
    sex
>> isstruct(student1)                     %判别 student 是否是结构型的
ans =
     1
>> isfield(student1,'major')              %判别 major 是否是结构数组 student 的域名
ans =
```

```
    0
>>C=struct2cell(student1(1))              %变量由结构型转换成细胞型
C=
    '19'
    '01'
    '李丽'
    '0901020'
    [2x5 double]
    '女'
>> fields={'age';'class'; 'name';'number';'score';'sex'}; %设置域名
>>S=cell2struct(C,fields,1)               %变量由细胞型转换成结构型
S =
      age: '19'
    class: '01'
     name: '李丽'
   number: '0901020'
    score: [2x5 double]
      sex: '女'
```

习　　题

2-1　定义变量 a 为二阶全零阵，访问其第 1 行第 2 列的元素，并将值修改为 2。

2-2　生成两个四维向量［1 0 −2 3］和［0 1 2 1］，计算它们的和、点积和叉积。

2-3　生成一个 4×4 的正态分布随机数组，求其对角线元素的和，并将该数组变换成 2×8 的数组。

2-4　生成一个 3×5 的均匀分布随机数组，将其第 4 列元素加 0.2，并将数组元素与 0.5 比较大小。

2-5　生成两个 3×2 的正态分布随机数组，将两个数组分别按行、列的方式进行串接。

2-6　在 MATLAB 的命令窗口中显示“Hello everyone”。

2-7　将字符“MATLAB”和“is strong”连接起来。

2-8　分别利用直接法和函数法创建如下的 3×2 细胞数组：

Function	Variable
y=f(x)	x
6	[1 2 3 4 5]

2-9　创建一个结构数组，它包括学生的以下信息：姓名（Name）、年龄（Age）、分数（Score）和班级（Class），并将数组按下表赋值。

Name	Age	Score	Class
Mary	Eighteen	502	1
Mike	Nineteen	498	2
Joe	Eighteen	520	3

第3章 MATLAB计算

MATLAB 计算包括数值计算和符号计算。数值计算是实验、仿真和工程处理的基础，MATLAB 具有出色的数值计算能力，占据世界上数值计算软件的主导地位。MATLAB 不仅有数值计算功能，还有符号计算功能，它提供了符号计算的工具箱 Symbolic Math Toolbox，与数值计算不同的是，符号计算无须事先对变量赋值，以符号对象和符号表达式为运算对象，得到符号解析表达结果。本章第3.1～3.4节介绍了MATLAB数值计算，第3.5～3.7节介绍了MATLAB符号计算。

3.1 方程组的求解

3.1.1 多项式及其运算

在 MATLAB 中，多项式是以向量形式存储的。即 n 次多项式用一个长度为 n+1 的系数向量来表示，且向量元素是按照多项式的降幂排列的，缺少的幂次对应的向量元素为 0。例如多项式：

$$x^5-2x^3+6x+4$$

在 MATLAB 中表示为[1 0 −2 0 6 4]，还可以利用 poly2sym 函数将多项式显示出来。

```
>> p=[1 0 -2 0 6 4];
>> y=poly2sym(p)
y =
 x^5-2*x^3+6*x+4
```

多项式的运算主要包括多项式的四则运算、求导、求值和求根运算。

1．多项式的四则运算

（1）加减运算

对于阶次相同的多项式，直接对其系数进行加减运算；当多项式的阶次不同时，要将低阶次多项式的系数向量补零后，再进行加减运算。美国密西根大学的 Justin Shriver 编写了适用于任意阶次间多项式相加的子函数 polyadd。

```
function[poly]=polyadd(poly1,poly2)
if length(poly1)<length(poly2)
short=poly1;
long=poly2;
else
```

```
short=poly2;
long=poly1;
end
mz=length(long)-length(short);
if mz>0
poly=[zeros(1,mz),short]+long;
else
poly=long+short;
end
```

【例 3-1】 求多项式 $2x^3-6x+1$ 和 $x-1$ 的和、差。

```
>> p1=[2 0 -6 1];
>> p2=[1 -1];
>> p=polyadd(p1,p2)
p =
     2     0    -5     0
>> q=polyadd(p1,-p2)
q =
     2     0    -7     2
```

（2）乘法运算

两多项式相乘，可利用函数 conv 对它们的系数做卷积来实现，即 p=conv(p1,p2)。

【例 3-2】 求【例 3-1】中两多项式的乘积。

```
>> p=conv(p1,p2)
p =
      2    -2    -6     7    -1
```

（3）除法运算

除法是乘法的逆过程，除法可以通过函数 deconv 进行系数解卷积来实现，[p,r]=deconv(p1,p2)，其中 p 是商，r 是余数。

【例 3-3】 求【例 3-1】中两多项式的商。

```
>> [p,r]=deconv(p1,p2)
p =
     2     2    -4
r =
     0     0     0    -3
```

2．多项式求导

多项式求导利用函数 polyder 来实现，ployder 有以下 3 种语法格式。

① polyder(p)：返回多项式 p 的导数。

② polyder(p1,p2)：返回多项式 p1*p2 的导数。

③ [q,d]=polyder(p1,p2)：返回多项式 p1/p2 的导数，q 是分子，d 是分母。

【例 3-4】 求【例 3-1】中两多项式的导数、两多项式乘积的导数和两多项式商的导数。

```
>> q1=polyder(p1),q2=polyder(p2)
q1 =
     6     0    -6
q2 =
     1
```

```
>> q3=polyder(p1,p2)
q3 =
     8    -6   -12     7
>> [q4 d]=polyder(p1,p2)
q4 =
     4    -6     0     5
d =
     1    -2     1
```

3．多项式求值

给定自变量的值，求解多项式的值。

① y=polyval(p,x)：按数组运算规则计算多项式值。

② y=polyvalm(p,X)：按矩阵运算规则计算多项式值，且 X 只能是方阵。

【例 3-5】 已知多项式 $2x^3-6x+1$，分别计算当 x 取 1、在[2,3]区间均匀分布的 4 个点、2 行 4 列的正态分布的随机阵、3 行 3 列均匀分布的随机阵时，多项式的值。

```
>> p=[2 0 -6 1];
>> x1=1;x2=linspace(2,3,4);x3=randn(2,4);x4=rand(3);
%独立变量取数组元素时的多项式值
>> y1=polyval(p,x1),y2=polyval(p,x2),y3=polyval(p,x3),y4=polyval(p,x4)
y1 =
    -3
y2 =
    5.0000   12.4074   22.9259   37.0000
y3 =
   -0.8936    2.1072    4.1226    1.8133
   -0.0372   -2.5901    8.7123    0.3194

y4 =
   -1.4923   -2.9643   -1.3007
   -2.2264   -2.6247   -2.9756
   -2.7583   -0.0466   -2.9597
%独立变量取矩阵时的多项式值
>> z1=polyvalm(p,x1),z4=polyvalm(p,x4)
z1 =
    -3
z4 =
    2.9690   -1.3138    3.2155
    2.0336    1.7982    1.2657
   -0.3368    3.1067    0.8065
```

4．多项式求根

n 次多项式的求根运算也就是求解一元 n 次方程的 n 个解，利用 roots(p)函数来实现。

【例 3-6】 求多项式 $x^4+2x^3-5x^2+4$ 的根。

```
>> p=[1 2 -5 0 4];
>> r=roots(p)
r =
  -3.3768
```

```
  1.0978 + 0.4916i
  1.0978 - 0.4916i
 -0.8187
```

当多项式的根已知时，可以利用函数poly(r)来构建多项式的系数。

```
>> poly(r)
ans =
   1.0000    2.0000   -5.0000    0.0000    4.0000
```

3.1.2 线性方程组的求解

线性方程组的数值解可直接通过矩阵相除得到。

【例3-7】 求解线性方程组。

$$\begin{cases} x_1 + x_2 + x_3 = 1 \\ 2x_1 + 3x_2 - x_3 = 3 \\ -x_1 + 2x_2 + 4x_3 = 2 \end{cases}$$

```
>> A=[1 1 1;2 3 -1; -1 2 4];
>> B=[1;3;2];
>> x=A\B
x =
        0
        1
        0
```

3.1.3 非线性方程组的求解

求解单变量非线性方程的根，可通过函数fzero来实现，其最简单的语法格式为

x=fzero(fun,x0)

一个非线性方程可能有多个根，fzero返回函数fun的离x0最近的根。其中fun1的输入方式可以是M函数文件的函数句柄、匿名函数或字符串。fzero的其他语法格式请参考MATLAB帮助系统。

【例3-8】 求 $f(x) = x^2 + 2x - e^x + 5 = 0$ 距离 $x_0 = 1$ 最近的根。

```
%建立函数文件 fun1.m
function f=fun1(x)
f=x^2+2*x-exp(x)+5;
%以M函数文件的函数句柄输入方程
>> x=fzero(@fun1,1)
x =
   2.9929
%以匿名函数方式输入方程
>> x=fzero(@(x)x^2+2*x-exp(x)+5,1)
x =
   2.9929
%以字符串方式输入方程
>> x=fzero('x^2+2*x-exp(x)+5',1)
x =
   2.9929
```

对于非线性方程组，要利用函数 fsolve 来求解，其最简单的语法格式为

x=fsolve(fun,x0)

返回根初始猜测值向量为 x0、非线性方程组 fun 的数值解。fun 可以以 M 函数文件的函数句柄、匿名函数或字符串方式输入。

求解时还可以在指令中加入 options：

x=fsolve(fun,x0,options)

options 是最优化工具箱的选项设定，通过调用 optimset 函数来设定最大优化代数、优化精度、中间结果的显示等。例如'Display'选项决定显示优化的中间结果的方式，其调用格式为

options=optimset('Display','off'或'iter'或'final')

其中'off'表示不显示，'iter'表示每步都显示，'final'表示仅显示最终结果。

fsolve 的其他语法格式请参考 MATLAB 帮助系统。

【例 3-9】 求解下列非线性方程组在初值为 x_0=[1 −1]的数值解。

$$\begin{cases} x_1 + 2x_2 - 10^{x_1} + 6 = 0 \\ 2x_1 - 7x_2 + 10^{x_2} - 15 = 0 \end{cases}$$

```
%建立函数文件 fun2.m
function f=fun2(x)
f=[x(1)+2*x(2)-10^x(1)+6;2*x(1)-7*x(2)+10^x(2)-15];
%以 M 函数文件的函数句柄输入方程组
>> x0=[1; -1];
>> options=optimset('Display','iter');
>> x=fsolve(@fun2,x0,options)
                                         Norm of      First-order   Trust-region
 Iteration  Func-count     f(x)          step         optimality    radius
     0          3         59.81                           98.3          1
     1          6        4.30192            1             21.2          1
     2          9        0.256806          0.222027      2.95          2.5
     3         12      0.00461949        0.100296      0.304         2.5
     4         15     3.57393e-006      0.0181445     0.00804       2.5
     5         18     2.54309e-012     0.000534198    6.78e-006     2.5
     6         21     1.34346e-024     4.51381e-007   4.93e-012     2.5
Optimization terminated: first-order optimality is less than options.TolFun.
x =
    0.3578
   -2.0393
%以匿名函数方式输入方程组
>> x0=[1; -1];
>> f=@(x)[x(1)+2*x(2)-10^x(1)+6;2*x(1)-7*x(2)+10^x(2)-15];
>> options=optimset('Display','off');
>> x=fsolve(f,x0,options)
x =
    0.3578
   -2.0393
%以字符串方式输入方程组
>> x0=[1;-1];
```

```
>> f='[x(1)+2*x(2)-10^x(1)+6;2*x(1)-7*x(2)+10^x(2)-15]';
>> x=fsolve(f,x0)
Optimization terminated: first-order optimality is less than options.TolFun.
x =
    0.3578
   -2.0393
```

3.2 插值和拟合

在生产实践和科学实验中，常需要研究变量间的函数关系以认识事物的本质属性，但有时变量间的函数关系不能写出解析表达式，只能得到一些离散的数据，因此就要想方设法通过已知的离散数据得到相对准确的函数关系，从而开展下一步的生产和研究。

由离散点数据来确定函数的方法有两种：函数插值和曲线拟合。

① 测量值是准确的，没有误差，一般用插值。

② 测量值与真实值有误差，一般用曲线拟合。

在 MATLAB 中，有相应的函数来实现。

3.2.1 函数插值

函数插值是根据给定的有限个样本点，产生另外的估计点，以达到数据更为平滑的效果。插值函数有 interp1（一维插值）、interp2（二维插值）、interp3（三维插值）和 interpn（n 维插值）。

一维插值函数的调用格式为

yi=interp1(x,y,xi, 'method')

其中 x 和 y 是已知的样本点数据；xi 是要内插的数据点，yi 是 xi 对应的函数值；method 是内插方法，可选择最近项插值（'nearest'）、线性插值（'linear'）、样条插值（'spline'）或立方插值（'cubic'），如果 method 省略，默认为线性插值。

【例 3-10】 一维插值举例。

```
>> x=0:10;y=sin(x)+cos(x);
>> xi=0:0.1:10;
>> y1=interp1(x,y,xi);
>> y2=interp1(x,y,xi,'nearnest');
>> y3=interp1(x,y,xi,'spline');
>> y4=interp1(x,y,xi,'cubic');
>> plot(xi,y1,xi,y2,'-s',xi,y3,'-.
',xi, y4,'-*')
```

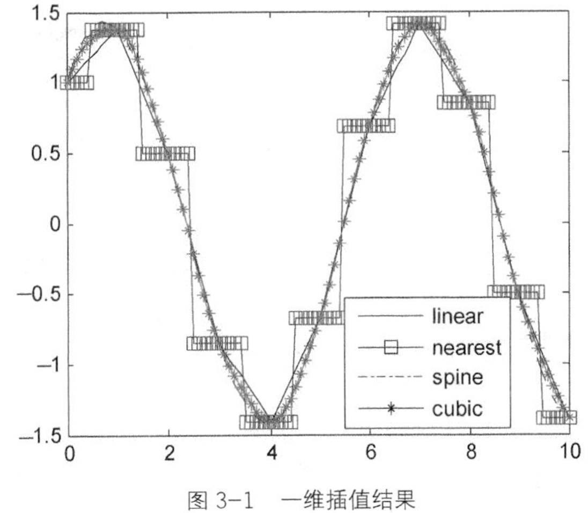

图 3-1 一维插值结果

程序运行结果如图 3-1 所示。

由图 3-1 可知，'nearest'为直角转折，效果最差；'linear'是分段线性，在样本点上斜率变化很大，效果较好；'spline'和'cubic'形成的曲线很平滑，效果最好。

3.2.2 曲线拟合

曲线拟合就是寻找一个函数（或曲线），使该函数（或曲线）在某种准则下与样本点数据最为接近，但并不要求拟合曲线通过全部已知的样本点。最常用的准则是最小二乘准则，得到最小二乘拟合，用函数 ployfit 来实现，该函数的调用格式为

p=polyfit(x,y,n)

其中，x 和 y 是已知样本点数据，n 是拟合多项式的阶次，p 为返回的拟合多项式的系数。

【例 3-11】 对例 3-10 中的向量 ***x*** 和 ***y*** 实现 1、2、3、4 阶的多项式拟合，并将拟合曲线画出。

```
>> x=0:10;y=sin(x)+cos(x);
>> p1=polyfit(x,y,1),p2=polyfit(x,y,2),p3=polyfit(x,y,3),p4=polyfit(x,y,4)
p1 =
   -0.1071    0.6256
p2 =
    0.0095   -0.2022    0.7683
p3 =
   -0.0290    0.4442   -1.8597    1.8115
p4 =
   -0.0067    0.1059   -0.3990   -0.1734    1.3258
>> x1=-1:0.1:11;
>> y1=polyval(p1,x1);
>> y2=polyval(p2,x1);
>> y3=polyval(p3,x1);
>> y4=polyval(p4,x1);
>>plot(x1,y1,'-*',x1,y2,'--',x1,y3,'-.',x1,y4)
```

程序运行结果如图 3-2 所示。

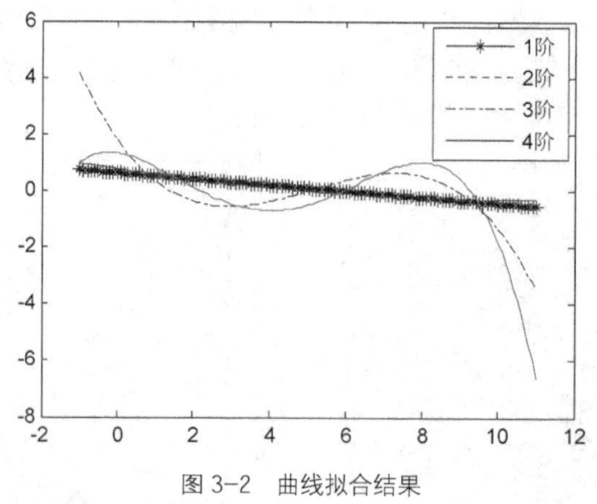

图 3-2 曲线拟合结果

3.3 函数的极值点

求函数 f(x)的极小值等价于求−f(x)的极大值，所以 MATLAB 仅提供了求解函数极小值的函数。函数 fminbnd 用于求解一元函数的极小值点，其调用格式为

x=fminbnd(fun,x1,x2)

它是求解函数在区间（x1,x2）中极小值点的最简单格式，其他调用格式可参见 MATLAB 帮助系统。

函数 fminsearch 用于求解多元函数的极小值点，其调用格式为

x=fminsearch(fun,x0)

它是求解初始向量为 x0 的多元函数极小值点的最简单格式，其他调用格式可参见 MATLAB 帮助系统。

【例 3-12】 求解【例 3-8】中建立的 fun1 函数在[0,10]的极小值点。

```
>> x=fminbnd(@fun1,0,10)
x =
    10
```

【例 3-13】 求解函数 $f(x)=2x_1^4+(x_1-3x_2)^2-(x_2-1)^2$ 的极小值点，初始向量为[0, 1]。

```
>> fun3=@(x)2*x(1)^4+(x(1)-3*x(2))^2-(x(2)-1)^2;
>> [x,fval]=fminsearch(fun3,[0,1])                    %返回极值点和对应的极值
x =
   -0.4772   -0.3039
fval =
   -1.4077
```

3.4 数值微积分

3.4.1 数值微分

在 MATLAB 中，函数 diff 用来计算两个相邻点的差值，其调用格式如下。

① diff(x)：一次微分，若 x 是一个向量，则返回[x(2) −x(1) x(3) −x(2)⋯x(n) −x(n−1)]；若 x 是一个矩阵，则返回一个矩阵[x(2:m,:) −x(1:m−1,:)]。

② diff(x,n)：n 次微分，如 diff(x,2)=diff(diff(x))。

③ diff(x,n,dim)：在指定维 dim 方向进行 n 次微分。

设有函数 y=f(x)，则函数微分为 dy/dx=diff(y)/diff(x)。

【例 3-14】 计算函数 $y=x^4-3x^3+5x^2-9x+8$ 在区间[−1 1]的微分。

```
>> x=[-1:0.1:1];                    %产生自变量
>> p=[1 -3 5 -9 8];                 %多项式系数
>> y=polyval(p,x);                  %自变量对应的函数值
>> d=diff(y)./diff(x);              %函数微分
>> plot(x,y,x(2:end),d,'-.')        %微分值相对于函数值要少一个，所以取 x(2:end)
```

程序运行结果如图 3-3 所示。

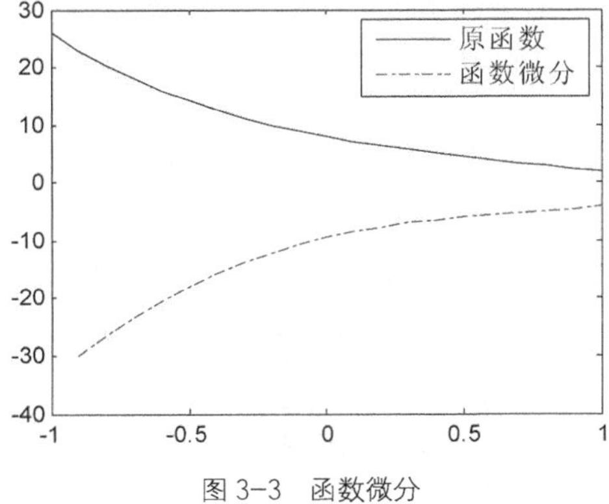

图 3-3 函数微分

3.4.2 常微分方程

只包含一个自变量的微分方程是常微分方程（Ordinary Differential Equations, ODE），其求解问题可分为初值问题和边值问题。边值问题相对复杂、难度更大，这里仅介绍初值常微分方程的求解。MATLAB 提供了几个采用龙格-库塔法求解初值常微分方程的函数：ode23、ode45、ode113、ode15s、ode23s、ode23t、ode23tb。这些函数有相同的调用格式，其中最常用是 ode23 和 ode45。用 solver 来表示所选用的函数命令，函数调用格式如下：

[x,y]=solver(fun,tspan,y0)

这是最简单的调用格式，其中 fun 表示函数文件名，tspan 表示积分区间，y0 表示初始条件，返回的 x 是自变量数据，y 是解形成的矩阵。

[x,y]=solver(fun,tspan,y0,options,p1,p2,…)

其中 options 用于设置算法参数，可通过 odeset 指令来设置算法的绝对误差、相对误差和最大积分步长等，若不进行设置，则用“[]”代替；p1,p2,…是传递给函数文件的参数。

【例 3-15】 利用函数 ode23 求解常微分方程。

$$\begin{cases} y' = 2xy - \sin(x)y \\ y(0) = 1, 0 \leqslant x \leqslant 2 \end{cases}$$

解：首先建立函数文件 fun4.m。

```
function dy=fun4(x,y)
dy=2*x*y-(sin(x)) *y;
dy=dy(:);
```

再调用函数 ode23 求解微分方程。

```
>>[x,y]=ode23(@fun4,[0:0.1:2],1);
>> plot(x,y)
```

程序运行结果如图 3-4 所示。

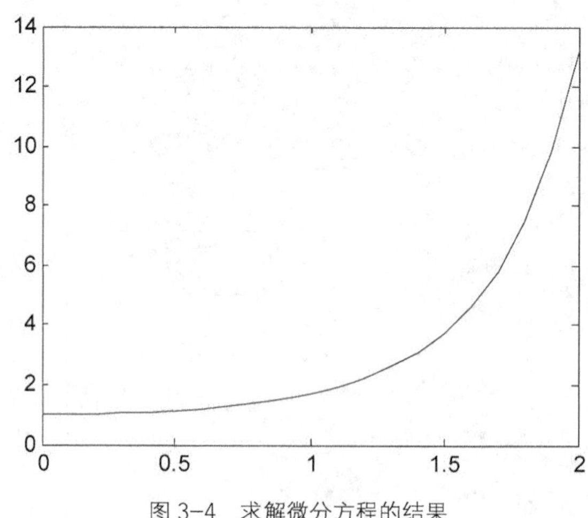

图 3-4 求解微分方程的结果

【例 3-16】 利用 ode45 函数求解常微分方程组。

$$\begin{cases} y_1' = 2y_2 - \sin(x)y_1 \\ y_2' = \cos(x)e^{-x} - e^{-x}y_2 \end{cases}, y_1(0) = 0, y_2(0) = 1, 0 \leqslant x \leqslant 1$$

解：首先建立函数文件 fun5.m。

```
function dy=fun5(x,y)
dy(1)=2*y(2)-(sin(x)) *y(1);
dy(2)=cos(x) *exp(-x) -exp(-x) *y(2);
dy=dy(:);
```

再调用函数 ode45 求解微分方程。

```
>>options=odeset('RelTol',1e-4,'AbsTol',[1e-5 1e-4]);  %设置相对误差和绝对误差
>>[x,y]=ode45(@fun5,[0 1],[0 1],options);
>>plot(x,y(:,1),'-',x,y(:,2),'-.')
```

程序运行结果如图 3-5 所示。

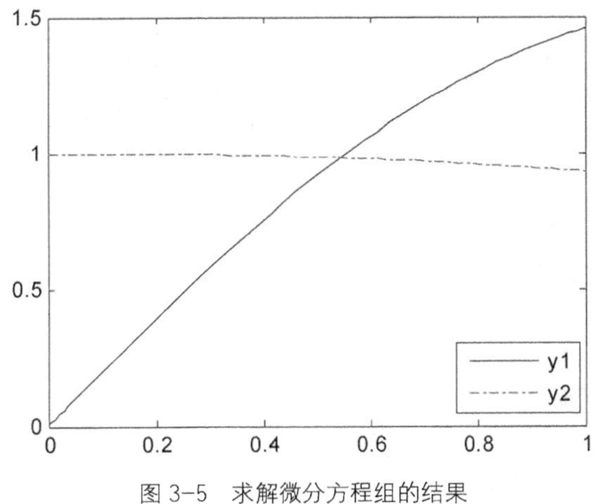

图 3-5 求解微分方程组的结果

3.4.3 数值积分

积分 $\int_a^b f(x)\mathrm{d}x$ 在数值上等于曲线 $y = f(x)$ 、直线 $x = a$ 、直线 $x = b$ 与 x 轴所围成的曲边梯形的面积。求解数值积分的思路是将积分区间分成若干子区间，先求各子区间内的面积再求和，子区间划分的数目越多，结果越准确。典型的数值积分方法有：用常数近似子区间内函数曲线的矩形法；用直线近似子区间内函数曲线的梯形法；用直线的中点和两端点构成的抛物线近似子区间内函数曲线的方法（Simpson 法）。

1．矩形积分 cumsum

cunsum 函数的调用格式如下。

① cumsum(x)：当 x 为向量时，返回第 i 个元素为向量 x 的前 i 个元素和的向量；当 x 为矩阵时，返回一个大小相同的矩阵，其元素为 x 每列的累积和。

② cumsum(x,dim)：返回元素为指定维方向 x 元素累积和的矩阵。

```
>> A=[1:10];
>> B=cumsum(A)
B =
     1     3     6    10    15    21    28    36    45    55
```

```
>> C=reshape(B,2,5) ;
>> D=cumsum(C)
D =
     1     6    15    28    45
     4    16    36    64   100
>> E=cumsum(C,1)
E =
     1     6    15    28    45
     4    16    36    64   100
>>F=cumsum(C,2)
F =
     1     7    22    50    95
     3    13    34    70   125
```

【例 3-17】 计算 $f(x)=\int_0^1 \mathrm{e}^{-x}\mathrm{d}x$。

```
>> dx=0.01;
>> x=[0:0.01:1];
>> y=exp(-x);
>> s=cumsum(y) *dx;
>> s(end)
ans =
    0.6390
```

2．梯形积分 trapz

trapz 的调用格式如下。

① trapz(y)：当 y 为向量时，返回 y 的积分；当 y 为矩阵时，返回各列的数值积分。

② trapz(x,y)：返回 y 对 x 的数值积分。

③ trapz(…,dim)：返回指定维方向上的积分。

```
>> A=[1:10];
>> B=trapz(A)
B =
   49.5000                    %(A(1)+A(end))×(size(A)-1)/2=49.5 梯形的面积公式
>> C=reshape(A,2,5);
>> D=trapz(C)
D =
    1.5000    3.5000    5.5000    7.5000    9.5000
>> E=trapz(C,2)
E =
    20
    24
```

【例 3-18】 利用函数 trapz 计算【例 3-17】中的数值积分。

```
>> x=[0:0.01:1];
>> y=exp(-x);
>> s=trapz(x,y)
s =
    0.6321
```

3. Simpson 积分 quad 和 Lobatto 积分 quadl

采用递推自适应 Simpson 法计算积分的 quad 函数和采用递推自适应 Lobatto 法计算积分的 quadl 函数，尽管采用的算法不同，但二者有相同的调用格式：

q=quad(fun,a,b,tol,trace,p1,p2,···)

q=quadl(fun,a,b,tol,trace,p1,p2,···)

其中 fun 是被积函数，a 和 b 是积分下限和上限，这 3 个输入参数是必须要有的。tol 是算法绝对误差，缺省时取默认值 10^{-6}；trace 取非零值时，表示随积分进程逐点画出被积函数；p1,p2,···表示向被积函数传送的参数。

【例 3-19】 分别利用 quad 和 quadl 求解【例 3-17】中的数值积分。

```
>> F=@(x)exp(-x);                                    %或 F='exp(-x)', 建立被积函数
>> q1=quad(F,0,1);q2=quadl('exp(-x)',0,1,1e-7);     %调用 quad 和 quadl
>> disp([q1,q2]);                                    %将积分结果显示出来
   0.6321    0.6321
```

3.5 符号对象

符号计算的操作对象是非数值的符号对象，参与符号计算的各种形式的量都是符号对象，包括符号常量、符号变量、符号表达式、符号矩阵或数组。在符号计算中，由包含符号对象的表达式所衍生的对象也是符号对象，因此可以定义基本的符号对象，然后再利用基本符号对象去构建其他符号对象。

3.5.1 基本符号对象

定义基本符号对象的指令是 sym 和 syms：

```
sym('x'),sym('y'),sym('z')
syms x y z
```

sym 每次只能定义一个符号对象，且用单引号' '引上；syms 可以同时定义多个符号对象，各对象间用空格分隔。对于符号常量，定义时还可指定符号量的具体表示格式，如 d（十进制）、f（浮点数）、r（有理数）等，默认时为有理数格式。另外，还可指定变量是实的（real）、正实的（positive）或非实的（unreal）。

【例 3-20】 定义符号常量。

```
>> b1=sym('log(3)');                 %绝对准确的符号数值表示
>> b2=sym(log(3));                   %最接近的有理表示
>> b3=sym(log(3),'f');               %浮点数表示
>> disp([b1,b2,b3])
[           log(3), 4947709893870346*2^(-52), '1.193ea7aad030a'*2^(0)]
```

【例 3-21】 定义符号变量。

```
>> sym('x')                          %定义符号变量 x
ans =
 x
>> sym('y','real')                   %定义实型符号变量 y
ans =
 y
>> syms z                            %定义符号变量 z
```

```
>> syms a real                          %定义实符号变量 a
>> syms b c unreal                   %定义非实符号变量 b 和 c
```

3.5.2 符号表达式

由基本符号对象和运算符组合成的表达式就是符号表达式，符号表达式可由命令 sym 或 syms 构建。不同的是，sym 像定义基本符号对象一样来定义符号表达式，而 syms 是先定义表达式中涉及的基本符号对象，再输入表达式。符号方程式是含有等号的符号表达式，只能由 sym 指令来构建。

【例 3-22】 创建符号表达式。

```
>> f1=sym('x^2-x*sin(x)+exp(x)')
f1 =
x^2-x*sin(x)+exp(x)
>> f2=sym('x^2-2*x*y+2*y^2')
f2 =
x^2-2*x*y+2*y^2
>> syms x y
>> f3=x*y-exp(x)+2*y
f3 =
x*y-exp(x)+2*y
>> sym('x^2-2*x*y=0')
ans =
x^2-2*x*y=0
```

不管符号表达式中有多少个变量，独立变量只有一个。MATLAB 约定，虚数单位 i 和 j 不能作为独立变量；若表达式中有变量 x，则 x 就是独立变量，否则选择最靠近 x 的变量作为独立变量；当有两个变量距离 x 相等时，选择排序在 x 后面的变量。可以利用函数 findsym 来寻找符号变量，其调用格式如下。

① findsym(s)：按字母表顺序返回表达式 s 中所有的符号变量。

② findsym(s,n)：返回表达式 s 中靠近 x 的 n 个变量，包括 x 本身。

注意：在使用函数 findsym 时，认为大写字母离 x 的距离总大于所有小写字母离 x 的距离。

【例 3-23】 查找表达式中的变量。

```
>> syms a b c x
>> f=a*x^2+b*x+c;
>> findsym(f)
ans =
a, b, c, x
>> findsym(f,2)
ans =
x,c
>> findsym(f,4)
ans =
x,c,b,a
```

用户可以对符号表达式执行多种操作，如四则运算、因式分解、合并同类项和化简等。

1. 四则运算

与数值表达式一样，符号表达式可以进行加减、乘除运算，得到的结果仍然是符号型的。

【例 3-24】 四则运算。

```
>>syms x y
>> f1=x^2+x*y+1;
>> f2=y^2+x*y+1;
>> f3=f1+f2,f4=f1-f2,f5=f1*f2,f6=f1/f2,f7=f1\f2
f3 =
x^2+2*x*y+2+y^2
f4 =
x^2-y^2
f5 =
(x^2+x*y+1) * (y^2+x*y+1)
f6 =
(x^2+x*y+1)/(y^2+x*y+1)
f7 =
(y^2+x*y+1)/(x^2+x*y+1)
```

2. 因式分解

利用函数 factor(s)实现符号表达式 s 的因式分解。其中变量 s 可以是正整数、数值数组或符号表达式数组。

【例 3-25】 因式分解。

```
>> f1=factor(123456)
f1 =
     2     2     2     2     2     2     3   643
>> f2=factor(sym('x^4-1'))
f2 =
(x-1)*(x+1)*(x^2+1)
>> f3=[sym('x^3+1') sym('x^3-1')]
f3 =
[ x^3+1, x^3-1]
>> f3=factor(f3)
f3 =
[ (x+1)*(x^2-x+1), (x-1)*(x^2+x+1)]
```

3. 合并同类项

利用函数 collect 实现合并同类项，其调用格式如下。

① collect(s)：按默认变量 x 对符号表达式 s 合并同类项；

② collect(s,v)：按变量 v 对符号表达式合并同类项。

【例 3-26】 合并同类项。

```
>> syms x y
>> f=x^3-2*x^2*cos(x)-x^2+y*cos(x)-2*y;
>> f1=collect(f)
f1 =
x^3+(-2*cos(x) -1)*x^2-2*y+y*cos(x)
>> f2=collect(f,cos(x))
```

```
f2 =
(-2*x^2+y)*cos(x)+x^3-x^2-2*y
>> f3=collect(f,y)
f3 =
(cos(x) -2)*y+x^3-2*x^2*cos(x) -x^2
```

4．多项式展开

利用函数 expand(s)来展开符号表达式 s。

【例 3-27】 展开符号表达式。

```
>> syms x y
>> f1=expand((x-1)*(x+1)*(y-1)*(y+1))
f1 =
x^2*y^2-x^2-y^2+1
>> f2=expand([cos(x+y),sin(2*x),(x-1)^2])
f2 =
[cos(x)*cos(y) -sin(x)*sin(y), 2*sin(x)*cos(x), x^2-2*x+1]
>> f3=expand(exp((x+y)^2))
f3 =
exp(x^2)*exp(x*y)^2*exp(y^2)
```

5．化简

利用函数 simplify(s)或 simple(s)化简符号表达式 s。

① simplify 函数：利用 Maple 化简规则得到符号表达式的最简结果，常常会用到特殊函数（如三角函数、指数函数、对数函数等）的性质。

【例 3-28】 利用 simplify 函数化简符号表达式。

```
>> syms x y
>> s=sin(x)^4-cos(x)^4;
>> f1=simplify(s)
f1 =
1-2*cos(x)^2
>> f2=simplify([(x^2+2*x+1)/(x+1),sin(x)^2+cos(x)^2])
f2 =
[ x+1,   1]
>> f3=simplify(exp(log(x+y)))
f3 =
x+y
```

② simple 函数：尝试用不同的化简方法对表达式进行化简，返回最简形式，有如下 3 种调用格式。

simple(s)：显示通过各种化简方法得到的化简结果，并返回其中最简的一个。

r=simple(s)：不显示中间的化简结果，仅返回最简的一个结果。

[r how]=simple(s)：返回最简的结果和化简方法。

【例 3-29】 利用 simple 函数化简符号表达式。

```
>> s=sym('sin(x)^2*cos(x)^2+cos(x)^4-1');
>> simple(s)                              %显示利用各种化简方法得到的结果
simplify:
-1+cos(x)^2
```

```
    radsimp:
    sin(x)^2*cos(x)^2+cos(x)^4-1
    combine(trig):
    -1/2+1/2*cos(2*x)
    factor:
    sin(x)^2*cos(x)^2+cos(x)^4-1
    expand:
    sin(x)^2*cos(x)^2+cos(x)^4-1
    combine:
    -1/2+1/2*cos(2*x)
    convert(exp):
    -1/4*(exp(i*x)-1/exp(i*x))^2*(1/2*exp(i*x)+1/2/exp(i*x))^2+(1/2*exp(i*x)+1/
2/ exp(i*x))^4-1
    convert(sincos):
    sin(x)^2*cos(x)^2+cos(x)^4-1
    convert(tan):
    4*tan(1/2*x)^2/(1+tan(1/2*x)^2)^4*(1-tan(1/2*x)^2)^2+(1-tan(1/2*x)^2)^4/
(1+tan(1/2*x)^2)^4-1
    collect(x):
    sin(x)^2*cos(x)^2+cos(x)^4-1
    mwcos2sin:
    sin(x)^2*(1-sin(x)^2)+cos(x)^4-1
    ans =                                          %返回其中最简的结果
    -1+cos(x)^2
    >> f=simple(s)                                 %直接返回其中最简的结果
    f =
    -1+cos(x)^2
    >> [r,how]=simple(s)                           %返回最简的结果和化简方法
    r =
    -1+cos(x)^2
    how =
    simplify
```

6．通分

函数 numden()可将符号表达式化简为有理式，提取出分子和分母，其调用格式如下。

[n,d]=numden(s)：返回符号表达式 s 的分子 n 和分母 d。其中 s 还可以是符号矩阵。

【例 3-30】 利用函数 numden 提取有理式的分子和分母。

```
    >> [n1,d1]=numden(sym(4/5))
    n1 =
    4
    d1 =
    5
    >> syms x y
    >> [n2,d2]=numden(x/y+y/x)
    n2 =
    x^2+y^2
    d2 =
```

```
y*x
>> A=[x,1/y];
>> [n3,d3]=numden(A)
n3 =
[ x, 1]
d3 =
[ 1, y]
```

7. 复合函数

compose 函数用于求解复合函数，其调用格式如下。

① compose(f,g)：求 f=f(x)、g=g(y)的复合函数 f[g(y)]。

② compose(f,g,z)：求 f=f(x)、g=g(y)，y=z 的复合函数 f[g(z)]。

③ compose(f,g,x,z)：求 f=f(x)、x=g(z)的复合函数 f[g(z)]。

④ compose(f,g,x,y,z)：求 f=f(x)、x=g(y)、y=z 的复合函数 f[g(z)]。

【例 3-31】 求复合函数。

```
>> syms x y z t u                                   %定义符号变量
>> f=1/(1+x^2);g=cos(y);h=x^t;p=exp(y/u);           %定义符号表达式 f,g,h,p
>> compose(f,g)                                     %求 f,g 的复合函数
ans =
1/(1+cos(y)^2)
>> compose(f,h,z)                     %求 f,h 的复合函数，再将自变量 x 换为 z
ans =
1/(1+(z^t)^2)
>> compose(f,p,x,y)                   %求 f,p 的复合函数
ans =
1/(1+exp(y/u)^2)
>> compose(g,h,y,x,z)                 %求 g,h 的复合函数，再将自变量 x 换为 z
ans =
cos(z^t)
```

8. 求解反函数

finverse 函数用于求解符号函数的反函数，其调用格式如下。

① g = finverse(f)：返回符号函数 f 的反函数，且反函数的自变量与原函数的相同。

② g = finverse(f,v)：返回包含多余 1 个变量的符号函数 f 的反函数，反函数的自变量为 v。

【例 3-32】 求解反函数。

```
>> syms x y
>> finverse(exp(2*x))                 %求反函数，自变量为 x
ans =
1/2*log(x)
>> finverse(x+2*y-1,y)                %求反函数，自变量为 y
ans =
-1/2*x+1/2+1/2*y
```

9. 美化表达式

pretty(f)函数可以美化表达式，将符号表达式 f 以习惯的方式表达出来。

【例 3-33】 美化表达式。

```
>> syms a b x y;
```

```
>> f=a/(x^2+y^2)*exp(b*x)+b/(x^2+y^2)*exp(a*x);
>> pretty(f)
a exp(b x)   b exp(a x)
---------- + ----------
2    2        2    2
x  + y       x  + y
```

10．变量置换

subs 函数实现符号表达式中的变量置换，其调用格式如下。

① R=subs(S)：用当前内存中已知值置换符号表达式 S 中所有的同名变量，得到新的表达式 R。

② R=subs(S, new)：用 new 置换 S 中的自由变量后产生 R。

③ R=subs(S,old,new)：用 new 置换 S 中的 old 后产生 R。

【例 3-34】 置换变量。

```
>> syms a b x y;
>> subs(a+b,a,4)
ans =
4+b
>> f=cos(a*x)+sin(b*y);
>> g=subs(f,{a,b},{sym('c'),2})
g =
cos(c*x)+sin(2*y)
>> subs(x·*y,{x,y},{[0 1;2 3],[1 -1;-2 2]})
ans =
     0    -1
    -4     6
```

3.5.3 符号矩阵

符号矩阵的元素可以是符号常量、符号变量和符号表达式，创建符号矩阵有以下 3 种方法。

1．函数法

用 sym 函数直接创建符号矩阵。

【例 3-35】 利用 sym 函数创建符号矩阵。

```
>> A=sym('[1,a,b;a+b,1/2,a*b]')
A =
[   1,   a,   b]
[ a+b, 1/2, a*b]
>> B=sym('[a^2+b^2,exp(a)-2*b;sin(a+2*b),2]')
B =
[    a^2+b^2, exp(a)-2*b]
[ sin(a+2*b),          2]
```

2．直接法

用创建普通数值矩阵的方法创建符号矩阵，但首先要定义所需要的符号变量。

【例 3-36】 利用直接法创建符号矩阵。

```
>> syms a b
>> A=[1,a,b;a+b,1/2,a*b]
A =
```

```
[   1,    a,    b]
[ a+b, 1/2, a*b]
>> B=[a^2+b^2,exp(a)-2*b;sin(a+2*b),2]
B =
[    a^2+b^2, exp(a)-2*b]
[ sin(a+2*b),          2]
```

3．转换法

利用函数 sym 来实现由数值矩阵转换为符号矩阵。

【例 3-37】 利用转换法创建符号矩阵。

```
>> A=[1.1 2.2;3.3 4.4]
A =
    1.1000    2.2000
    3.3000    4.4000
>> sym(A)
ans =
[ 11/10,  11/5]
[ 33/10,  22/5]
>> C=rand(3)
C =
    0.9501    0.4860    0.4565
    0.2311    0.8913    0.0185
    0.6068    0.7621    0.8214
>> D=sym(C)
D =
[8558003789085230*2^(-53),8754681859951184*2^(-54),8222990427035290*2^(-54)]
[8327642588833064*2^(-55),8028107383647803*2^(-53),5333312053612800*2^(-58)]
[5465952066222678*2^(-53),6864358026484820*2^(-53),7398577998079117*2^(-53)]
```

可见，如果数值矩阵的元素可以化简为有理分式形式，则转换后的符号矩阵采用有理分式表示元素；如果数值矩阵的元素是无理数，转换后的符号矩阵采用浮点数表示元素。

当用 findsym 确定符号矩阵的符号变量时，是对整个矩阵进行的，而不是对矩阵元素逐个进行的。

【例 3-38】 查询符号矩阵的符号变量。

```
>> syms a b x y z;
>> A=[a*x^2+y b*sin(y);x*exp(-z) y^2-a*z];
>> findsym(A,1)
ans =
x
>> findsym(A,2)
ans =
x,y
```

3.6 符号微积分

3.6.1 符号序列的求和

序列求和问题 $\sum_{v=a}^{b} f(v)$，可利用 MATLAB 中的函数 symsum 来实现，其语法格式如下。

s=symsum(f,v,a,b)：求表达式 f 在指定变量 v 取遍[a,b]中所有整数时的和。当默认为 v 时，f 中的自变量由 findsym 自动识别；a 和 b 默认时，默认的自变量区间为[0,v−1]。

【例 3-39】 求 $\sum_{x=1}^{10} x^2$，$\sum_{k=1}^{\infty}[\frac{1}{k^2} \quad \frac{(-1)^k}{k}]$，$\sum_{x=1}^{x-1}[x+1 \quad xy]$

```
>> syms x y k
>> s1=symsum(x^2,1,10)
s1 =
385
>> f2=[1/k^2 (-1)^k/k];
>> s2=symsum(f2,1,inf)
s2 =
[ 1/6*pi^2,  -log(2)]
>> f3=[x+1 x*y];
>> s3=symsum(f3)
s3 =
[    1/2*x^2+1/2*x, 1/2*y*x^2-1/2*x*y]
>> s3=simple(s3)
s3 =
[   1/2*x*(x+1), 1/2*x*y*(x-1)]
```

3.6.2 符号极限

函数极限是微积分的基础，MATLAB 提供了 limit 函数用于求解符号函数的极限，其调用格式如下。

① limit(F,x,a)：计算当 x→a 时符号表达式 F 的极限。

② limit(F,a)：计算当默认自变量趋近于 a 时符号表达式 F 的极限。

③ limit(F)：计算当默认自变量趋近于 0 时符号表达式 F 的极限。

④ limit(F,x,a,'left')或 limit(F,x,a,'right')：计算当 x→a 时符号表达式 F 的左极限或右极限。

【例 3-40】 求解表达式 $\lim_{x\to 0}\frac{\sin x}{x}$、$\lim_{x\to \frac{\pi}{2}-}\tan x$、$\lim_{x\to \frac{\pi}{2}+}\tan x$、$\lim_{y\to 0}\frac{\sin(x+y)-\sin(x)}{y}$、$\lim_{x\to 0+}\exp(-x)$ 和 $\lim_{x\to 0+}\ln(1+x)$。

```
>> syms x y
>> limit(sin(x)/x)
ans =
1
>> limit(tan(x),x,pi/2,'left')
ans =
Inf
>> limit(tan(x),x,pi/2,'right')
ans =
-Inf
>> limit((sin(x+y)-sin(x))/y,y,0)
ans =
cos(x)
>> F=[exp(-x),log(1+x)];
```

```
>> limit(F,x,0,'right')
ans =
[ 1, 0]
```

3.6.3 符号微分

在 MATLAB 中使用 diff 函数求解符号微分，其调用格式如下。

① diff(s)：求符号表达式 s 对于默认自变量的微分。

② diff(s,'v')：求符号表达式 s 对于自变量 v 的微分。

③ diff(s,n)：求符号表达式 s 对于默认自变量的 n 次微分。

④ diff(s, 'v',n)：求符号表达式 s 对于自变量 v 的 n 次微分。

【例 3-41】 求符号表达式的微分。

```
>> s1=sym('2*x^2+y^2-4*x*y');
>> s2=sym('[cos(x) exp(x);log(x) 2*x]');
>> s3=sym('[x^2*y x^2+y^2;3*x x*y]');
>> diff(s1)
ans =
4*x-4*y
>> diff(s1,2)
ans =
4
>> diff(s1,'y')
ans =
2*y-4*x
>> diff(s1,'y',2)
ans =
2
>> diff(s2)
ans =
[ -sin(x),  exp(x)]
[     1/x,       2]
>> diff(diff(s3,'x'),'y')
ans =
[ 2*x,   0]
[   0,   1]
```

单位阶跃函数 $u(t)=\begin{cases}1 & t\geqslant 0\\ 0 & t<0\end{cases}$ 在 MATLAB 中可以用函数 Heaviside(t)来表示，由于 MATLAB 本身没有对 Heaviside 进行定义，所以不能直接调用它，当在符号运算中用到它时，需先将其定义成符号对象。单位阶跃函数的微分是单位冲激函数 $\delta(t)$，在 MATLAB 中用 Dirac(t)表示，$\delta(t)$ 的 n 阶导数用 Dirac(n,t)表示，在使用它们时，也要先将其定义成符号对象。

【例 3-42】 阶跃函数的微分。

```
>> s1=sym('Heaviside(t)')
s1 =
Heaviside(t)
>> s2=diff(s1)
```

```
s2 =
dirac(t)
>> s3=diff(s1,3)
s3 =
dirac(2,t)
```

3.6.4 符号积分

积分是微分的逆运算，在 MATLAB 中使用 int 函数求解符号积分，其调用格式如下。

① int(s)：求符号表达式 s 对于默认自变量的不定积分。

② int (s,'v')：求符号表达式 s 对于自变量 v 的不定积分。

③ int (s,a,b)：求符号表达式 s 对于默认自变量从 a 到 b 的定积分。

④ int(s, 'v',a,b)：求符号表达式 s 对于自变量 v 从 a 到 b 的定积分。

【例 3-43】 计算积分表达式 $\int\frac{1}{1+x^2}\mathrm{d}x$、$\int\sin(ax)\mathrm{d}x$、$\int\sin(ax)\mathrm{d}a$、$\int_0^1 x\log(1+x)\mathrm{d}x$、$\int\exp(x)\mathrm{d}x$、$\int\frac{1}{x}\mathrm{d}x$、$\int_0^2\int_{\sqrt{a}}^a(a^2+x^2)\mathrm{d}x\mathrm{d}a$、$\int_0^\infty\frac{\sqrt{x}}{(1+x)^2}\mathrm{d}x$。

```
>> syms x a
>> int(1/(1+x^2))
ans =
atan(x)
>> int(sin(a*x))
ans =
-1/a*cos(a*x)
>> int(sin(a*x),'a')
ans =
-1/x*cos(a*x)
>> int(x*log(1+x),0,1)
ans =
1/4
>> int([exp(x),1/x])
ans =
[ exp(x), log(x)]
>> int(int(a^2+x^2,x,sqrt(a),a),a,0,2)
-296/105*2^(1/2)+16/3
>> int(sqrt(x)/(1+x)^2,x,0,inf)
ans =
1/2*pi
```

3.7 符号方程的求解

3.7.1 代数方程

solve 函数用于求解代数方程（组），其调用格式如下。

① g = solve(eq)：求解自变量为默认自变量的代数方程 eq=0。

② g = solve(eq,v)：求解自变量为指定变量 v 的代数方程 eq=0。

③ g = solve(eq1,eq2,...,eqn)：求解 n 个代数方程 eq1=0、eq2=0、…、eqn=0 组成的方程组，自变量为这 n 个代数方程的默认自变量。

④ g = solve(eq1,eq2,...,eqn,v1,v2,...,vn)：求解 n 个代数方程 eq1=0、eq2=0、…、eqn=0 组成的方程组，自变量为 n 个指定变量 v1、v2、…、vn。

当方程（组）不存在符号解时，若又没有其他自由参数，则 solve 将给出数值解。

【例 3-44】 求解一元二次方程 $ax^2+bx+c=0$。

```
>> f=sym('a*x^2+b*x+c');
>> solve(f)                                %以 x 为自变量求解方程 f=0
ans =
 1/2/a*(-b+(b^2-4*a*c)^(1/2))
 1/2/a*(-b-(b^2-4*a*c)^(1/2))
>> solve(f,'b')                            %以 b 为自变量求解方程 f=0
ans =
-(a*x^2+c)/x
```

【例 3-45】 求解方程组 $\begin{cases} x^2-y^2+z=0 \\ x+y-z=0 \\ 3x-y-z=2 \end{cases}$。

```
>> syms x y z
>> f1=x^2-y^2+z;
>> f2=x+y-z;
>> f3=3*x-y-z-2;
>> [x,y,z]=solve(f1,f2,f3)            %以数值数组形式输出求解结果
x =
1/2
y =
-1/2
z =
0
>> s=solve(f1,f2,f3)                  %方程组的解存放在结构变量 s 中
s =
    x: [1x1 sym]
    y: [1x1 sym]
    z: [1x1 sym]
>> s.x,s.y,s.z                        %查询结构变量的结构元素值，返回解的具体值
ans =
1/2
ans =
-1/2
ans =
0
```

3.7.2 微分方程

dsolve 函数用于求解微分方程（组），其调用格式如下。

```
r=dsolve('eq1,eq2,...','cond1, cond2,...','v')或 r = dsolve('eq1', 'eq2',...,
```

```
'cond1','cond2',...,'v')
```

上式用于求微分方程 eq1、eq2、…的解。其中 cond1、cond2、…为给定的常微分方程的边界条件或初始条件，v 为指定的自变量，默认变量为 t。在微分方程 eq 中，用 D 表示对自变量（设为 x）的微分，如 D=d/dx、D2=d²/dx²，D 后的字符为因变量。

【例 3-46】 求解常微分方程 $\frac{\mathrm{d}y}{\mathrm{d}x}=ax$。

```
>> dsolve('Dy=a*x')                %未指定变量，默认变量为 t
ans =
a*x*t+C1
>> dsolve('Dy=a*x','x')            %指定变量为 x
ans =
1/2*a*x^2+C1
```

【例 3-47】 求常微分方程 $\frac{\mathrm{d}^2y}{\mathrm{d}x^2}=\cos(2x)-y$ 当 $\frac{\mathrm{d}y}{\mathrm{d}x}(0)=0$ 和 $y(0)=1$ 时的特解。

```
>> dsolve('D2y=cos(2*x)-y','Dy(0)=0','y(0)=1','x')
ans =
4/3*cos(x)-1/3*cos(2*x)
```

【例 3-48】 求解微分方程组 $\begin{cases}x'=x-y\\y'=x+y\end{cases}$ 当 $x(0)=2$ 和 $y(0)=1$ 时的特解。

```
>>  [x,y]=dsolve('Dx=x-y','Dy=x+y','x(0)=2','y(0)=1')
x =
-exp(t)*(-2*cos(t)+sin(t))
y =
exp(t)*(2*sin(t)+cos(t))
```

习　　题

3-1　求多项式 $f(x)=5x^4+4x^3+x^2+2x+1$ 的根和在指定点 $x=5$ 处的值。

3-2　求多项式 $f(x)=2x^3-2x+5$ 的导数在矩阵 $\boldsymbol{x}=\begin{bmatrix}1 & 2 & 4\\-1 & 0 & 3\\5 & 2 & 1\end{bmatrix}$ 处的值。

3-3　将函数 $f(x)=2x^4-5x^3+4x^2-5x+2$ 进行因式分解。

3-4　已知 $f(x)=(x^2+1)(x-2)$、$g(x)=2x^2+1$，求 $f(x)\cdot g(x)$ 的展开式，$f(x)/g(x)$ 的商式和余式。

3-5　已知 $f(x)=\ln(x+1)$、$g(x)=2\sin x$，求 $f(g(x))$ 和 $g(f(x))$。

3-6　求函数 $f(x)=\cos(x+1)$ 的反函数。

3-7　在 MATLAB 中实现以下计算：$\sum_{n=1}^{\infty}(\frac{1}{2^n}+\frac{(-1)^n}{n^2})$，$\sum_{n=1}^{\infty}[\frac{1}{n^2+1}\quad\frac{1}{2n+1}]$，$\lim_{x\to\infty}(1+2^x)^{\frac{1}{x}}$，$\lim_{x\to 0}x^2\mathrm{e}^{\frac{1}{x^2}}$，$\lim_{x\to 0^+}\frac{\ln\tan x}{\sin x}$，$\lim_{x\to\infty}(\frac{x}{2x+1})^{x-1}$，$\int_a^b\frac{1}{1+x^2}\mathrm{d}x$，$\int_0^1\int_{\sqrt{x}}^{x}\int_{\sqrt{xy}}^{xy}(x^2+y^2+z^2)\mathrm{d}z\mathrm{d}y\mathrm{d}x$。

3-8　已知函数 $f=\begin{bmatrix} xe^{x} & \ln\sin x \\ \dfrac{1}{1+x^2} & x^{\frac{3}{2}} \end{bmatrix}$，求 $\dfrac{d^2 f}{dx^2}$

3-9　求解下列方程或方程组：

（1）$x^3-2x+5=0$

（2）$\begin{cases} 2x_1-5x_2=-3 \\ 5x_1-2x_2=-18 \end{cases}$

（3）$\begin{cases} 3x_1+11x_2-2x_3=8 \\ x_1+x_2-2x_3=-4 \\ x_1-x_2+x_3=3 \end{cases}$

（4）$\begin{cases} 2x_1+x_2=e^{-x_1} \\ x_1-2x_2=e^{-x_2} \end{cases}$

3-10　求微分方程 $y''(t)+2y'(t)+2y=0$ 当 $y(0)=0$ 、$y'(0)=1$ 时的解。

3-11　已知：$\begin{cases} x'(t)=y \\ y'(t)=-x \end{cases}$、$\begin{cases} x(0)=1 \\ y(0)=2 \end{cases}$，求 $x(t)$ 和 $y(t)$ 。

第4章 MATLAB编程基础

MATLAB 在运算方面有广泛的应用，不仅有强大的数值运算功能、符号运算功能、矩阵运算和绘图功能，还可以像 C 语言一样进行程序设计，编写扩展名为.m 的 M 文件。同时，MATLAB 的开发内核是 C 语言，通过学习可以体会 MATLAB 的许多语言规则和 C 语言都非常相似。

本章将介绍 MATLAB 编程的各种基础知识，包括 M 文件、程序流控制语句、程序性能优化、绘图等。

4.1 M 文件

MATLAB 输入命令有两种方法：一是在 MATLAB 主窗口逐行输入命令，每个命令之间用分号或逗号分隔，每行可包含多个命令。回车之后，MATLAB 立即执行命令并显示结果。行命令方式只能编辑简单的程序，在入门时通常使用这种方式。二是将命令组织成一个命令语句文集，这种命令语句文集必须使用扩展名“.m”，称为 M 文件。它由一系列的命令和语句组成，执行 M 文件后，MATLAB 将自动按照文件中的命令和语句，顺序执行并显示结果。当程序需要使用大量语句时，使用 M 文件非常方便，其编写和执行的效率远远高于从主窗口逐条输入语句的效率。

MATLAB 文本编辑和调试的启动可以从命令窗口选择“新建”或“打开”命令，或在命令窗口输入“edit”。图 4-1 为 M 文件编辑窗口。

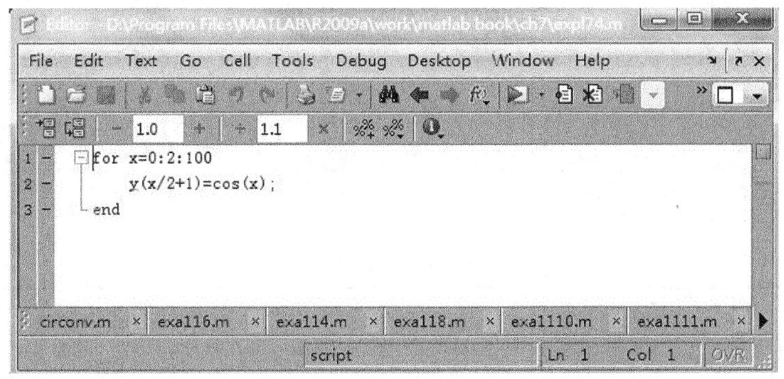

图 4-1　M 文件编辑窗口

M 文件可以分为脚本文件和函数文件。脚本文件是一连串的 MATLAB 命令，它解决了运行指令较多时过于麻烦的问题，运行时只需在 MATLAB 命令窗口输入文件名或单击 M 文件编辑窗口的绿色三角图标，MATLAB 就会自动顺序执行文件中的命令。函数文件的第一句可执行语句是以 function 引导的定义语句。

4.1.1 脚本文件

脚本文件将烦琐的计算和操作放在一个 M 文件里，简化了操作。脚本文件享用 MATLAB 的基本工作空间，主要对工作空间中的数据进行操作，也在工作空间中产生新的数据，为下一步计算做准备。

【例 4-1】 编写脚本文件绘制正弦曲线。

其程序代码如图 4-1 窗口中的代码所示。

4.1.2 函数文件

第一行命令以 function 开头的 M 文件是函数文件。函数文件可以接受输入变量，返回结果，且可以返回任意多个值。每一个函数文件都定义了一个函数，事实上，MATLAB 提供的函数命令大部分都是由函数文件定义的。

M 函数文件的实现对于用户来说是透明的，M 函数文件运行时，会创建此函数的函数工作空间，运算中产生的变量都存在这个工作空间，而不是 MATLAB 的基本工作空间。典型的 M 函数文件包括以下部分：函数定义行、H1 行、帮助文档、函数主体及注释。函数定义行和函数主体是必要的，其余三部分是辅助性的。其基本格式为

```
function[返回参数列表]=函数名（输入变量）                %函数定义行
%H1 行及帮助文档：解释此函数的功能
输入、返回变量格式的检测                                %函数主体及注释
函数体语句
```

这里，如果返回的变量多于一个，则用方括号把它们括起来，否则可以省略方括号。变量之间用逗号分隔。H1 行对程序进行概括性的描述，帮助文档是比 H1 行更详细的帮助信息，使用 help 命令可以显示出 H1 行和帮助文档的内容。当函数文件编辑完成后，文件命名和函数名一致。

【例 4-2】 编写一个函数文件，实现对输入数值求平方的功能。

```
function y=fun1(x)
y=x.^2;
```

此时在命令窗口输入

```
>> z=fun1(9)
```

可得到结果为

```
z =
   81
```

脚本文件和函数文件的比较如表 4-1 所示。

表 4-1　　脚本文件和函数文件的比较

	脚本文件	函数文件
参数	没有输入参数，没有返回参数	可以接收和返回参数
数据	享用基本工作空间，全局变量	产生局部变量，但可设为全局变量
应用	编程执行一连串的命令	可以扩充 MATLAB 函数库以供调用

4.1.3 局部变量和全局变量

M 文件中的语句对整个 MATLAB 工作空间里的变量起作用，这样的变量称为全局变量。局部变量是在函数体内部使用的变量，其影响范围只能在本函数体内，只在函数执行期间存在。

在 MATLAB 中，全局变量用命令 global 定义。函数文件内部的变量是局部变量，它们与其他函数文件及 MATLAB 工作空间相互隔离。但是，如果在若干函数中都把某一变量定义为全局变量，那么这些函数将共用这一个变量。全局变量的作用域是整个 MATLAB 工作空间，即全程有效。所有函数都可以对它进行存取和修改。因此，定义全局变量是函数间传递信息的一种手段。

需要指出，在程序设计中，全局变量固然可以带来某些方便，却破坏了函数对变量的封装，降低了程序的可读性。因而，在结构化程序设计中，全局变量是不受欢迎的。尤其当程序较大、子程序较多时，全局变量将给程序调试和维护带来不便，故不提倡使用全局变量。如果一定要用全局变量，最好给它起一个能反映变量具体含义的名字，并且一般用大写字母表示，以免和其他变量混淆。

脚本文件过程中产生的变量均为全局变量，保存在内存工作空间。使用 clear 命令可以清除这些变量。函数文件中产生的变量如果不是特别声明，均为局部变量。

【例 4-3】 全局变量应用示例。

先建立函数文件 wadd.m，该函数将输入的参数加权相加。

```
function  f  =wadd(x,y)
%为两个变量添加不同的权重
global  ALPHA BETA
f  =  ALPHA *x+BETA *y;
```

在命令窗口中输入：

```
>> global  ALPHA BETA
>>ALPHA=1;
>>BETA=2;
>>s=wadd(1,2)
```

输出为

```
s=
    5
```

由于在函数 wadd 和基本工作空间中都把变量 ALPHA 和 BETA 定义为全局变量，所以只要在命令窗口中改变 ALPHA 和 BETA 的值，就可改变加权值，而无须修改 wadd.m 文件。

上例是在函数 wadd 和命令窗口中把变量 ALPHA 和 BETA 定义为全局变量，在实际编程时，可以在所有需要调用全局变量的函数里定义全局变量，实现数据共享。

在函数文件里，全局变量的定义应放在变量使用前，同时为了便于了解所有的全局变量，一般在文件前部定义全局变量。

4.1.4 函数调用

MATLAB 中函数的调用方法与 C 语言中的调用方法相似，可以在控制窗口以命令行形式调用，也可以在 M 文件中调用。当从命令行或 M 文件中调用另外一个 M 文件时，MATLAB 把函数解析成伪码并存储在内存中，下次调用函数时，不必再次对此函数解析，直到使用 clear 函数或退出 MATLAB 清除内存。

函数调用有以下两种语法方式。

```
函数名 参数 1 参数 2 … 参数 N
[返回参数 1，返回参数 2，…，返回参数 N]=函数名（参数 1，参数 2，…，参数 M）
```

MATLAB 函数有的用第一种形式调用，如 save、load、clear 等命令；有的用第二种形式，如 sum、cos 等。有的函数两种方式都可以调用，如 disp、strcmp 函数，但两种方式参数传递的形式不同，第一种方式为字符串传递，第二种方式为值传递。

【例 4-4】 举例说明两种参数传递方式。

```
>> A=pi;
>> disp A
A
```

显示结果为 A，参数 A 以字符串形式传递。

```
>> disp(A)
3.1416
```

显示结果为 pi 的值，参数 A 以值进行传递。

本例说明以第一种方式执行时，把 A 当作字符串处理；以第二种方式执行时，把 A 当作变量。

4.1.5 函数句柄

每个函数都有特定的作用域，函数的作用域决定了哪些函数可以访问它，这样有利于函数的封装、维护和安全，但也限制了函数的调用。利用函数句柄可以跨越这个限制，在其作用域外利用函数句柄调用函数。函数句柄必须在函数作用域内创建，只要能访问到函数句柄，就可以利用此句柄来调用函数。

在函数名之前使用“@”符号创建一个到此函数的函数句柄，然后就可以命名和使用这个句柄。例如，要创建一个到正弦函数的句柄，可以输入：

```
>> sine_handle=@sin;                 %sine_handle 是用户为句柄所选择的名称
>> plot([0:0.01:3],sine_handle([0:0.01:3]))
%使用句柄将函数作为一个参数传递给另一个函数，此命令在区间[0, 3]上绘制 sinx 的图形
```

使用函数句柄可以提高执行速度并提供对子函数的访问。另外，函数句柄是一个标准的 MATLAB 数据类型，因此可以像使用其他数据类型一样使用它们。例如，可以创建函数句柄的数组、细胞数组或矩阵，访问各个函数句柄，就像访问数组或矩阵一样。

4.2 文件操作

4.2.1 文件的打开与关闭

MATLAB 使用 fopen、fclose 命令可以打开和关闭文本文件。

1．打开文件

```
fid=fopen(文件名，'打开方式')
```

说明：其中 fid 用于存储文件句柄值，fid 是一个非负整数，一般称为文件标识。在

MATLAB 中，用户对文件的任何操作，都可通过 fid 参数来传递，如果返回的句柄值大于 0，则说明文件打开成功。文件名采用字符串形式，表示待打开的数据文件。常见的打开方式如下。

'r'：只读方式打开文件（默认的方式），该文件必须已存在。

'r+'：读写方式打开文件，打开后先读后写，该文件必须已存在。

'w'：打开后写入数据。该文件已存在则更新，不存在则创建。

'w+'：读写方式打开文件，先读后写。该文件已存在则更新，不存在则创建。

'a'：在打开的文件中添加数据，文件不存在则创建。

'a+'：打开文件后，先读入数据再添加数据，文件不存在则创建。

2．关闭文件

关闭文件用 fclose 函数，调用格式为：sta＝fclose(fid)。

说明：该函数关闭 fid 所表示的文件。sta 表示关闭文件操作的返回代码，若关闭成功，返回 0，失败返回−1。

4.2.2　二进制文件的操作

相对于文本文件和.xml 文件，二进制文件比较容易与 MATLAB 进行交互，常用的二进制文件包括.m、.dat、.txt 文件等。

在 MATLAB 中，读取二进制文件的命令是 fread，其调用格式为

```
A=fread(fid,count,precision)
```

参数 fid 表示使用 fopen 命令打开的文件名；参数 count 表示读取二进制文件的大小；参数 precision 用来控制二进制数据转换成 MATLAB 矩阵时的精度，后两个参数可以省略。

以读取 M 文件为例了解 fread 函数命令，读取【例 4-1】的 M 文件（其文件名为 expl74）：

```
>> [fid,message]=fopen('expl74.m','r+')
fid =
     4
message =
     ''
>> data=fread(fid)
data =
   102
   111
   114
    ….
   101
   110
   100
```

从结果可以看出使用 fread 读取该文件后，得到的为代码对应的数值数组，若在命令窗口输入：

```
>> disp(char('data'))
```

就可以将数值数组转换成程序代码，命令结果如下：

```
for x=0:2:100
      y(x/2+1)=cos(x);
```

```
end
```

在 MATLAB 中， fwrite 命令用来写入二进制文件。

```
>> fid=fopen('funm.txt','wb');
>> fwrite(fid,magic(4),'int32');
```

首先创建并打开一个空白的二进制文件“funm.txt”，然后将 magic 矩阵读入该文件。可以打开文件验证。

```
>> fid1=fopen('funm.txt','r');
>> data=fread(fid1,[4,4],'int32');
```

结果为

```
>> data
data =
    16     2     3    13
     5    11    10     8
     9     7     6    12
     4    14    15     1
```

4.3 MATLAB 的流程控制语句

在由复合表达式构成的 MATLAB 语句中，程序按照前后顺序执行。但在实际中，常会遇到很多情况需要重复执行一段语句，多次写同一组命令非常麻烦，为此 MATLAB 提供了 if、switch、while 及 for 多种流控制语句，使程序更简洁、更易理解、效率更高。

4.3.1 循环控制语句

当程序需要将某些语句重复执行时，要用循环控制语句，这组重复执行的语句称为循环体，每循环一次，都必须做出是继续重复或是停止的决定，决定所依据的条件称为循环的终止条件。MATLAB 语言提供了两种循环控制语句：for 循环语句和 while 循环语句。

1．for 循环语句

for 语句执行固定次数的循环，将循环条件的初值、判别和变化放在循环的开头。for 循环语句的一般形式是：

```
for （计数器=初值：增量：终止值）
     执行语句，…，执行语句
end
```

该循环依照计数器的值来决定运算指令的循环次数。其方法是：一开始计数器设定为初始值，并与终止值比较，如果小于终止值就执行运算指令；下一次操作时，将计数器加上增量，重复上次的操作，若计数器值大于终止值，则跳出循环。如果不给定增量，默认为 1。for 与 end 必须成对出现，否则程序会出错。另外，在循环变量条件表达式中，增量值也可以是负数，此时初值要大于终止值。当循环完成后，计数器的值保持循环终止前的最终值。

注：for 后的小括号可以省略，如【例 4-5】。

【例 4-5】 计算 0 到 100 之间偶数的余弦值并存储。

```
for x=0:2:100
      y(x/2+1)=cos(x);
end
```

执行循环后，变量 y 为 1×51 的数组存储 x 的余弦值。

数组也可以作为 for 循环语句的循环条件表达式。对于 $n\times m$ 维矩阵 $\boldsymbol{A}$：

```
for (index=A)
    执行语句，…，执行语句
end
```

在这种情况下，index 被设定为一维数组 $\boldsymbol{A}(:,k)$。第一次循环中，$k=1$，然后反复执行，直到 $k=m$。

【例 4-6】 以数组作为循环体。

```
A=[1 2 3;4 5 6];
for(v=A)
    disp(v)
end
```

大家可以自己尝试运行此例，以加深理解当循环条件为数组时的运行方式。

2．while 循环语句

while 循环语句用于当循环过程不满足某个指定条件时终止的情况，此时事先并不能确定循环的执行次数。while 循环的格式为

```
while (逻辑表达式)
    执行语句
end
```

在逻辑表达式中必须包含循环变量。执行时，MATLAB 首先测试逻辑表达式的真假，如果逻辑表达式为真，则执行语句。在每次循环执行期间，程序使用循环变量的当前值执行语句，直到逻辑表达式为假跳出循环。要保证 while 循环正常运行，必须满足以下两个条件。

① 在执行 while 语句之前，循环变量必须有一个值。

② 语句必须以某种方式改变循环变量的值。

同样的，while 与 end 也要成对出现。而且 while 循环的主要应用是：当希望某个语句为真时，循环就继续进行。这类任务通常较难用 for 循环语句实现。

【例 4-7】 找出近似级数 $\mathrm{e}^x=1+x+x^2/2+x^3/6$ 中误差大于 1%之前的最大的 x 值（精确到小数点后两位位置）。

解：其 MATLAB 程序如下。

```
x=0;
while(exp(x)-1-x-x^2/2-x^3/6<=0.01)
    x=x+0.01;
end
disp(x-0.01)
```

请思考为什么显示的 x 值需要再减去 0.01。

除了 for 和 while 循环控制语句之外，MATLAB 也可以通过数组形成一种隐含的循环，如可以通过以下语句达到与【例 4-5】同样的目的。

```
x=[0:2:100];
y=cos(x);
```

4.3.2　条件控制语句

当需要根据情况确定下一步怎么执行时，要用到 MATLAB 提供的条件控制语句，包括

if、else、elseif、switch 等。

1．if、else、elseif 语句

if 语句用来检查逻辑运算、逻辑函数、逻辑变量值等逻辑表达式的真假，若为真，则执行 if 和 else 之间的执行语句，否则，转去执行另一分支。其格式为

```
if 逻辑表达式
    执行语句 1
else
    执行语句 2
end
```

即：逻辑为真执行语句 1，为假执行语句 2。还可以利用 elseif 来写嵌套判断式，格式为

```
if 逻辑表达式 1
    执行语句 1
elseif 逻辑表达式 2
    执行语句 2
elseif 逻辑表达式 3
    执行语句 3
else 执行语句 4
end
```

使用此命令易于给出分区间函数的函数值，如：

```
function y=f(x)
if x<0
    y=0;
elseif x<1
f=x;
elseif x<2
f=2-x;
else f=0;
end
```

2．switch 语句

switch 语句也是 MATLAB 中的条件控制语句。当需要针对某个变量值进行多种不同的操作时，使用 switch 语句非常方便。使用 switch 语句编写的任何程序都可以使用 if 结构进行编写。但某些情况下，switch 语句使程序更具可读性。switch 函数的语法结构为

```
switch 输入表达式（标量或字符串）
  case 条件语句 1
        执行语句 1
  case 条件语句 2
        执行语句 2
  otherwise
        执行语句 n
end
```

switch 语句后紧接一个函数或表达式，通过判断此函数或表达式的值来选择执行下面哪个 case。紧接在 case 后面的就是此 case 的分支条件，之后为一个或一串执行语句。若不符合所有 case 的条件，则执行 otherwise 下面的语句，并结束循环。请注意：在 C 语言中，检验某个 case 并执行其后的语句后，还会继续检验下一个 case，直到全部检验完；而 MATLAB

则只执行第一个检验成功的 case 后就跳出循环。

【例 4-8】 根据用户要求找出数组 x 中的最大值、最小值或数组 x 中所有元素的和。

```
t=[0:100];x=exp(-t).*sin(t);                        %给定数组 x
require=input('Type min,max,or sum.','s')           %用户输入要求
require=lower(require);
switch require
    case 'min'                                      %分支判断通过比较字符串完成
         minimum=min(x)
    case 'max'
         maximum=max(x)
    case 'sum'
         total=sum(x)
    otherwise
         disp('You have not entered a proper requirement')
end
```

4.3.3 其他流程控制语句

MATLAB 还提供了一些特殊的程序流控制命令：input、keyboard、pause、break、continue 等。

1. input 命令

input 提示用户从键盘输入数值、字符串或表达式，常用的格式如下。

（1）a=input('Please input a number：')

运行后，将给出如下文字提示，并等待键盘键入：

```
Please input a number:
```

用户可以输入数字或表达式，也可以输入字符串，按回车键确认。输入值将被赋值给变量 a。

（2）a=input('Please input a number：', 's')

运行后，同样将给出如下文字提示，并等待键盘键入：

```
Please input a number:
```

不同的是，不管用户输入何种内容（数字或字符串），一律被当做字符串赋给变量 a。

2. keyboard 命令

keyboard 命令使 MATLAB 暂停程序的运行，并调用机器的键盘命令进行处理。处理完后，键入 return，按回车键，程序将继续运行。keyboard 指令便于在 M 文件中修改变量。

3. pause 命令

pause 命令使程序运行暂停，等待用户按任意键继续。pause(n)表示停止 *n* 秒后继续执行。

4. break 命令

break 命令终止循环的执行，使程序不必等待循环的自然结束，而根据循环内部另设的条件是否满足来决定是否退出循环。

5. continue 命令

还有一种情况是，若发生错误时，跳过错误继续执行其余的循环体，此时可使用 continue 命令。

【例 4-9】 continue 命令示例。

```
x=[10,1000,-10,100];
y=NaN*x;
for k=1:length(x)
      if x(k)<0
            continue  %避免求对数时出现错误
      end
      y(k)=log10(x(k));
end
```

其结果是 y =1、3、NaN、2

4.4 MATLAB 程序优化与调试

虽然 MATLAB 的编程语法和 C 语言非常相似，但是 MATLAB 是一种解释语言，其执行效率比 C 语言这样的编译语言要低。只有充分认识 MATLAB 的特点，才能编写高效的程序。

1．优化程序的方法

以下是 MATLAB 中提高程序效率、优化程序的方法。

（1）矢量化操作

矢量化操作将循环程序等价为矢量或矩阵操作。MATLAB 是矩阵语言，内部数据运算是基于矢量和矩阵的，矢量化操作可以加速程序的执行。

【例 4-10】 计算 1 000 个数的指数值，比较不同方式下的程序执行时间。

使用循环函数时：

```
tic
i=0;
for t=0:5/999:5
     i=i+1;
     y(i)=exp(t);
end
toc
```

转换为矢量计算时：

```
tic
t=0:5/999:5;
y=exp(t);
toc
```

MATLAB 中用来测试程序运行时间的函数为 tic 和 toc，利用 tic 和 toc 函数可以对程序的性能进行测试。tic 函数启动定时器，toc 函数终止定时器并报告此时定时器流失的时间。但是 tic 函数和 toc 函数存在一定的数据偏差，可以多次计算求均值，得到执行一段程序花费时间的较准确的值。

由【例 4-10】可看到循环程序的执行时间为 0.001 721s，使用矢量化计算后，执行时间为 0.000 128s，降低为原来的十几分之一（不同的机器测试略有不同），矢量化计算使执行时间大量减少。因而，在使用 MATLAB 语言时，摆脱循环思想、使用矢量化操作是初学者的必要训练。

（2）预分配矩阵空间

与 C 语言不同，MATLAB 允许用户先使用一个变量，而不必定义其维数，但是每当赋值的元素下标超出现矩阵维数时，MATLAB 就要为矩阵扩充一次。有时为了查找更大的连续内存空间，会移动数据，势必会影响程序的执行效率，而且多次移动数据后将造成不必要的内存碎片，影响内存使用率。相比在循环语句中逐步增加矩阵的维数、预先定义矢量的方法，预分配矩阵空间能够提高程序的执行效率和内存使用率。

预分配矩阵空间的函数有 zeros 和 cell，zeros 函数可以为需要赋值的变量预先分配一个内存块，并初始化内存块中的矩阵元素为 0。如在【例 4-10】的循环结构中，若先定义 y=zeros(1,1 000)，可以显著提高效率。cell 命令创建空矩阵，矩阵的每个元素都为空，如 c=cells(10)创建 10×10 的空矩阵。

（3）使用 C-MEX 文件

在必须使用 for 或 while 循环体时，为了提高执行效率，可以将循环部分的代码转化为 C-MEX 文件。C-MEX 是可执行文件，在 Windows 环境下，它是扩展名为.dll 的动态链接库，在 MATLAB 环境下可以直接执行，不必每次执行前再解释，故比转化前执行要快得多。MATLAB 提供了将 M 文件转化为 C-MEX 文件的工具，读者可以参阅其他资料。

（4）尽量使用函数文件

在 MATLAB 中，函数文件的效率一般比脚本文件的效率要高，这是由于函数文件有自己的工作空间，执行一次后仅保存程序运行必需的变量，并将函数编译成伪代码，下次调用时提高了效率。

2. 程序运行错误类型

编辑完成 M 文件后，运行过程中可能会出现错误，错误类型一般包括两种：语法错误和运行错误。

（1）语法错误

语法错误是由于格式错误或算法错误导致程序不能正常运行。

格式错误：在程序编写过程中，往往会出现此类错误，如缺了“(”或“)”，或者指令使用格式错误，如循环语句缺少 end 等。这样的错误往往在运行时可以检测出来，并指出在哪一行。

算法错误：逻辑上的错误，不易查找。当发现运行错误时，MATLAB 把控制权返回给命令窗口和 MATLAB 工作空间，失去了对发生错误的函数空间的访问权，因此，用户不能询问函数工作空间中的内容以排除问题，但利用 MATLAB 提供的错误信息也能够对错误定位，便于改正。

（2）运行错误

运行错误是指运行结果与预期效果不一致，其原因是多方面的，包括对算法理解不正确、误用指令或程序流控制不合理等。对于这种错误，MATLAB 不会给出错误信息，很难发现，需要跟踪调试才能找出问题。

3. 调试程序的方法

调试程序的方法有很多种，可以采用下述的一种或多种方法来解决。

① 将函数中被选定行的分号去掉，运算的中间结果就可以在控制窗口中显示，便于发现错误。

② 在选定的位置键入 keyboard 命令，以便将临时控制权交给键盘，这样就可以查询函数工作区，并可以根据需要改变变量的值。若要回到程序，输入 return 命令即可。

③ 对于函数文件，在 function 语句前插入%，把函数文件变为脚本文件，工作空间就是基本工作空间，便于出现错误时可以查询。

④ 在适当的位置利用命令显示变量值。利用 disp 命令或直接以变量名（不加分号）作为一行。

⑤ 利用 echo on 和 echo off 显示执行的指令行，以判断程序流是否正确。

另外，当 M 文件很大、递归调用或高度嵌套时，需要用到更复杂的调试方法。这时要用到 MATLAB 提供的一些调试命令。

dbstop：设置断点。

dbclear：移除断点。

dbcont：恢复执行。

dbdown：进入下一层工作空间。

dbup：进入上一层工作空间。

dbstep：按行执行。

dbstatus：列出所有断点。

dbstack：列出调用关系。

dbtype：列出 M 文件内容，包括行序号。

dbquit：退出调试模式。

使用 MATLAB 调试命令较麻烦，可以选用图形化的调试器，即使用 MATLAB 编译器的 Debug 菜单进行调试。Debug 菜单项如图 4-2 所示。

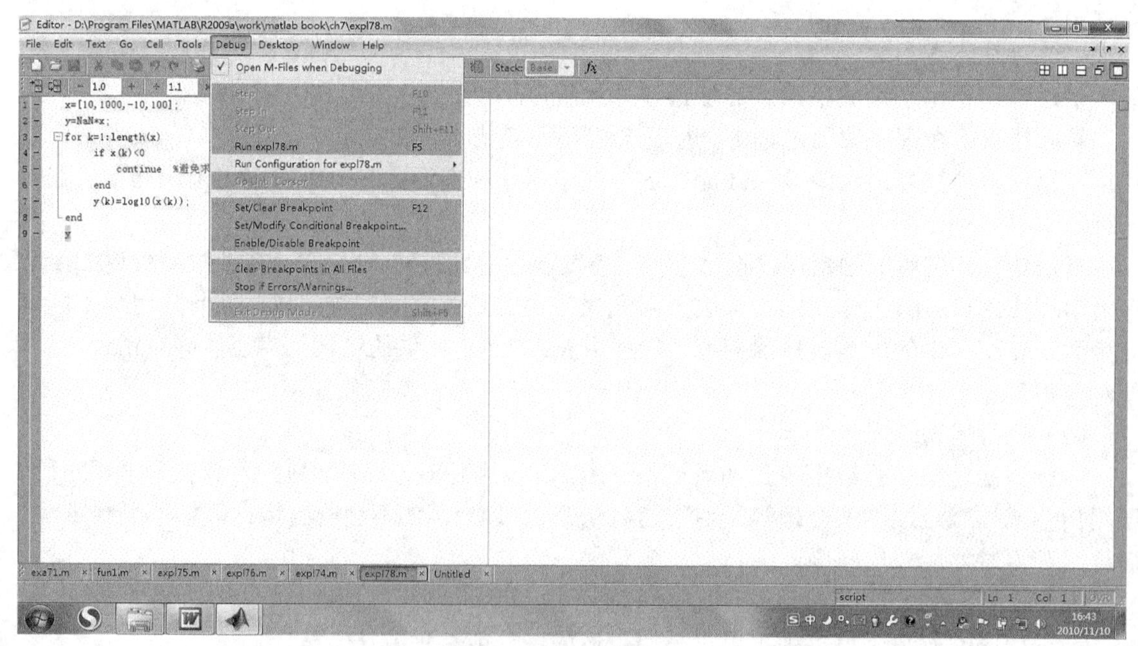

图 4-2 M 文件调试

其中，灰色的项目在调试模式下才能使用，即首先要在 M 文件中设置断点，运行到断点位置后，灰色项才能使用。

Run：执行当前 M 文件，快捷键为 F5。若当前文件设置断点，则到断点处暂停执行，进入调试模式。

Set/Clear Breakpoint：在光标所在处设置或清除断点，快捷键是 F12。

Set/Modify Conditional Breakpoint…：在光标所在行开头设置或修改条件断点，选择此项，会打开“条件断点设置”对话框，如图 4-3 所示，用于设置在满足什么条件时此处断点有效。

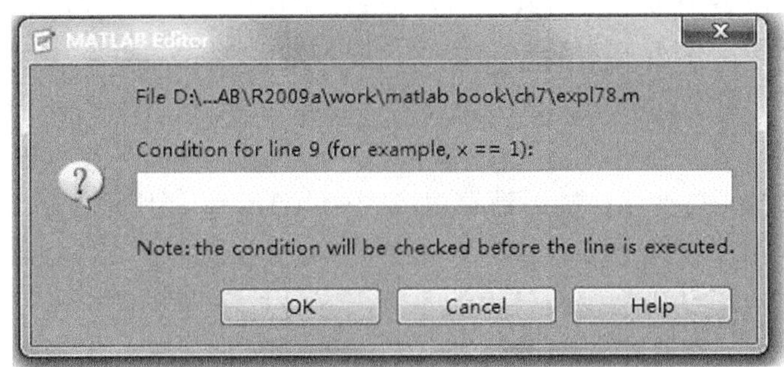

图 4-3 “条件断点设置”对话框

Enable/Disable Breakpoint：将当前行的断点设置为有效或无效。

Clear Breakpoint in All Files：清除 M 文件中的所有断点。

Stop if Errors/Warnings…：设置出现某种运行错误或警告时，停止程序运行，选择此子项，会打开“错误/警告设置”对话框，如图 4-4 所示。

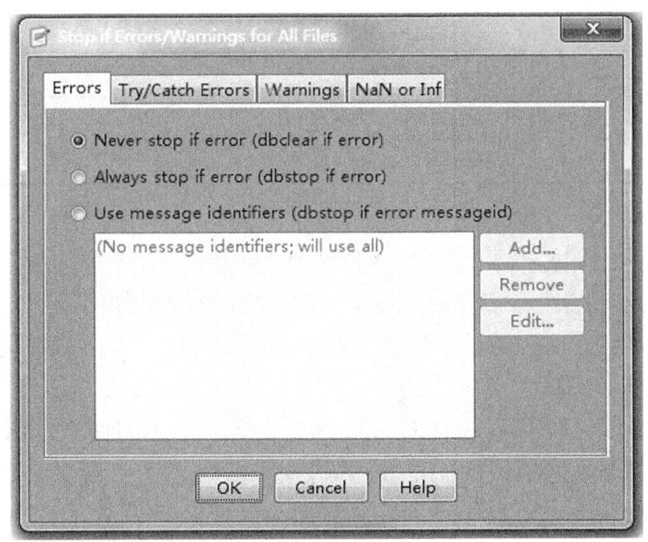

图 4-4 “错误/警告设置”对话框

当运行到断点时，程序处于调试模式，此时可以运行图 4-2 中的灰色项。

Step：执行 M 文件的当前行，快捷键是 F10。

Step In：执行 M 文件的当前行，若 M 文件调用了另一个函数，则进入该函数内部进行调试，快捷键是 F11。

Step Out：执行 Step In 进入函数内部后，执行 Step Out 完成函数剩余部分的所有代码，并退出函数，暂停在进入函数内部前的 M 文件所在行的末尾，快捷键是 Shift+F11。

Go Until Cursor：运行当前 M 文件到光标所在行的末尾。

Exit Debug Mode：退出调试模式。

4.5 基本绘图

用图形显示的结果更形象、更直观，易于理解，因而数据的可视化非常重要，MATLAB 提供强大的命令，完成用图表显示向量和矩阵，通过对图形的线型、立面、色彩、光线、视角等属性的控制，可把数据的内在特征表现得淋漓尽致。MATLAB 绘图的一般步骤包括：①输入相应的数据信息，包括各种向量、矩阵等，一般而言，用户需要首先确定图表绘制的范围，然后选择对应范围的自变量，最后计算对应的函数值。②调用适当的绘图函数进行绘图，并对图形属性进行设置，包括坐标轴标注、线条的颜色、线型等，以得到较理想的图形。其中图形属性的设置和处理方法是绘图技术的难点。③添加图形注释。在完成图表的基础外观并设置坐标轴属性后，还可以添加一些注释信息，如图表的标题、坐标轴的名称、图例和文字说明等。

MATLAB 可绘制出数据的二维、三维，甚至四维的图形，最基本也是接触最多的是二维曲线的绘制。

4.5.1 二维绘图

MATLAB 提供了实用的二维绘图函数，如表 4-2 所示。

表 4-2　　二维绘图函数

函数	语法	说明
plot	plot(Y); plot(X,Y)	连续二维曲线图
stem	stem(Y); stem((X,Y)	离散二维火柴杆图

在二维曲线绘图命令中，plot 是最基本和最重要的指令，用于绘制 *xy* 平面上的线性坐标曲线图，其他许多特殊绘图指令都是以它为基础而形成的。对于不同的输入参数，plot 函数实现不同的功能。当绘图的线条多于一条时，若用户没有指定使用颜色，则 plot 依次使用由颜色顺序属性定义的颜色区别不同的线条。使用所用颜色后，再依次使用不同的线型区别不同的线条。

① plot (X,Y)：参数 X,Y 可以为向量或矩阵。当 X、Y 均为实数同维向量时，以 X 为横坐标，Y 为纵坐标，描出点(X(i)，Y(i))，然后用直线依次相连。若 X、Y 均为同维同型实数矩阵，如 X、Y 矩阵为 $m\times n$ 维矩阵，则按照列向量绘制 n 条曲线。若 X、Y 中一个为向量，另一个为矩阵，且向量的维数等于矩阵行数或列数，将矩阵按向量的方向分解成几个向量，再与向量配对分别画出，矩阵可分解成几个向量就有几条线。如一个 $m\times n$ 维矩阵 X 对一个长度为 m 的向量 Y 绘图，则绘制 X 的列向量对向量 Y 的图形，共有 n 条曲线。在上述的几种使用形式中，若有复数出现，则虚数部分将不被考虑。

② plot (Y)：若 Y 为维数为 m 的实数向量，则 plot (Y)等价于 plot (X,Y)，其中 X=1:m。若 Y 为实数矩阵，则把 Y 分解成几个列向量，按照每列数值元素相对于其下标绘制曲线。若

Y 是复数矩阵，则以列为单位分别以矩阵元素的实部为横坐标，以元素的虚部为纵坐标绘制曲线。

③ plot (X1,Y1,X2,Y2,…)：其中 X*i* 与 Y*i* 成对出现，plot (X1,Y1,X2,Y2,…)将分别按顺序取两数据 X*i* 与 Y*i* 进行画图。若其中仅仅有 X*i* 或 Y*i* 是矩阵，其余的为向量，且向量维数与矩阵的维数匹配，则按匹配的方向来分解矩阵，再分别将配对的向量画出。

④ plot (X1,Y1,LineSpec1,X2,Y2,LineSpec2，…)：将按顺序分别画出由参数 LineSpec*i* 定义的（X*i*,Y*i*）线条。可以混合使用三参数和二参数的形式，即：plot(X1, Y1, LineSpec1, X2, Y2, X3, Y3, LineSpec3)。参数 LineSpec 涉及线条的类型、色彩、标记符号，将在后文介绍。

⑤ plot (…,'PropertyName',PropertyValue, …)：对所有的用 plot 创建的图形进行属性设置。

⑥ h=plot (…)：返回函数 plot 绘制曲线的句柄属性值，每一条曲线给出一个属性值向量。

【例 4-11】 在[0, 2π]区间内绘制曲线 y=2exp($-x$)cos(2πx)。

解：程序代码为

```
x=1:pi/50:2*pi;                        %规定向量 x 的取值范围及间距
y=2*exp(-x).*cos(2*pi*x);
plot(x,y)                              %使用默认属性绘制曲线
```

执行程序后，打开一个图形窗口，绘制曲线如图 4-5 所示。

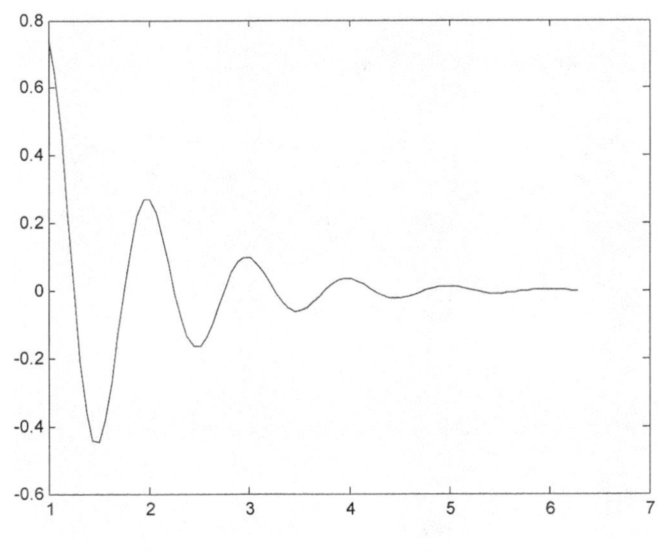

图 4-5 曲线 y=2exp($-x$)cos(2πx)

【例 4-12】 在[0,2π]区间内绘制曲线 y=2exp($-x$)cos(2πx)及其包络，并要求包络用红色虚线绘制。

解：本例代码如下，其结果如图 4-6 所示。

```
x=1:pi/50:2*pi;                        %规定向量 x 的取值范围及间距
y=2*exp(-x).*cos(2*pi*x);
y1=2*exp(-x);                          %y1 为上包络，-y1 为下包络
plot(x,y,x,y1,':r',x,-y1,':r')         %按题目要求绘制曲线
```

用 stem 函数绘制二维离散数据的火柴杆（柄）形图。该命令用线条显示数据点与 x 轴的

距离，由垂直于 x 轴的线条和上端点处的小圆圈（默认标记）表示，其高度为数据点的值。stem 函数调用方式与 plot 函数一致，其输入的数据参数可以为向量或矩阵。如果输入数据为向量，则绘制向量中每一个分量的火柴杆图；若输入数据为矩阵，则将矩阵分成列向量，绘制每一分量的火柴杆图。

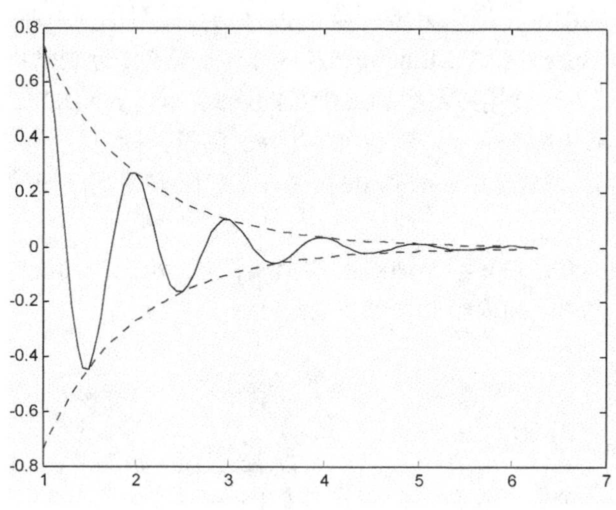

图 4-6　曲线 y=2exp(−x)cos(2πx)及其包络

【例 4-13】　绘制【例 4-11】中函数的火柴杆图。

解：代码如下。

```
x=1:pi/50:2*pi;                    %规定向量 x 的取值范围及间距
y=2*exp(-x).*cos(2*pi*x);
stem(x,y,'fill')                   %参数'fill'表示火柴杆顶端小圆圈为实心
```

结果如图 4-7 所示。

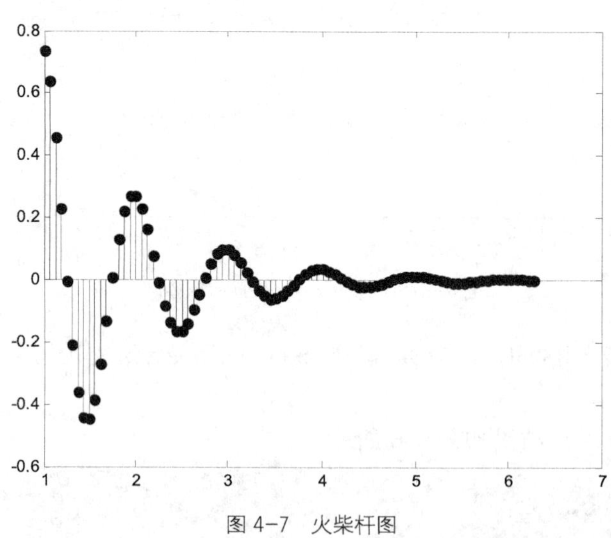

图 4-7　火柴杆图

在各种应用场合，常常需要不同的图形表现形式，如直方图、对数图、误差条形图、彗星图等，为此 MATLAB 设计了一些专门用于绘制这些图形的函数，如表 4-3 所示。

表 4-3　　其他二维绘图函数

函数	用法	函数	用法
loglog	双对数坐标	area	面积图
semilogx	*x* 轴对数刻度坐标	pie	饼形图
polar	极坐标图	hist	柱形图
bar	垂直条形图	comet	彗星图
barh	水平条形图	stairs	阶梯图
errorbar	误差条形图	rose	玫瑰花图
semilogy	*y* 轴对数刻度坐标	compass	罗盘图

（1）对数图

实际应用中经常用到对数坐标。MATLAB 提供了绘制对数和半对数坐标曲线的函数，包括 loglog、semilogx、semilogy 函数。其中，loglog 函数为双对数坐标，*x* 轴和 *y* 轴均采用常用对数（以 10 为底）刻度。semilogx 函数使用半对数坐标，*x* 轴是以 10 为底的对数刻度，*y* 轴采用线性坐标。semilogy 函数的 *y* 轴采用以 10 为底的对数刻度，*x* 轴采用线性刻度。这几个命令的格式与 plot 一致。

【例 4-14】　分别作函数 y=10exp(x)的双对数坐标和 *y* 轴对数坐标图。

解：其代码如下，结果如图 4-8 所示。

```
x = linspace(0,100);                    %在指定的范围内均匀取值，一般取 100 个点
subplot(2,1,1)                          %划分子图
loglog(x,10*exp(x))
xlabel('x');ylabel('y');title('双对数图');
subplot(2,1,2)
semilogy(x,10*exp(x),'-s')
xlabel('x');ylabel('y');title('y 轴对数坐标');
```

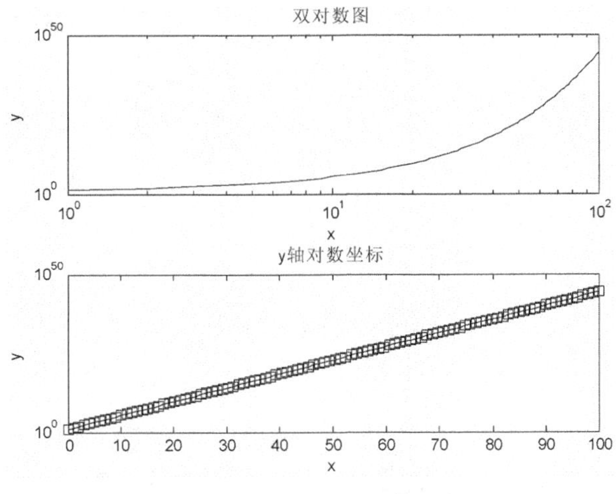

图 4-8　函数 y=10exp(x)的对数图

（2）条形图

绘制条形图使用函数 bar 或 barh，其中 bar 绘制垂直于横轴的条形图，barh 绘制平行于

横轴的条形图。其输入数据可以为向量或矩阵，若是向量绘制每一个分量的条形图；若是矩阵，对矩阵的每一行分量分别绘制条形图。条形图函数 bar 和 barh 与 plot 函数的使用方法基本一致，只是多了定义条形宽度和条形显示方式的参数。

① bar(x,y,width)、barh(x,y,width)：其中 width 指定条形的相对宽度和一组内条形的间距；

② bar(⋯, 'grouped')、barh(⋯, 'grouped')：各条形图分别显示（默认情况）；

③ bar(⋯,'stacked')、barh(⋯, ' stacked')：绘制各行累加的条形图。

在实际工程应用时，经常要绘制误差条形图。MATLAB 提供了 errorbar 命令绘制数据的误差条形图。该命令与 plot 命令的使用方法类似，只是要赋予每个点一个误差限。

① errorbar(X,Y,e,Linespec)：绘制向量 Y 对向量 X 的误差条形图。误差条分布在 Y_i 的上方和下方，长度为 e_i。Linespec 字符串指定其颜色和线型。

② errorbar(X,Y,l,u,Linespec)：绘制向量 Y 对向量 X 的误差条形图。误差条分布在 Y_i 上方的长度为 u_i，下方的长度为 l_i。Linespec 字符串指定其颜色和线型。

【例 4-15】 假定误差限为 10%，产生一系列数字，并生成该数据的误差条形图。

解：其代码如下，运行结果如图 4-9 所示。

```
x = linspace(0,2*pi,60);                    %在指定的范围内均匀取值，取 60 个点
y=10*cos(x);                                %产生数据
e=0.1*y;                                    %定义误差限
errorbar(x,y,e)
xlabel('x');ylabel('y');title('误差条形图')
```

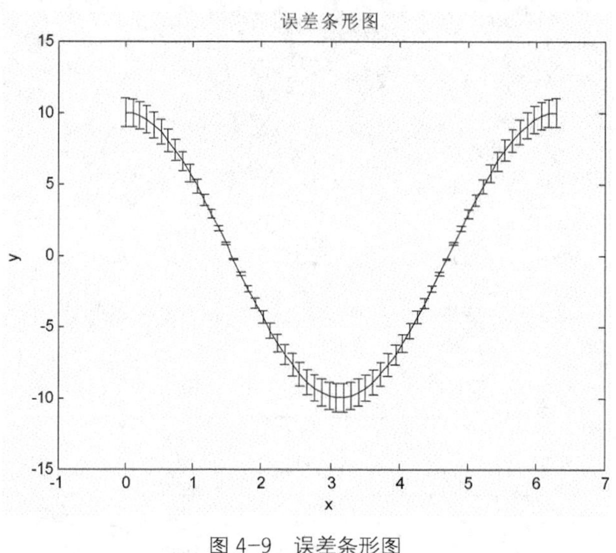

图 4-9　误差条形图

（3）柱形图

绘制二维柱形图使用 hist 函数，可以显示数据的分布情况。输入数据为向量或矩阵，绘图是按照向量中的元素或者矩阵列向量元素的数值范围来分组的，每一组作为一个柱形进行显示。使用方法如下。

① hist(Y)、n = hist(Y)：把向量 Y 中的元素放入等距的 10 个条形中，且返回每一个柱形中的元素个数。若 Y 为矩阵，则按列对 Y 进行处理。

② hist(Y, x)、n = hist(Y, x)：参量 x 为向量，把 Y 中元素放到 m（m=length(x)）个柱形中，且每一个柱形的中心位置由 x 中的元素指定。柱形图中的 *x* 轴为数据元素数值的范围，高度值为 *y* 中的元素落入该组的数目。

③ n = hist(Y,nbins)：参量 nbins 为标量，用于指定条形的数目。

④ [n,xout] = hist(⋯)：返回频率计数向量 n 与条形位置向量 xout，用户可以用命令 bar(xout,n)画出柱形图。

【例 4-16】　绘制随机数据的分布图。

解：程序代码如下。

```
x = -5:0.1:5;y = randn(1000,1);                      %randn 产生随机数据
hist(y,x)
```

运行结果如图 4-10 所示。

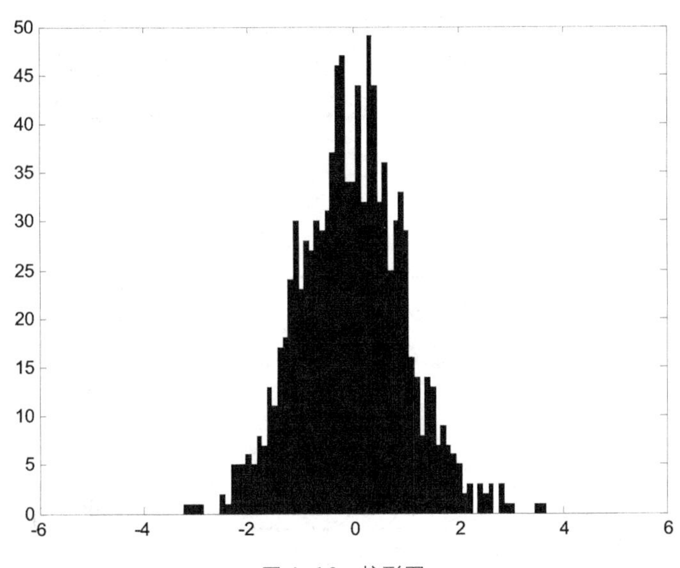

图 4-10　柱形图

（4）其他

绘制饼形图的函数为 pie，使用方法如下。

① pie(X)：用 X 中的数据绘制饼形图，X 中的每一元素代表饼形图中的一部分。X 中元素 X(i)所代表的扇形大小由 X(i)/sum(X)确定。若 sum(X)=1，X 中的数据就直接指定了所在部分的大小；若 sum(X)<1，画出一个不完整的饼形图。

② pie(X,explode)：绘制饼形图并从中分离出一部分。参数 explode 必须是与 X 同型的向量或矩阵，其元素为零或非零值，非零值对应的部分将从饼形图中分离出来。

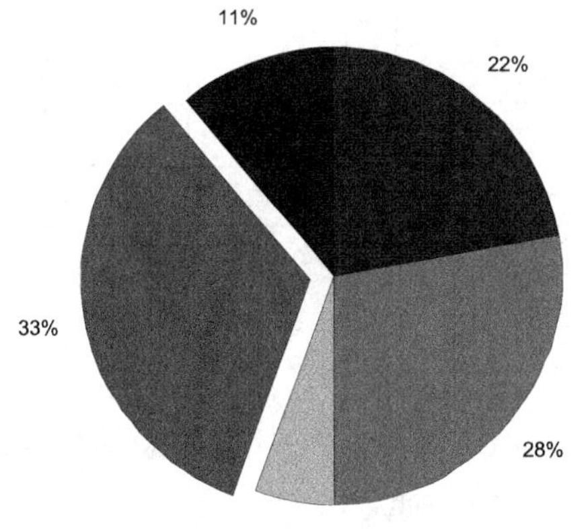

图 4-11　饼形图

【例 4-17】　绘制饼形图。

解：其代码如下，结果如图 4-11 所示。

```
x = [1 3 0.5 2.5 2];
explode = [0 1 0 0 0];
pie(x,explode)
```

函数 rose 可以绘制玫瑰花图，也叫作角度直方图。该图是一个显示所给数据在变化范围内分布情形的极坐标图，所给数据分成不同的组，每一组作为一个小扇形进行显示。函数 stairs 绘制二维阶梯图。comet 命令绘制彗星图形，彗星图形是一个动态的绘图过程，其用法与 plot 类似。

4.5.2　绘图标识

在【例 4-12】中，用“:r”绘制红色虚线条，MATLAB 提供了对图形的色彩、坐标、线型、数据点型和图标进行设置的字符串，具体如下。

1．色彩、线型和数据点型

在用户不指定的情况下，MATLAB 的绘图函数会默认地选择实线线型，并以默认的颜色顺序绘制每一个图形的曲线。不过，MATLAB 的绘图函数还可以按照用户的要求制定图形的线型、颜色和不同的标记，通过以字符串的形式传递给 MATLAB 函数，如表 4-4、表 4-5、表 4-6 所示。

（1）线型

表 4-4　　线型

定义符	-	--	:	-.
线型	实线（默认值）	划线	点线	点划线

（2）颜色

表 4-5　　颜色

定义符	b(blue)	g(green)	r(red)	c(cyan)	m(magenta)	y(yellow)	k(black)	w(white)
颜色	蓝色	绿色	红色	青色	品红	黄色	黑色	白色

（3）标记类型

表 4-6　　标记类型

定义符	.	o(字母)	x	+	*	s	d
标记类型	实点	小圆圈	交叉号	加号	星号	正方形	菱形
定义符	v	^	<	>	P	h	
标记类型	向下三角形	向上三角形	向左三角形	向右三角形	正五角星	正六角星	

如果用户没有指定颜色，MATLAB 就为每一条新增加的曲线按表 4-5 所示的颜色顺序和表 4-6 所示的标记类型依次选择。

（4）线条宽度

LineWidth 命令指定线条的宽度，默认值为 0.5points。

（5）标记大小

MakerSize 指定标记符号的大小尺寸，取值为整数（单位为像素）。

【例 4-18】　设定曲线的颜色、线型和标记等。

解：代码如下，结果如图 4-12 所示。

```
t = 0:pi/20:2*pi;
plot(t,t.*cos(t),'-.r*')                    %由字符串'-.r*'传递曲线线型和颜色及线上标记
hold on
plot(t,sin(t-pi),':bs')
plot(t,sin(2*t),'-mo', 'LineWidth',2,'MarkerEdgeColor','k','MarkerSize',12)
% 'LineWidth'改变线条宽度, 'MarkerEdgeColor'设置标记颜色, 'MarkerSize'设置标记大小
```

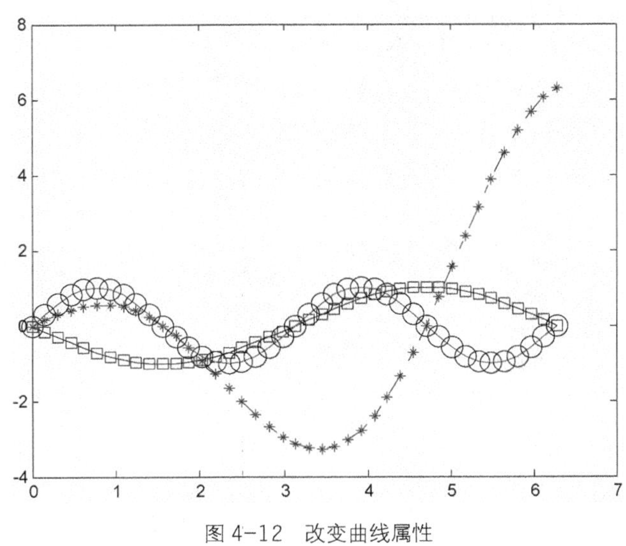

图 4-12 改变曲线属性

除此之外，还可以用交互的方式编辑颜色、线型和标记。在 MATLAB 的 figure 窗口中打开作图编辑模式，双击选择要编辑的对象，打开属性编辑器，其中提供了可编辑的对象属性，改变这些属性就可以控制图形的外观。

2. 图形标识

绘制图形时，MATLAB 根据数据范围自动选择合适的坐标长度，用户还可以根据需要使用 axis 命令制定坐标刻度，其用法如下。

① axis([xmin xmax ymin ymax zmin zmax])：给出 x、y、z 的最小值和最大值来设置当前坐标轴的 x 轴、y 轴和 z 轴的范围，系统按照给出的 3 个坐标轴的范围绘制合适的三维图。如果只给出 4 个参数，则是给定 x 轴和 y 轴的范围。

② v = axis：返回包含 x 轴、y 轴和 z 轴的刻度因子的行向量，其中 v 为四维或六维向量，这取决于当前图形坐标是二维还是三维的。

③ axis auto：按照输入参量 x、y 与 z 的数据中的最大值与最小值自动计算当前轴的范围，还可以指定对某一坐标轴进行自动操作。例如：axis 'auto x' 将自动计算 x 轴的范围；axis 'auto yz' 将自动计算 y 轴与 z 轴的范围。

④ axis tight：把坐标轴的范围定为数据的范围，即坐标轴中没有多余的部分。

⑤ axis fill：将坐标轴的取值范围分别设置为绘图所用数据在相应方向上的最大、最小值。

⑥ axis equal：设置坐标轴的纵横比为 1:1，即在每个方向的数据单位都相同。其中 x 轴、y 轴和 z 轴将根据所给数据在各自方向自动调整纵横比。

⑦ axis image：效果与命令 axis equal 相同，图形区域刚好紧紧包围图像数据。

⑧ axis square：设置当前图形为正方形（或立方体），系统将自动调整 x 轴、y 轴和 z 轴的数据单位长度。

⑨ axis normal：自动调整坐标轴的纵横比，改变数据单元的长度，使曲线尽可能好看。

⑩ axis off：关闭所用坐标轴上的标记、栅格和单位标记，仅保留 text 和 gtext 的设置。

⑪ axis on：显示坐标轴上的标记、单位和栅格。

⑫ grid：给二维或三维图形的坐标面增加分格线。其用法包括：

grid on：给当前的坐标轴增加分格线。

grid off：从当前的坐标轴中去掉分格线。

grid：改变分格线的显示与否的状态。

⑬ box：给坐标加边框，使用方法与 grid 一致。

【例 4-19】 改变【例 4-18】中的 x 坐标轴为[0, 2π]，y 坐标轴为[-4, 4]，并增加网格线。

解：使用的命令为

```
>> axis([0 2*pi -4 4])
>> grid on
```

其结果如图 4-13 所示。

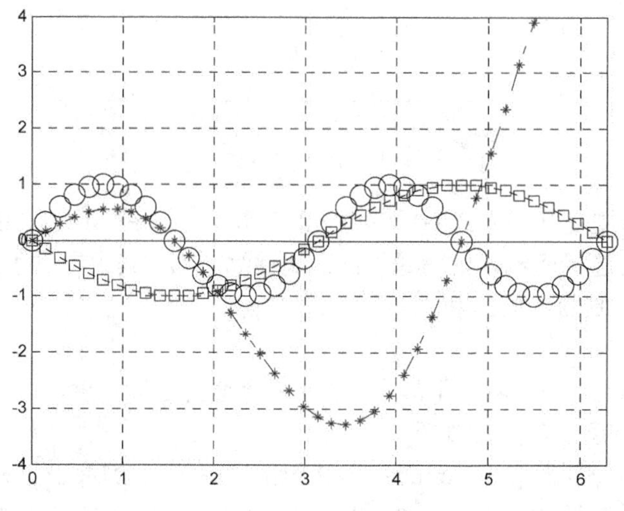

图 4-13　坐标轴和分隔线

⑭ title：给当前图形加上标题。标题位于图形的上方正中央。格式为 title('string')，在图形窗口顶端的中间位置放置字符串 string 作为标题；另外，函数 title(…,'PropertyName', PropertyValue, …) 可以对由命令 title 生成的图形对象的属性进行设置，PropertyName 指该文本的属性，PropertyValue 为相应的属性值。注意：文本属性的字符串区分大小写。

⑮ xlabel、ylabel、zlabel：分别给 x、y、z 轴添加坐标轴标注，其用法与 title 一致。

⑯ legend：在多种图形对象（线条图、条形图、饼形图等）的窗口中添加一个图例。对于每一线条，图例会在用户给定的文字标签旁边显示线条的线型、标记符号和颜色等。图例位置由几个因素决定，用户可以用鼠标拖动图例到恰当的位置，双击标签即可进入标签编辑状态。函数的一般调用形式如下。

legend('string1','string2', …)：只要指定标注字符串，该函数就会按顺序把字符串添加到相应的曲线线型符号之后。

legend(string_matrix)：用字符矩阵参量 string_matrix 的每一行字符串作为标签添加图例。

legend('off')：从当前的坐标轴图形中去掉图例。

legend：对当前图形中所有的图例进行刷新。

⑰ text：在图形窗口的任意位置添加文本字符串。

text(x,y,'string')：在图形中指定的位置（x,y）上添加字符串 string。

text(x,y,z, 'string')在三维图形空间中的指定位置（x,y,z）上添加字符串 string。

text(x,y,z, 'string', 'PropertyName',PropertyValue…)：在指定的位置添加引号中的文字 string，且对指定的属性进行设置。

【例 4-20】　为【例 4-18】的图形添加相应的解释。

解： 运行代码如下，运行后的结果如图 4-14 所示。

```
xlabel('t')
legend('t*cos(t)','sin(t-pi)','sin(2t)')
title('不同函数图')
text(5.5,sin(2*5.5),'\leftarrowsin(2t)')
text(5.3,sin(5.3-pi),'\leftarrowsin(t-pi)')
text(5.3,5.3*cos(5.3),'\leftarrowtcos(t)')
```

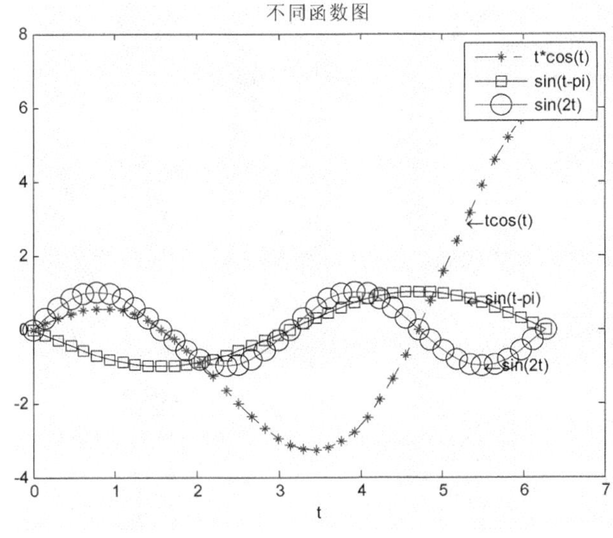

图 4-14　为图形添加标注

3. 多次叠绘、双纵坐标和多子图

一般来说，每执行一次绘图命令就刷新当前的图形窗口，原有的图形将被覆盖。若希望在已存在的图形上继续添加新的图形，可使用图形保持命令 hold。hold on/off 命令用于控制保持原有图形还是刷新原有图形，不带参数的 hold 函数将在两种状态之间进行切换。测试保持状态命令为 ishold，如果当前图形为 hold on 状态，则返回 1，否则返回 0。

figure 命令创建一个新的图形窗口对象，并不关闭原有的图形窗口。

为了更方便地对比图形，常需要在一个图形窗口内绘制若干个独立的图形，这就需要对图形窗口进行分割，每个绘图区建立独立的坐标并绘制图形，形成多子图。MATLAB 中使用

subplot 函数完成多子图，subplot 本身并没有绘图功能，只把当前图形窗口分隔成几个矩形部分，决定了如何分割图形窗口以及下一幅图将被放在哪个子窗口中，其调用格式如下。

subplot(m,n,p) 将一图形窗口分成 m 行 n 列的小窗口，并设置第 p 个子窗口为当前窗口。子窗口按行由左向右、自上而下进行编号。若 p 为一向量，p 所指定的位置包含向量覆盖的所有子窗口。如：subplot(2,3,[2,5])指定的子窗口为 2、5；而 subplot(2,3,[2,6])则指定 2、3、5、6 号子窗口。

plotyy 函数绘制双纵坐标图，它的调用方式如下。

plotyy (x1,y1,x2,y2,fun1,fun2)：按左侧 y 轴的刻度对 x1-y1 绘图，x2-y2 按右侧 y 轴的刻度对 x2 绘图。参数 fun1 和参数 fun2 可以是'semilogx'、'loglog'等表示刻度方式的字符串。若默认参数 fun1 和 fun2，则结果与使用 plot 命令相同。

【例 4-21】 将图形窗口分为三部分，其中上半部分为两个小窗口，下半部分为一个窗口。且在下半部分绘制双纵坐标图。

解：本例题代码如下，运行代码后如图 4-15 所示。

```
t = 0:2/20:2;
subplot(2,2,1)                                %将图形窗口分成两部分，并在上部分画图
plot(t,exp(t),'-.r*',t,t.*sin(t-pi),':bs')
legend('exp(t)','t.*sin(t-pi)')
xlabel('t');ylabel('y');
title('连续曲线')
subplot(2,2,2)
stem(t,t.*sin(t-pi))
xlabel('t');ylabel('y')
legend('t.*sin(t-pi)')
title('离散曲线')
subplot(2,1,2)
plotyy(t,exp(t),t,exp(t),'plot','semilogy')  %双纵坐标图
xlabel('t');ylabel('exp(t)');
title('双纵坐标')
grid on
```

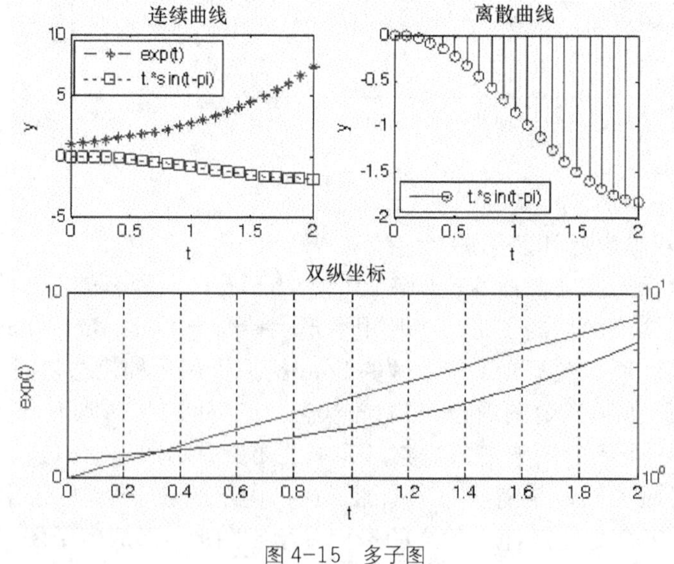

图 4-15 多子图

4.5.3 三维绘图

许多二维函数对应的曲线很复杂，过于抽象，很难透彻地认识图形，因而 MATLAB 提供了三维图像绘制函数，可以把复杂的图像在三维空间准确地表示出来，如表 4-7 所示。

表 4-7 三维绘图函数

函数	用法	函数	用法
plot3	三维曲线图	pie3	三维饼形图
stem3	三维离散序列图	contour3	三维等高线图
surf	表面图	mesh	网格图
fill3	三维填充多边形图	sphere	三维立体圆球图

1. 三维曲线图

三维图形可以用函数 plot3 来绘制，该函数与 plot 类似，但是需要 3 个参数，其线型和颜色也可以指定，调用格式如下。

plot3(x,y,z, 'str')：要求 x、y、z 为相同大小的向量或矩阵。参数'str'为可选项，当不设定 str 时，以默认的线型属性绘制点集（x_i, y_i, z_i）确定的三维曲线。当设定 str 时，就以 str 规定的线型属性绘制三维曲线。plot3 绘制曲线的属性设定与 plot 函数一致。

二维图形的绘图标识函数都可以应用在三维图形中，如 grid、box、text、axis 等。

【例 4-22】 绘制三维曲线，并标注坐标轴。

解：代码如下，结果如图 4-16 所示。

```
t = 0:pi/20:6*pi;
plot3(t.*sin(t),t.*cos(t),t');
xlabel('sin(t)'),ylabel('cos(t)'),zlabel('t')
grid on
```

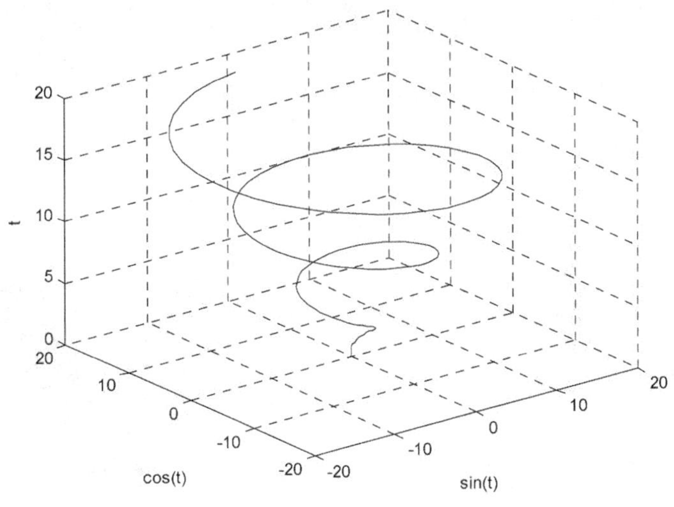

图 4-16 例 4-22 三维曲线图

函数 stem3 可以绘制三维离散数据的火柴棒图，该图用线段显示数据距离 *xy* 平面的高度，在线段的末端用小圆圈（默认记号）或其他标记符号表示数据的高度，使用方法与二维 stem

函数一致。

2. 三维曲面图

MATLAB 提供了几种函数来绘制三维曲面图，当不需要绘制非常精细的三维曲面时，可以通过 mesh 函数绘制。仅把相邻的数据点连接起来而形成的网状曲面，称为网格图。形成方法是在 *xy* 平面指定一个长方形区域，采用与坐标轴平行的直线将其分格，*z* 值为矩形网格点上的函数值，即三维空间的数据点，将这些数据点分别用处于 *xz* 平面或其平行平面内的曲线和处于 *yz* 平面或其平行平面内的曲线连接起来，其调用方式如下。

① mesh (X,Y,Z,c)：在 XY 确定的区域内绘制 Z 的网格图。一般来说 X、Y、Z 是维数相同的矩阵。X、Y 是网格坐标矩阵，Z 是网格点上的坐标矩阵，c 用于指定不同高度下的颜色范围。c 省略时，默认 c=Z，即颜色正比于图形的高度。当 X、Y 省略时，把 Z 矩阵的列下标当作 *x* 轴坐标，Z 矩阵的行下标当作 *y* 轴坐标，然后绘制三维曲面图。当 X、Y 是向量时，要求 X 的长度必须等于 Z 矩阵的列数，Y 的长度等于 Z 矩阵的行数，X、Y 向量元素的组合构成网格点的 *x*、*y* 坐标，*z* 坐标则取自 Z 矩阵。

② mesh(…, 'PropertyName',PropertyValue, …)：对指定的属性 PropertyName 设置属性值 PropertyValue，可以在同一语句中对多个属性进行设置。

还有两个和 mesh 相似的函数：meshc，用于绘制网格图和基本的等值线图；meshz，用于绘制包含零平面的网格图。

surf 函数用于绘制三维曲面，且各线条之间的补面用颜色填充，其调用格式与 mesh 函数一致。

【例 4-23】 比较两个函数绘制的三维图形。

解：程序代码如下。

```
[x,y] = meshgrid(0:0.1:2*pi);
%将向量 x、y 转化为矩阵，矩阵的行是向量 x 的复制,矩阵的列是向量 y 的复制
z=sin(x).*cos(y);
mesh(x,y,z);
figure
surf(x,y,z)
```

图 4-17（a）和图 4-17（b）分别给出了 mesh 函数、surf 函数绘制的三维曲面图。

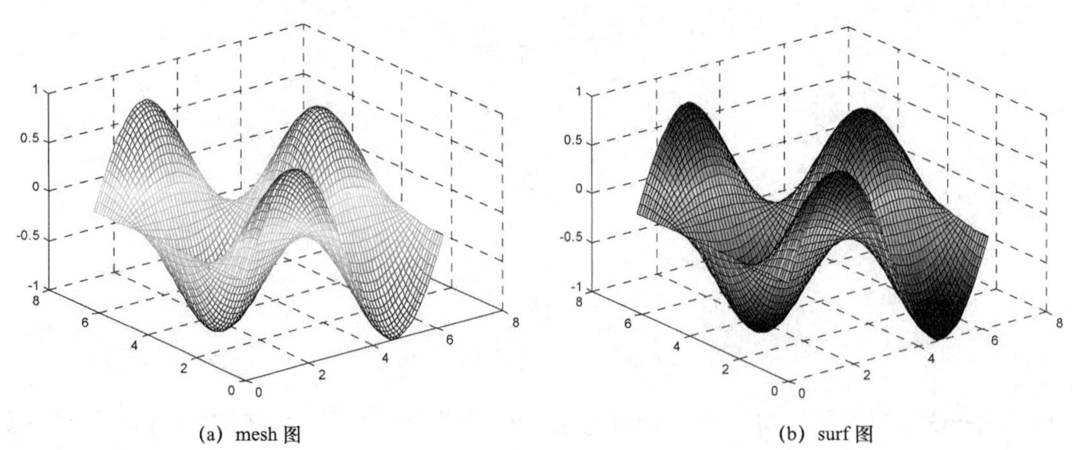

(a) mesh 图　　(b) surf 图

图 4-17　例 4-23 三维曲面图

surfc 函数在矩形区域内显示三维带阴影曲面图，且在曲面下方画出二维平面等高线。contour3 函数绘制三维空间等高线图，该命令生成一个定义在矩形栅格曲面上的三维等高线图，调用格式如下。

① contour3(Z)：画出三维空间角度观看矩阵 Z 的等高线图，其中 Z 的元素被当作距离 *xy* 平面的高度，矩阵 Z 至少为 2×2 阶的。等高线的条数和高度是自动选择的，若[m,n]= size(Z)，则 *x* 轴的范围为[1:n]，*y* 轴的范围为[1:m]。

② contour3(Z,n)：画出由矩阵 Z 确定的有 n 条等高线的三维图。

③ contour3(Z,v)：在参量 v 指定的高度画出三维等高线，等高线的条数为 length(v)；若想只画一条高度为 h 的等高线，输入 contour3(Z,[h,h])。

④ contour3(X,Y,Z)、contour3(X,Y,Z,n)、contour3(X,Y,Z,v)：X 与 Y 定义 *x* 轴与 *y* 轴的范围。若 X 为矩阵，则 X(1,:)定义 *x* 轴的范围；若 Y 为矩阵，则 Y(:,1)定义 *y* 轴的范围；若 X 与 Y 同时为矩阵，它们必须同型。

⑤ contour3(…,LineSpec)：用参量 LineSpec 指定的线型与颜色画等高线。

函数 contour3(x,y,z,15)绘制了【例 4-23】的三维等高线，如图 4-18 所示。

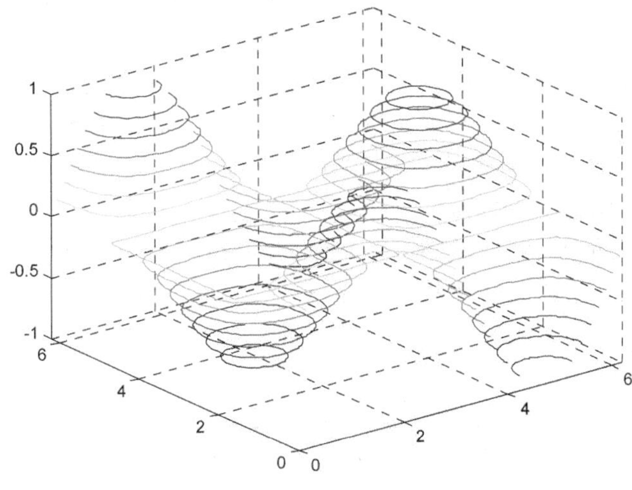

图 4-18 例 4-23 三维等高线

函数 sphere 生成三维直角坐标系中的单位球体，其调用格式如下。

① sphere(n)：在当前坐标系中画出有 n×n 个面的球体，默认情况下该单位球体由 20×20 个面组成。

② [X,Y,Z] = sphere(n)：返回球面坐标矩阵。该命令不绘制图形，只返回矩阵。可以用命令 surf（X,Y,Z）或 mesh（X,Y,Z）画出球体。

3．视角控制

视角就是指观察图形的方向，MATLAB 中使用 view 指定立体图形的观察点，控制图形的视角。观察者（观察点）的位置决定了坐标轴的方向。用户可以用方位角（azimuth）和仰角（elevation）或者用空间中的点来确定观察点的位置。除了改变三维图形的视角，view 命令也可以改变二维图形的视角，其调用方法如下。

① view(az,el)、view([az,el])：设置三维空间图形观察点。az 是方位角，定义为通过视点

和 z 轴作一个平面，该平面和 xy 平面的交线与 y 轴反方向所夹的按逆时针方向（从 z 轴的方向观察）的角度就是 az。若 az 为负值，则按顺时针方向计算。el 为仰角，定义为在通过视点与 z 轴的平面上，用直线连接视点与坐标原点，该直线与 xy 平面的夹角就是观察点的仰角 el。若仰角为负值，则观察点转移到曲面下面。

② view([x,y,z])：在直角坐标系中设置点（x,y,z）为视点。注意：输入参量只能是方括号的向量形式。

③ view(2)：设置默认的二维形式视点。其中 az=0、el=90，即从 z 轴上方观看。

④ view(3)：设置默认的三维形式视点。其中 az=−37.5，el=30。

⑤ view(T)：根据转换矩阵 T 设置视点。其中 T 为 4×4 阶的矩阵，如同用命令 viewmtx 生成的透视转换矩阵一样。

⑥ [az,el] = view：返回当前的方位角 az 和仰角 el。

⑦ T = view：返回当前的 4×4 阶的转换矩阵 T。

前面提到的 viewmtx 命令可以返回视点转换矩阵，计算 4×4 的正交或透视的转换矩阵，调用方法如下。

① T = viewmtx(az,el)：返回与视点方位角 az 和仰角 el（单位都为度）对应的正交矩阵，并且不改变当前视点。

② T = viewmtx(az,el,phi)：返回透视的转换矩阵，其中参量 phi 是单位为度的透视角度，为正规化立方体的对视角角度，并反映了透视扭曲程度。phi 为 0 度时为正交投影；10 度时为类似摄影距离投影；25 度时为类似普通投影；60 度时为类似广角投影。通过使用返回的矩阵，用命令 view(T)改变视点的位置。

③ T = viewmtx(az,el,phi,xc)：返回以正规化的图形立方体中点 xc 为目标点的透视矩阵。可以用三维向量 xc=[xc,yc,zc]指定该中心点，每一分量都在区间[0, 1]上，默认值为 xc=[0 0 0]。

4.6 图像

MATLAB 提供了显示和处理图像的命令。图像数据通常被创建或保存为标准的双精度浮点数，有时也被创建或保存为 8 位或 16 位的无符号整数。

4.6.1 图像的类别和显示

图像在 MATLAB 中通常由数据矩阵和色彩矩阵组成。根据图像着色方法的不同，MATLAB 的图像可以分为：索引图像、亮度图像和真彩色图像 3 种。

索引图像的数据矩阵为指向颜色表矩阵的索引号。如果索引图像的图像数据值为 X(i, j)，颜色表数组为 cmap，则每个图像像素的颜色就是 cmap(X(i, j),:)。要求 X 中的数值必须是位于[1, length(cmap)]范围之内的整数。根据图像数据和颜色表，可以使用命令 image(x)和 colormap(cmap)来显示图像。

亮度图像的图像数据矩阵表示图像的亮度值。该类型的图像通常用于显示由灰度或单色颜色表染色的图像，也可用于其他颜色表染色的图像。亮度图像对数据范围没有要求，但用户可以指定亮度图像的数据范围，并且将其作为指向颜色表的索引。如:images(X, [0 1])和 colormap(gray)将 X 的值限制在[0，1]之间，0 指向颜色表的第一个颜色，1 指向颜色表的最后一个颜色，介于 0 和 1 之间的数据被用来作为指向颜色表中其他颜色的索引。省略[0 1]意味着不对 X 进行限定。

真彩色图像通常由一个包含有效 RGB 值的 $m \times n \times 3$ 的数组创建。该数组的行和列表明了像素的位置，也声明了图像中每一个像素的颜色值。由于真彩色图像已经将颜色信息包含在图像数据中，因此不需要颜色表。真彩色图像的显示可用命令 image(X)完成。

MATLAB 提供了 imfinfo 命令获取图像的信息，得到图像类型再进行读操作。

4.6.2 图像的读写

不同类型的图像有固定的数据格式、着色类型，其读取和写入数据命令的格式也不同。要在 MATLAB 中使用其他软件的图像，需要用 imread 函数读取该图像，将该图像的数据转换成 MATLAB 图像的数据格式。imread 的调用格式如下。

① A=imread(filename,fmt)：返回存放图像的变量名 A，filename 为图像的文件名，fmt 为图像的类型，可以为 JPEG、TIFF、BMP、PNG、HDF、PCX 或 XWD，A 为由图像文件中读出并转化为 MATLAB 可识别图像格式的数据。

② [X,MAP]=imread(filename,fmt)：返回图像的索引数据矩阵 X 和颜色矩阵 MAP。

③ [···]= imread(filename)：返回图像的信息。

函数 imwrite 用于把图像输出到文件，调用格式如下。

① imwrite(A, filename,fmt)：将参量 A 以.fmt 格式存为 filename。

② imwrite(···, filename)：将当前图像以文件名 filename 存储。

③ imwrite(···, 'ProName', 'ProVal')：根据属性名'ProName'的值另存图像数据。

4.7 函数绘图

对于给定的包含变量的函数，MATLAB 也提供了简单的绘图功能。

4.7.1 一元函数绘图

fplot 函数在指定的范围内画出一元函数 $y=f(x)$的图形，一元函数可以为标准函数或是用户在 *M* 文件中自定义的函数，但不允许是内联函数。其调用格式如下。

① fplot('function',limits)：在指定的范围 limits 内画出函数名为 function 的一元函数图形。其中 limits=[xmin xmax]，或包含 4 个元素[xmin xmax ymin ymax]。

② fplot('function',limits,LineSpec)：用指定的线型 LineSpec 画出函数 function。

③ fplot('function',limits,tol)：以相对误差值 tol 画出函数 function，相对误差的默认值为 2e−3。

④ fplot('function',limits,n)：当 n>=1，则至少画出 n+1 个点（即至少把范围 limits 分成 n 个小区间），最大步长不超过(xmax-xmin)/n。

⑤ [X,Y] = fplot('function',limits,···)：将横坐标与纵坐标的值赋给变量 X 和 Y，不画出图形。若想画出，可用命令 plot(X,Y)。

注意： fplot 采用自适应步长控制来画出函数的示意图，在函数变化激烈的区间，采用小步长，否则采用大步长。总之，使计算量与时间最小，图形尽可能精确。

【例 4-24】 绘制 $f(x)$=sin(x)函数，x 的区间范围为[0,2π]。

解： 程序代码如下，结果如图 4-19 所示。

```
clear;
x=0:pi/65:2*pi;                          %两种方法的采样点数相等
subplot(1,2,1)
plot(x,sin(x));
title('等间距步长绘制 sin(x)')
subplot(1,2,2)
fplot('sin(x)',[0,2*pi])
[X,Y]=fplot('sin(x)',[0,2*pi]);
title('自适应步长绘制 sin(x)')
```

执行程序后 X（自适应步长）和 x（等间距步长）的前 10 个采样点（如下列数据）如下。

```
X([1:10],1) =                  x ([1:10])=
   0                           0
   0.0126                      0.0483
   0.0377                      0.0967
   0.0628                      0.1450
   0.0880                      0.1933
   0.1131                      0.2417
   0.1382                      0.2900
   0.1634                      0.3383
   0.2136                      0.3867
   0.2388                      0.4350
```

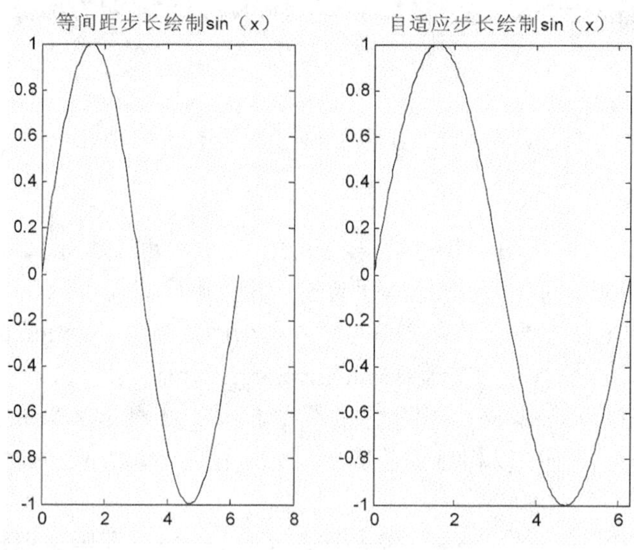

图 4-19　函数绘图

4.7.2　二元函数绘图

MATLAB 中主要用 mesh、surf 命令绘制二元函数图形。

【例 4-25】　画出函数 $z=\sqrt{x^2+y^2}$ 的图形，$x\in[-3,3],y\in[-3,3]$。

解：其程序代码如下，结果如图 4-20 所示。

```
x=-3:0.1:3;                              %x 的范围为[-3,3]
y=-3:0.1:3;                              %y 的范围为[-3,3]
```

```
[X,Y]=meshgrid(x,y);                          %将向量 x,y 指定的区域转化为矩阵 X,Y
Z=sqrt(X.^2+Y.^2);                            %产生函数值 Z
mesh(X,Y,Z)
```

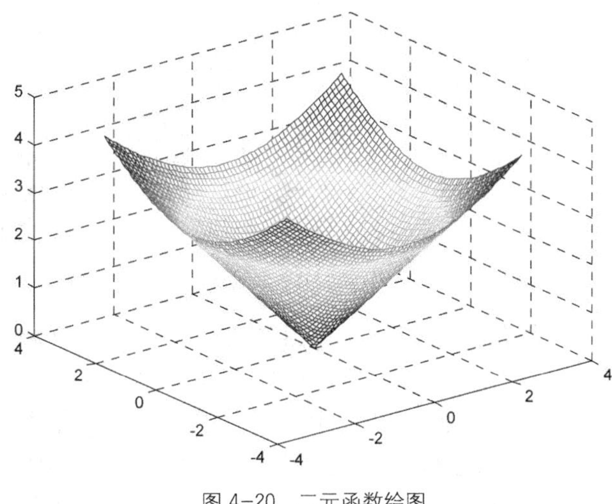

图 4-20　二元函数绘图

习　　题

4-1　假设当 $x \geqslant 0$ 时 $y=\sqrt{x}$，而当 $x<0$ 时 $y=\sin x$，在 $-5 \leqslant x \leqslant 5$ 区间内求 y 值并作图。

4-2　使用 for 函数编写一个程序实现 sum(A)的功能，其中 A 为矩阵。

4-3　编写一个函数文件，用于生成等比数列。

4-4　使用循环结构和向量化两种方法实现求数组的平方和平方根的计算，并计算程序运行时间。

4-5　设 $y=\cos x\left[x-\dfrac{3\sin x}{1-x^2}\right]$，把 $x=[0,2\pi]$ 区间分成 125 点，画出以 x 为横坐标、y 为纵坐标的曲线。

4-6　设 $x=z\sin 3z$，$y=z\cos 3z$，要求在[−45,45]区间内画出 x、y、z 三维曲线。

4-7　设 $x=\cos(t)$、$y=\sin(Nt+\alpha)$，若 N=2，α=0、$\pi/3$、$\pi/2$、π，在 4 个子图中分别画出其曲线，并给出图例。

4-8　绘制函数 $z=\sin(r)/r$ 的三维曲面图，其中 $r=\sqrt{x^2+y^2}$。

4-9　在同一张图上绘制 $y=\sin x$ 和 $y=0.5e^x$ 在区间 $0 \leqslant x \leqslant 2$ 上的图形。使用不同的线型和图注区分曲线，并标注坐标轴。

第 5 章 SIMULINK

Simulink 是 MATLAB 提供的用于对动态系统进行建模、仿真和分析的工具包。专门用于显示输出信号的模块，在仿真过程中可以随时观察仿真结果；存储模块使仿真数据可以方便地以各种形式保存到工作空间或文件中，以供用户在仿真结束后对数据进行分析和处理。Simulink 不但支持线性系统仿真，也支持非线性系统仿真，既可以进行连续系统仿真，也可以进行离散系统仿真或二者的混合系统仿真，同时它支持具有多种采样速率的系统仿真。Simulink 作为一种通用的仿真建模工具，广泛应用于通信仿真、数字信号处理等领域。

利用 Simulink 进行系统仿真的基本步骤如下：

① 建立系统仿真模型，包括添加模块、设置模块参数以及进行模块连接等操作。

② 设置仿真参数。

③ 启动仿真并分析仿真结果。

下面将进行具体介绍。

5.1 建立系统仿真模型

【例 5-1】 搭建由正弦波发生器和示波器构成的简单模型。

模型如图 5-1 所示，其中的 Sine Wave、Scope 都由 Simulink 模块库提供。图 5-2 为仿真后示波器显示的正弦波波形。

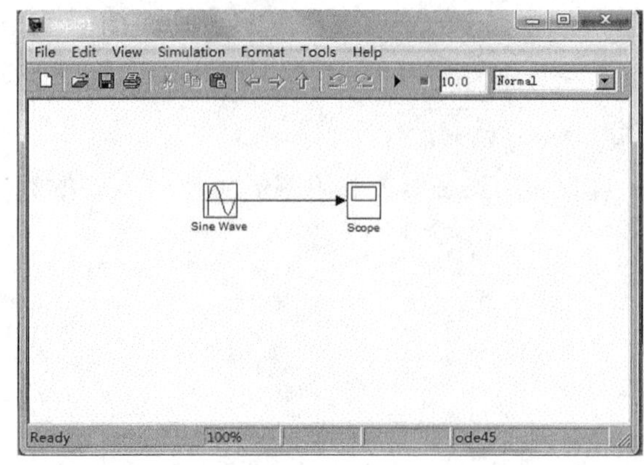

图 5-1　简单仿真示例

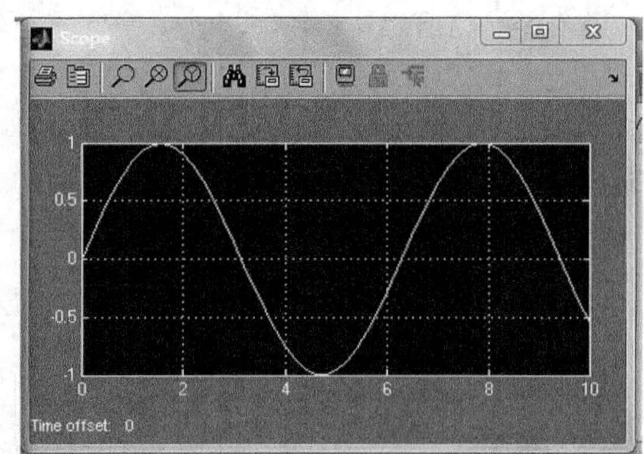

图 5-2　正弦波波形

【例 5-1】中搭建的模型仅包含两个模块：正弦波模块和示波器模块。模块是构成系统仿真模型的基本单元，用适当的方式把各种模块连接在一起就能够建立动态系统的仿真模型。下面将介绍 Simulink 的模块库。

5.1.1 Simulink 模块库简介

在 MATLAB 命令窗口输入“simulink”或者单击 MATLAB 工具栏中的 Simulink 图标，即图 5-3 中圈中的图标，将会打开 Simulink 模块库窗口，如图 5-4 所示。可以看到，Simulink 模块库浏览器窗口中包含丰富的模块组，包括 Simulink（基本模块库）、Communications Blockset（通信仿真模块库）、Control System Toolbox（控制系统模块库）等。

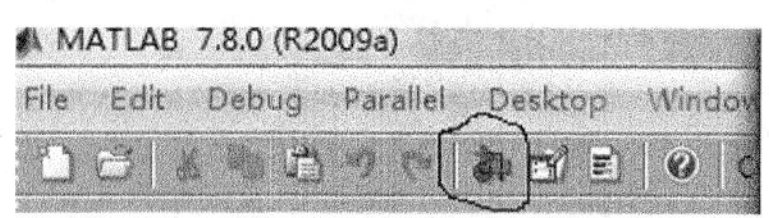

图 5-3 Simulink 快速启动

图 5-4 Simulink 模块库

如果想选择传统的 Simulink 模块库显示方式，可以在 MATLAB 窗口中输入“simulink3”命令，此时 Simulink 模块库如图 5-5 所示。

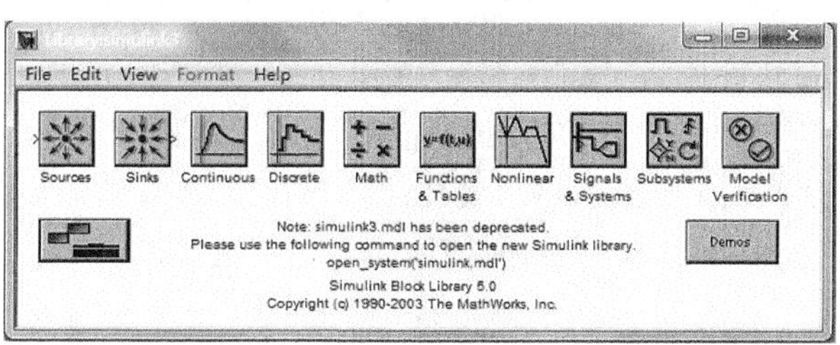

图 5-5 Simulink 常用模块

1．基本模块及其功能

单击图 5-4 中 Simulink 前的“+”图标，可以在窗口右栏和 Simulink 目录下浏览各个 Simulink 模块组。从图 5-6 的左侧栏中可以看到 Simulink 模块库中包括了以下模块组。

Commonly Used Blocks：常用模块组。由常用模块组中的模块构成，用户可以方便地调用最常用的模块以提高建模速度，包括输入（In1）、输出（Out1）、接地（Ground）、常数（Constant）、示波器（Scope）、复用（Mux）、解复用（Demux）、求和（Sum）、相乘（Product）、逻辑运算（Logical Operator）、积分（Integrator）等。

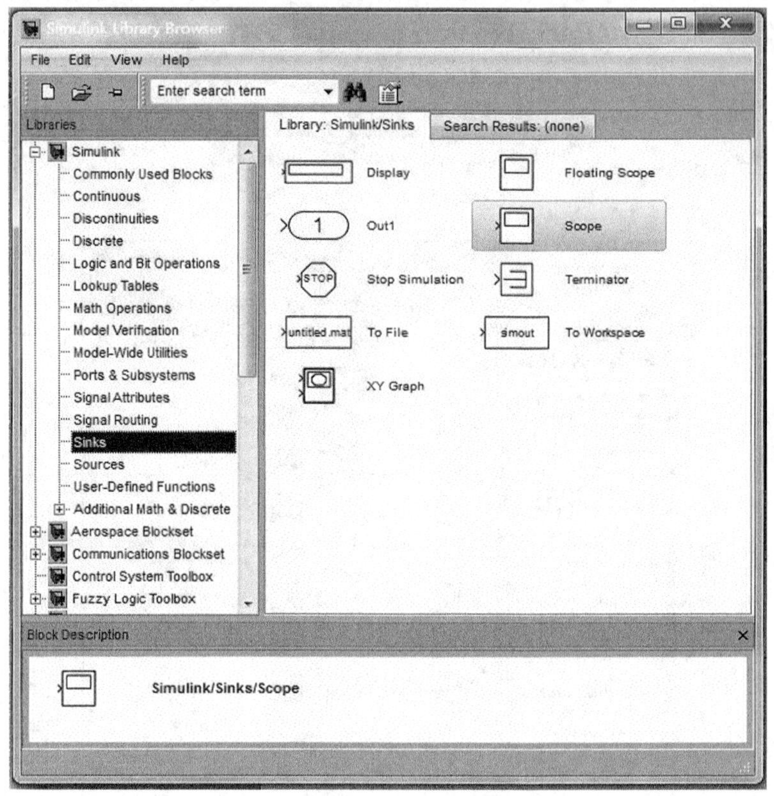

图 5-6　模块组

Continuous：连续模块组。包含连续系统模型中所涉及的模块，如积分（Integrator）、微分（Derivative）、状态方程模型（State-Space）、传递函数模型（Transfer Fcn）、零—极点增益模型（Pole-Zero）、把输入信号按给定时间做延迟（Transfer Delay）、把输入信号做可变时间延迟（Variable Transport Delay）。

Discontinuities：非连续模块组。包括间隔（Backlash）、量化器（Quantizer）、动态饱和输出（Saturation Dynamic）等模块。

Discrete：离散模块组。离散系统在仿真中被广泛使用，其模块包括：差分（Difference）、采样保持（延迟一个周期）（Unit Delay）、采样保持（延迟整数倍周期）（Integer Delay）、离散传递函数（Discrete Transfer Fcn）、离散滤波器 IIR/FIR（Discrete filter）、离散状态空间（Discrete State-Space）、离散时间导数（Discrete Derivative）、离散时间积分（Discrete-Time Integrator）、零阶保持器（Zero-Order Hold）、离散零—极点模型（Discrete Zero-Pole）、一阶

保持器（First-Order Hold）、输出上一步输入值（Memory）、延迟（Tapped Delay）。

Logic and Bit Operations：逻辑和位操作模块组。包含常用的逻辑运算（Logical Operator）和关系运算（Relation Operator）模块，其功能如表 5-1 和表 5-2 所示。另外还有开区间检测（Interval Test）、动态开区间检测（Interval Test Dynamic）、组合逻辑（Combinatorial Logic）、与零比较（Compare to Zero）、与常数比较（Compare to Constant）、位置位（Bit Set）、位清零（Bit Clear）、逐位操作（Bitwise Operator）、移位运算（Shift Arithmetic）、位提取（Extract Bits）、检测递增（Detect Increase）、检测递减（Detect Decrease）、检测跳变（Detect Change）、检测正上升沿（Detect Rise Positive）、检测负下降沿（Detect Fall Negative）、检测非负上升沿（Detect Rise Nonnegative）、检测非负下降沿（Detect Fall Nonnegative）。

表 5-1 逻辑运算模块及其功能

运算模块	功能	运算模块	功能
AND	输入全部为真时输出为真	NAND	输入有一个为非时输出为真
OR	输入有一个为真时输出为真	NOR	输入全部为非时输出为真
XOR	输入中有奇数个输入为真时输出为真	NOT	输入为非时输出为真

表 5-2 关系运算模块及其功能

模块	功能	模块	功能
==	两个输入相等时为真	~=	两个输入不相等时为真
<	第 1 个输入小于第 2 个输入时为真	>	第 1 个输入大于第 2 个输入时为真
>=	第 1 个输入大于或等于第 2 个输入时为真	<=	第 1 个输入小于等于第 2 个输入时为真

Lookup Tables：查找表操作模块组。包括一维查表（Look-up Table）、二维查表（Look-up Table(2-D)）、动态查表（Look-up Table Dynamic）、直接查表（Direct Lookup Table(*n*~D)）等。

Math Operations：数学操作模块组。该模块组中封装了许多数学运算模块，使得数学运算操作变得简单容易，减少了很多程序设计步骤，其部分功能如表 5-3 所示。

表 5-3 数学运算模块及其功能

名称	功能	名称	功能
Sum	对输入求代数和	Gain	常量增益
Polynomial	多项式	Product	对输入求积或商
Dot Product	点积（内积）	Sign	取输入的正负符号
MinMax	求最值	Squeeze	矩阵维数压缩
Abs	求输入的绝对值或模	Math Function	数学运算函数
Slider Gain	可以用滑动条改变的增益	Rounding Function	取整函数
Algebraic Constant	强制输入信号为零	Complex To Magnitude-Angle	求复数的幅值、相角
Magnitude-Angle to Complex	根据幅值、相角得到复数	Complex to Real-Imag	求复数的实部、虚部
Real-Imag to Complex	根据实部、虚部求复数	Trigonometric Function	三角函数

Model Verification：确认模块组。包括确定操作（Assertion）、检查动态偏差（Check Dynamic Gap）、检查静态范围（Check Static Range）等。

Model-Wide Utilities：模型扩展应用模块组。包括文档模块（DocBlock）、时间线性分析（Timed-Based Linearization）等。

Ports&Subsystems：端口与子系统模块组。包括输入端口（In1）、输出端口（Out1）、触发操作（Trigger）、触发子系统（Trigger Subsystem）、使能（Enable）、子系统（Subsystem）、假设（If）、单元子系统（Atomic Subsystem）、代码重用子系统（CodeReuseSubsystem）、模型（Model）、重复操作子系统（For Iterator Subsystem）、函数调用生成器（Function-Call Generator）、选择执行子系统（Switch Case Action Subsystem）等。

Signal Attributes：信号属性模块组。包括数据类型转换（Data Type Conversion）、数据类型继承（Data Type Propagation）、信号转换（Signal Conversion）、权值采样时间（Weighted Sample Time）等。

Signal Routing：信号路由模块组。包括总线模块（Bus Assignment）、总线生成（Bus Creator）、总线选择（Bus Selector）、数据存储（Data Store Memory）、数据存储读取（Data Store Read）、数据存储写入（Data Store Write）、解复用（Demux）、信号来源（From）、信号去向（Goto）、标签可视化（Goto Tag Visibility）、索引向量（Index Vector）、信号合并（Merge）、多端口开关（Multiport Switch）、复用（Mux）、信号选择器（Selector）等。

Sinks：接收器模块组。该模块组中包含输出端口（Out1）、接收终端（Terminator）、保存到文件（To File）、将输出数据写入到 MATLAB 的工作空间（To Workspace）、示波器（Scope）、浮动示波器（Floating Scope）、显示两个信号的二维图形（XY Graph）、数字显示器（Display）、仿真停止（Stop Simulation）。

Sources：信号源模块组。包括输入信号（In1）、接地（Ground）、从文件读数据（From File）、从当前工作空间定义的矩阵读数据（From Workspace）、常数（Constant）、信号发生器（Signal Generator）、脉冲发生器（Pulse Generator）、信号创建器（Signal Builder）、斜坡信号输入（Ramp）、正弦波（Sine Wave）、阶跃信号（Step）、产生周期性线性信号（Repeating Sequence）、重复序列内插值（Repeating Sequence Interpolated）、重复阶梯序列（Repeating Sequence Stair）、Chirp 信号（Chirp Signal）、正态分布随机数（Random Number）、均匀分布随机数（Uniform Random Number）、带限白噪声（Band-Limited White Noise）、无限计数器（Counter Free-Running）、有限计数器（Counter Limited）、时钟（Clock）、数字时钟（Digital Clock）。

User-Defined Function：用户自定义模块组。用自定义的函数进行运算（Fcn）、MATLAB 函数（MATLAB Fcn）、嵌入式 MATLAB 函数（Embedded MATLAB Fcn）、S-函数（S-Function）、M 文件编写的 S 函数（Level-2 M-File S-Function）、S-函数构造器（S-Function Builder）、S-函数例子（S-Function Examples）。

Additional Math&Discrete：附加操作组。

2．模块的参数和属性设置

Simulink 中几乎所有的模块都允许用户设置其参数和属性。只要双击需要设置的模块，就可以打开参数设置的对话框。如在图 5-1 中，双击正弦波模块就可以打开其参数设置对话框，如图 5-7 所示。另外，在模块上单击右键选择“Block Properties…”命令也可以打开模块的属性对话框，设置模块的优先级、标记和说明等内容，如图 5-8 所示。

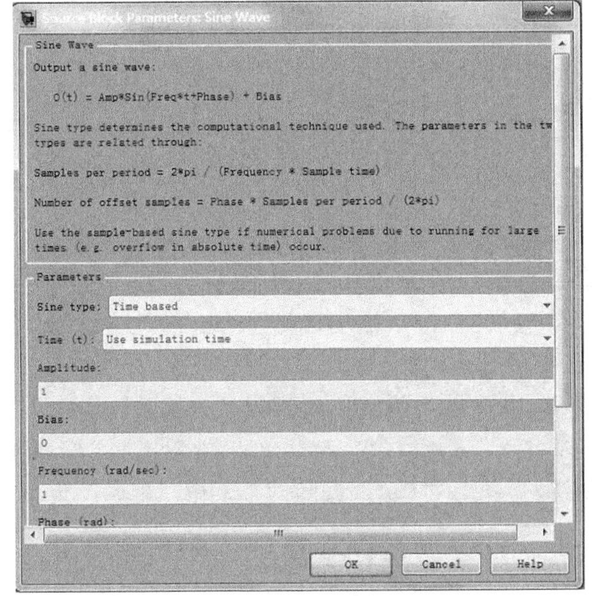

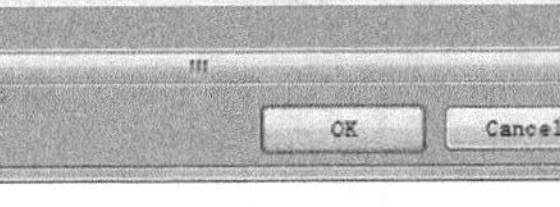

图 5-7　正弦波参数设置

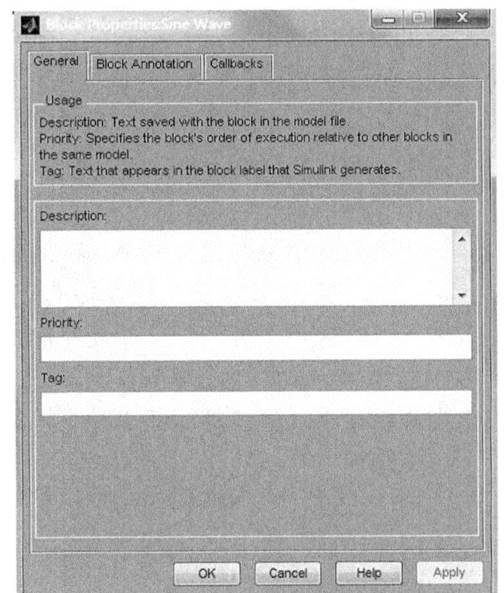

图 5-8　模块属性对话框

5.1.2　模型窗口的建立

1．建立空白模型窗口

在 Simulink 中创建一个空白的模型窗口有以下 3 种方法。

① 在 MATLAB 命令窗口中单击“File”菜单的“New”选项下的“Model”命令。

② 在 Simulink 模块库浏览器窗口中单击“File”菜单的“New”选项下的“Model”命令。

③ 单击 Simulink 模块库浏览器工具栏中的“New Model（）”工具。

2．保存模型

当需要把一个模型保存下来时，使用模型窗口中的“File”菜单下的“Save”选项，或者用“Save as”选项改名保存文件。相应文件的扩展名为.mdl。在 Matlab 的命令窗口中，键入模型文件名，可以打开相应的模型文件。在模块库浏览器窗口或模型编辑窗口的“File”菜单中选择“Open”命令，然后选择或输入欲编辑模型的名字，也能打开已经存在的模型文件。另外，单击模块库浏览器窗口工具栏上的“Open a model”命令按钮或模型编辑窗口工具栏上的“Open a model”命令按钮，也能打开已经存在的模型文件。

3．添加模块

从 Simulink 模块库浏览器向空白模型窗口添加模块，方法有以下两种。

① 在欲选择的模块上单击鼠标右键或者单击“Edit”菜单，选择“Add to Untitled”命令。“Untitled”是 Simulink 仿真页的名字。

② 在欲选择的模块上单击鼠标任意键按住不放，将模块拖至 Simulink 空白页指定位置，放开按键。

4．模块的操作

模块的基本操作包括选定、复制、删除等。

（1）选定

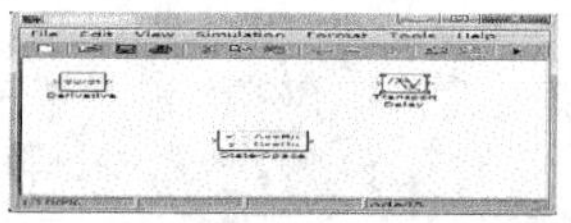
图 5-9　模块的选定

单个模块的选定方法有两种：一种是用鼠标单击欲选择的模块；另一种是按下鼠标任意键，拖曳鼠标，当出现的虚线框包含了要选择的模块后，放开鼠标键。被选定模块的角上会出现小黑方块，如图 5-9 中的 Transport Delay 模块。

（2）复制

当一个仿真模型要使用多个同样的模块时，需要复制模块，方法有以下两种。

① 在要复制的模块上按住鼠标右键，拖动鼠标至合适的地方，松开鼠标。

② 按住“Ctrl”键，再在要复制的模块上按下鼠标左键，拖动鼠标至合适的地方，松开鼠标。

当需要在不同窗口复制模块时，可采用从模块库添加到仿真页时同样的方法。

（3）删除

单击“Edit”菜单或者在模块上单击鼠标右键，执行“Cut”或者“Delete”命令；也可以在选定模块后，按下键盘的“Delete”键。

（4）改变大小

选定模块，用鼠标左键单击其周围的 4 个黑方块中的任何一个并拖动。

（5）改变模块的角度

“Format”下的“Rotate Block”或“Filp Block”命令。

（6）产生阴影

“Format”下的“Show Drop Shadow”命令。

5．信号线的操作

放置好所需的模块后，需要将模块按一定顺序连接起来，构成 Simulink 仿真模型。在 Simulink 模型中，信号总是由模块之间的连线携带并传送，因此模块间的连接被称为信号线。在连接模块时，需要注意模块的输入、输出端和各模块间的信号流向。

信号线的操作主要包括连接、移动、调整和删除等。

（1）连线

连线即从一个模块的输出端连接到另一个模块的输入端，其方法有以下两种。

① 将鼠标移到模块的输出端，当鼠标指针变成“+”字状后，单击鼠标左键并拖曳至目标模块的输入端，出现双“+”状后，放开鼠标，完成模块信号的连接。

② 选定要连线的输出信号模块，按下“Ctrl”键并单击要连线的输入模块即完成连线。

在模型中，如果遇到一个信号分送到多个输入端时，需要绘制分支线段。此时只要将鼠标指向要产生分支的连线，按下“Ctrl”键并单击鼠标左键，拖曳至目标模块的输入端，当出现双“+”字状后，放开鼠标，完成模块信号的连接。或者将鼠标指向要产生分支的连线，单击鼠标右键并拖曳至目标模块的输入端，当出现双“+”字状后，放开鼠标，完成模块信号的连接。

（2）移动

调整连线位置可以采用鼠标拖曳简单实现。即用鼠标选定待移动的线段，按下左键拖曳至目标地点后，释放鼠标。

（3）删除

选定待删除的线段，当四周出现黑色小框时，按下键盘上的“Delete”键，或选择“Edit”菜单下的“Delete”命令删除线段。

另外，对一个有输入端和输出端的模块，可直接将其插入到一条信号线中。

5.2 设置仿真参数

在搭建完 Simulink 模型后，进行仿真前，如果不采用系统的默认设置，需要对仿真参数进行配置。执行“Simulation”菜单下的“Configuration Parameters”命令，就可以打开仿真参数设置对话框，如图 5-10 所示。设置的方面主要包括：仿真的起始时间和终止时间、解算器采用的仿真算法、仿真步长的选择、误差限，以及定义仿真结果数据的输出和存储方式等。

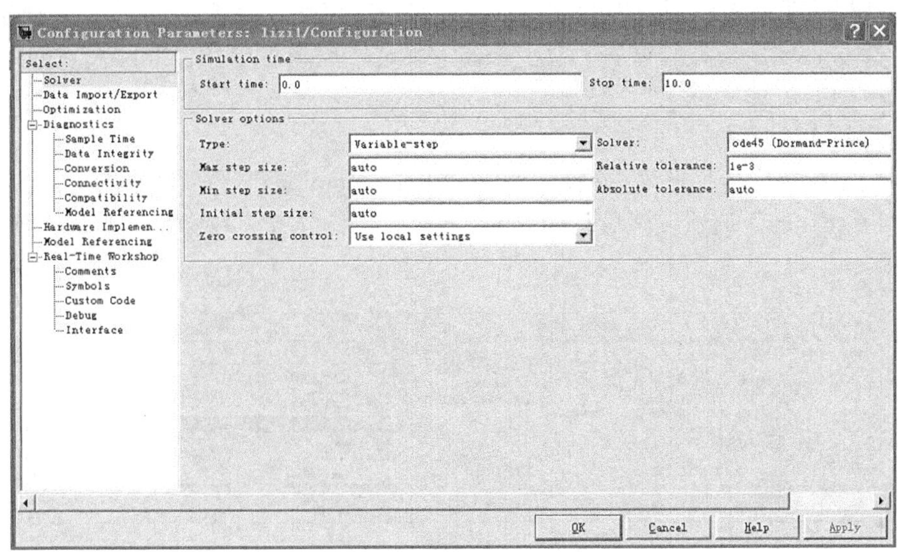

图 5-10 仿真参数设置对话框

仿真参数对话框的左侧是“Select”树状列表选项区，选择不同的节点命令，将在对话框的右侧出现该项的设置面板。其中，“Solver”面板用来设置仿真的起止时间和仿真算法等选项；“Data Import/Export”面板用来设置用户把数据输出到 MATLAB 工作区或者从 MATLAB 工作区中输入数据时的相关选项；“Optimization”面板用来设置改善仿真性能和优化模型代码执行效率的相关选项；“Diagnostics”面板用来设置 Simulink 在执行仿真时对模型进行的检测选项；“Hardware Implementation”面板只适用于基于计算机的系统模型，如嵌入式控制器，利用这个面板可以指定用来执行模型系统时的硬件特性；“Model Referencing”面板用来设置在其他模型中包含当前模型以及在当前模型中包含其他模型时的选项，同时还可以设置编译选项；“Real-Time Workshop”面板用于设置与实时工作区有关的选项。这些选项面板中的设置参数对于模型仿真的准确性和仿真性能来说都起着非常重要的作用。

5.2.1 基本设置

1. 设置仿真时间

默认时的起始时间为 0.0 s，终止时间为 10.0 s，如图 5-11 所示。用户可以在“Start time”

和“Stop time”文本框内输入新的数值来改变仿真的起始时间和终止时间。

图 5-11　设置仿真时间

计算机运行仿真程序所需要的时间取决于很多因素，通常包括模型的复杂度、仿真算法的步长以及计算机的速度等，所以最后仿真所用时间与设置的时间略有差别。

2. 设置仿真算法

Simulink 模型的仿真需要计算仿真起始时间到终止时间之间每个时间步的输入、输出和状态值，这需要利用仿真算法来执行。通常，用来求解模型的仿真算法有很多，当然，没有任何一种算法适用于所有模型，因此，Simulink 对仿真算法进行了分类：定步长连续算法、变步长连续算法、定步长离散算法、变步长离散算法。用户可以在“Solver”选项页内选择最适合自己模型的仿真算法。

（1）定步长连续算法

若想为模型指定定步长连续算法，可先在“Solver options”选项区中的“Type”算法列表中选择“Fixed-step”选项，然后从相邻的“Solver”积分方法列表中选择某一种算法，如图 5-12 所示。

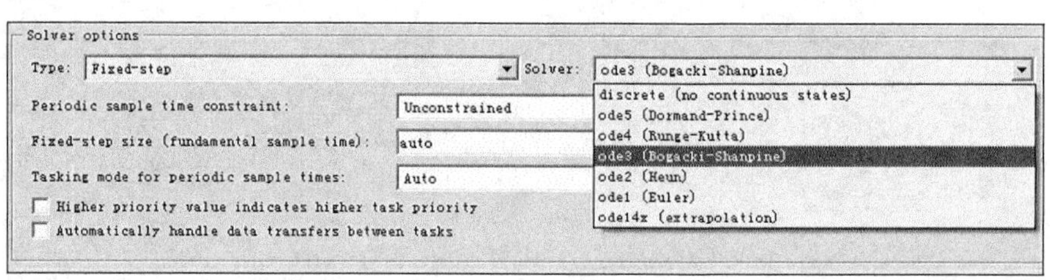

图 5-12　定步长连续算法

定步长连续算法在仿真时间段（由起始时间到终止时间）内以等间隔时间步来计算模型的连续状态，每个算法使用不同的积分方法计算模型的状态导数，积分算法越复杂，则仿真精度越高。其中，ode1 是最简单的积分算法，ode5 是最复杂的积分算法。默认情况下，当为模型选择“Fixed-step”选项时，Simulink 会把仿真算法默认设置为 ode3，也就是说，它会选择一个既可以求解连续状态，又可以求解离散状态，而且计算量适中的算法。

如果用户选择了定步长算法，则在 **Solver options** 选项页内还会显示一个 **Tasking mode for periodic sample times** 选项列表，如图 5-13 所示。

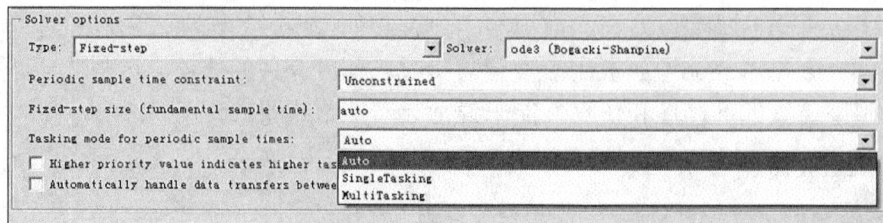

图 5-13　定步长连续算法

用户可以在 **Tasking mode for periodic sample times** 的选项表中选择一种仿真模式。

Auto：缺省选项，如果所有的模块都使用相同的速率，则 Simulink 会使用单任务模式；反之，则会使用多任务模式。

SingleTasking：单任务仿真模式，如果用户创建的是单任务系统模型，则可以选择这种仿真模式。

MultiTasking：多任务仿真模式，如果在这个模式下检测出以不同采样速率操作的模块被直接连接起来，那么系统就会发出一个错误消息，将导致无法继续执行仿真。此时，用户需要用 Rate Transition 模块消除模型中不合法的速率传输。

（2）定步长离散算法

若要为模型指定定步长离散算法，可在 **Solver options** 选项页中的 **Type** 算法类型列表中选择 **Fixed-step** 选项，然后在相邻的 **Solver** 积分算法列表中选择 **discrete(no continuous states)**。

注意：如果试图用定步长离散算法更新或仿真含有连续状态的模型，则 Simulink 会显示错误消息，因此，若要确定模型中是否有连续状态，则利用这个方法可以进行快速检测。

（3）变步长连续算法

变步长连续算法适用于求解仿真过程中系统状态变化的模型。当系统的状态快速变化时，变步长算法可以减小仿真步长以提高仿真精度，而当系统的状态变化缓慢时，变步长算法可以增大步长以节省仿真时间。

若要为模型指定变步长连续算法，可先在 **Solver options** 选项页的 **Type** 算法类型列表中选择 **Variable-step** 选项，然后在相邻的 **Solver** 积分算法列表中选择一种具体算法，如图 5-14 所示。

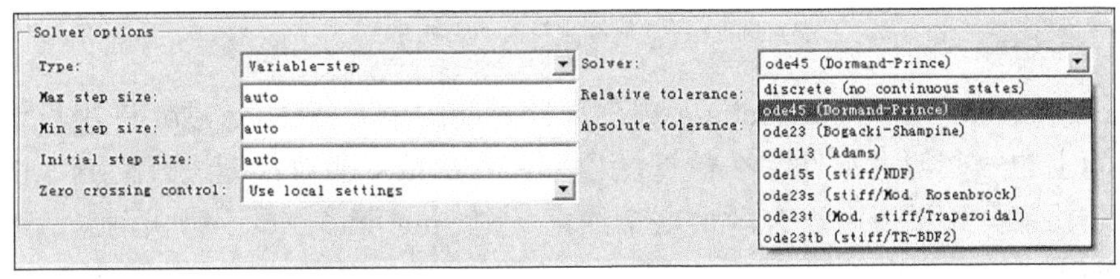

图 5-14　变步长连续算法

ode45 是基于精确龙格-库塔(4，5)的 Dormand-Prince 算法，是一步算法，也就是说，在计算时，它只需要知道前一时刻的值。ode45 是解决连续柔性问题的最理想解算器，是 Simulink 利用变步长求解连续问题的默认算法。

ode23 是基于精确龙格-库塔(2，3)的 Bogacki-Shampine 算法，也是一步算法，对于轻度的刚性方程，ode23 比 ode45 更有效。

ode113 是变阶的 Adams-Bashforth-Moulton PECE 算法，是多步算法，也就是说，它通常需要知道前几个时刻的数值才能求解当前时刻的值。在相同的精度下，ode113 的运算速度更快，但它不适用于不连续的系统。

ode15s 是基于数值积分算法(NDFs)的变阶算法，它与前面的微分算法(BDFs，也称为 Gear 算法)有关，但比 BDFs 效率高。ode15s 是多步算法，用于解决刚性问题。

ode23s 是基于 2 阶 Rosenbrock 算法的一个改进算法，是一步算法，专门应用于刚性系统，它能解决一些 ode15s 无法解决的刚性问题。

ode23t 是使用“任意”插值的梯形积分法，该解算器适用于求解适度的刚性问题而用户又想用一种不产生数值衰减的方法的情况。

ode23tb 是 TR-BDF2 实现，具有两个阶段的隐式龙格-库塔公式，第一阶段用精确龙格-库塔算法，第二阶段用 2 阶后向微分算法，从结构上来说，两个阶段在求值上都使用了相同的迭代矩阵。在解决刚性问题上比 ode15s 更有效。

（4）变步长离散算法

对于没有连续状态的模型，以及含有要求过零检测的连续信号和（或）含有以不同采样时间操作的离散模块的模型，都可以使用变步长离散算法，即图 5-14 列表中的 **discrete(no continuous states)**选项。

3. 设置仿真步长

仿真步长的大小直接影响仿真结果的准确度和仿真时间的长短，具体来说，仿真步长越小，仿真时间越长，仿真结果越准确；仿真步长越大，仿真时间越短，仿真结果越不准确。

（1）定步长算法步长的设置

在选择定步长算法时，**Solver options** 选项区的步长设置选项如图 5-15 所示。

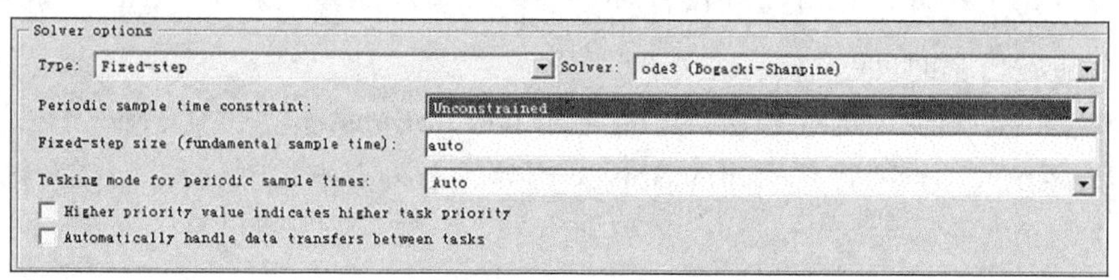

图 5-15　周期采样时间无约束

① Periodic sample time constraint（周期采样时间约束）：这个选项允许用户设置模型在定义采样时间上的一些约束条件。在仿真过程中，Simulink 会对模型进行检测，以确保模型能够满足这个约束，如果模型没有满足这个约束，则 Simulink 会显示错误消息。该选项可以设置的参数如下。

Unconstrained：没有约束。如果选择这个选项，Simulink 会显示 **Fixed-step size (fundamental sample time)**选项，如图 5-15 所示。

Ensure sample time independent：选择这个选项时，Simulink 会隐藏步长选项，如图 5-16 所示。Simulink 会对模型进行检查，以确保模型能够继承引用该模型的模型采样时间，而且不改变该模型的状态。

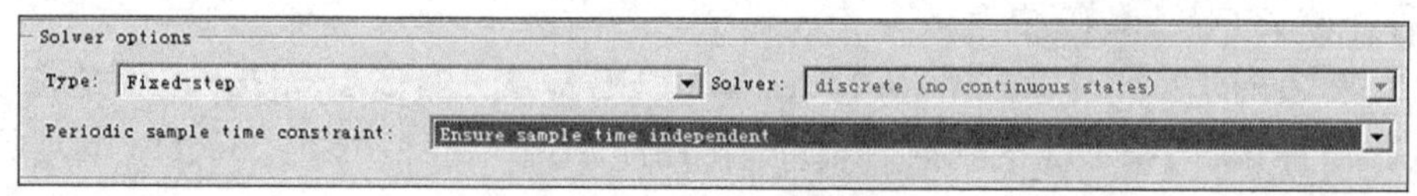

图 5-16　确保采样时间独立

Specified：选择这个选项后，Simulink 会显示 **Sample time properties** 选项，如图 5-17 所示。Simulink 会对模型进行检查，以确保模型在指定的一组有优先级别的周期采样时刻上正确执行。

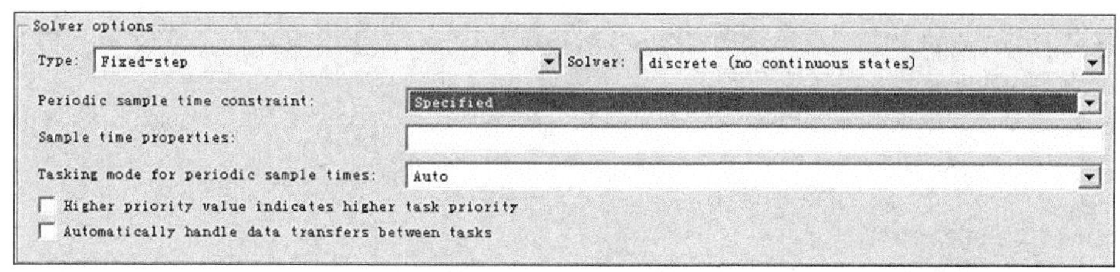

图 5-17 指定的采样时间限制

② Fixed step size (fundamental sample time)（定步长，即基本采样时间）：当算法类型 **Type** 选择 **Fixed-step** 选项，同时 **Periodic sample time constraint** 参数选择 **Unconstrained** 选项时，这个选项才会出现。默认时，该选项为 **auto**，即由 Simulink 选择步长。如果模型指定了一个或多个周期采样时间，那么 Simulink 会选择指定采样时间的最小公分母作为模型的仿真步长；如果模型没有定义任何周期采样时间，那么 Simulink 会把仿真时间除以 50 作为模型的仿真步长。

③ Sample time properties（采样时间属性）：用来指定并分配模型采样时间的优先级，可在这个文本框内输入 N×3 矩阵，每一行应该具有如下形式：[period，offset，priority]。其中，period 是采样时间段，offset 是采样时间偏移量，priority 是与这个采样速率相关的实时任务的执行优先级，最快的采样速率具有最高的优先级。例如，[[0.1，0，5]、[0.2，0，6]、[0.3，0，7]]表示这个模型指定了三个采样时间，它的基本采样时间是 0.1 s，分配的采样时间优先级是 5，6，7。

④ Higher priority value indicates higher task priority（优先级值越高，任务优先级越高）：如果选择这个选项，则模型会为较高优先级值的任务分配较高的优先权，这样，Rate Transition 模块会按照由低到高的速率转换原则依次处理较低优先级值速率和较高优先级值速率之间的异步转换；如果不选择这个选项（默认值），则模型会为较高优先级值的任务分配较低的优先权，这样，Rate Transition 模块会按照由高到低的速率转换原则依次处理较低优先级值速率和较高优先级值速率之间的异步转换。

⑤ Automatically handle data transfers between tasks（自动在任务间执行数据转换）：如果选择这个选项，那么在模块之间有速率转换时，Simulink 会在这些模块之间插入隐藏的 Rate Transition 模块，以确保在数据转换过程中不会发生错误。

（2）变步长算法步长的设置

当选择变步长连续算法时，**Solver options** 选项区的步长设置选项如图 5-18 所示。

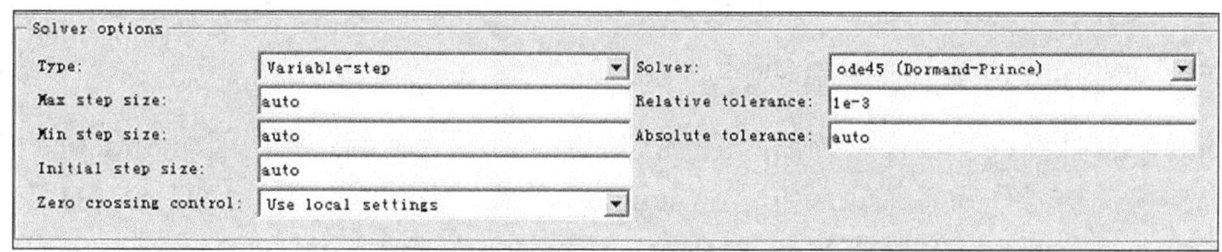

图 5-18 设置变步长算法的步长

① Max step size 最大步长

Max step size 的默认值是由仿真的起始时间和终止时间确定的，如果终止时间等于起始时间，或者终止时间是 inf，那么 Simulink 会把最大步长设置为 0.2 s，否则，Simulink 按照下面的公式来设置最大步长：

$$h_{max} = \frac{t_{stop} - t_{start}}{50}$$

② Initial step size 初始步长

Initial step size 参数用来设置算法的初始步长。缺省时，算法会通过检验初始时刻的状态微分值来选择初始步长，如果第一个步长选得太大，则算法可能会越过模型初始时的某些重要动作。实际上，初始步长值是一个建议步长，它可以由算法试解来确定，如果计算结果不满足误差准则，则算法会重新选择并减小步长。

③ Min step size 最小步长

Min step size 参数用来控制算法的最小步长。如果算法需要更小的步长来满足误差容限，则它会发出警告信息以指出当前有效的相对误差。这个参数可以是大于零的实数，也可以是包含两个元素的一维向量，其中的第一个元素是最小步长，第二个元素是模型出现错误前可以发出的最小步长警告的最大次数。如果把第二个元素设置为 0，则会产生这样的错误，也就是算法在第一个时间步上使用的步长必须小于指定的最小步长，这就相当于在 **Diagnostics** 选项面板中将最小步长错误诊断（**Min step size violation**）项设置为 **error**。若把第二个元素设置为-1，则表示可以有无限次警告，如果该参数输入的是标量值，那么-1 值也就是向量值中第二个元素的缺省值。因此，对于 **Min step size** 参数，其缺省值是：作为第一个元素的最小步长取决于计算机的精度，第二个元素为无限次的警告次数。

4．设置误差容限

Simulink 中的变步长解算器是根据积分误差来修改步长的，在步长计算过程中考虑了两个误差：相对误差和绝对误差。

相对误差（Relative tolerance）测量相对于每个状态的误差，它表示状态值的百分比，即状态的绝对误差除以状态值的百分比。相对误差的缺省值为 1e-3，也就是所计算的状态要精确在 0.1%内。

绝对误差（Absolute tolerance）是临界误差值，它是积分误差的绝对值，这个误差表示被测状态值趋近于零的程度。

如果用户指定相对误差和绝对误差的参数值为 **auto**（缺省值），那么 Simulink 会在初始时把每个状态的绝对误差设置为 1e-6，随着仿真过程的进行，Simulink 会把每个状态的绝对误差重新设置为状态所假设的最大值，即此时刻的状态与相对误差的乘积。用户也可以自己确定合适的设置值，为了确定一个合理的绝对误差值，可能需要多次运行仿真。

5.2.2 工作空间输入/输出设置

Simulink 自身提供了多种系统输入信号，但有时仍不能满足需要，因此 Simulink 允许使用用户自定义的信号作为系统输入信号。Simulink 的输入信号可以从 MATLAB 的工作空间获取，其仿真结果也可以保存至 MATLAB 的工作空间。选择 **Configuration Parameters** 对话框中 **Select** 选项区中的 **Data Import/Export** 选项，将显示数据输入/输出面板，如图 5-19 所示。用户可以在这个选项页内将仿真结果输出到工作空间中，也可以从工作空间中获得时间和输入变量。

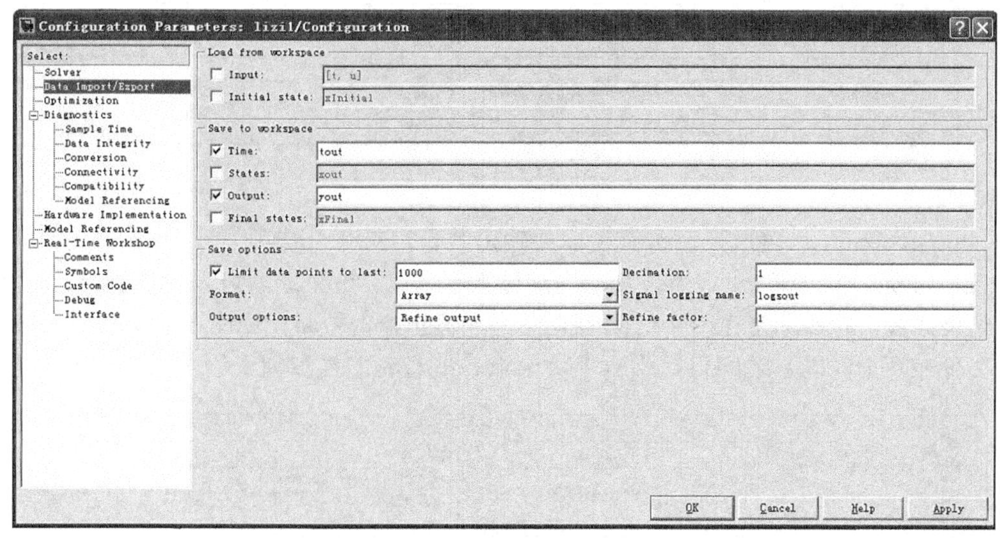

图 5-19 工作空间输入/输出设置

1. 从工作空间加载输入

在数据输入/输出选项面板的 **Load from workspace** 区域内选择 **Input** 复选框，设置系统输入信号，其格式为[t，u]，如图 5-19 所示。其中 t 和 u 均为列向量，t 为输入信号的时间向量，u 为相应时刻的信号取值。可以使用多个信号输入，如[t，u1，u2]。输入信号与 Simulink 的接口由 Inport 模块实现，Initial state 用来设置系统状态变量的初始值。

2. 仿真结果输出到工作空间

在数据输入/输出选项面板的“Save to workspace”区域内选择“Output”复选框，可以将系统的仿真结果、系统仿真时刻、系统的状态或指定的信号输出到 MATLAB 的工作空间，如图 5-20 所示，以便用户对其进行定量分析。

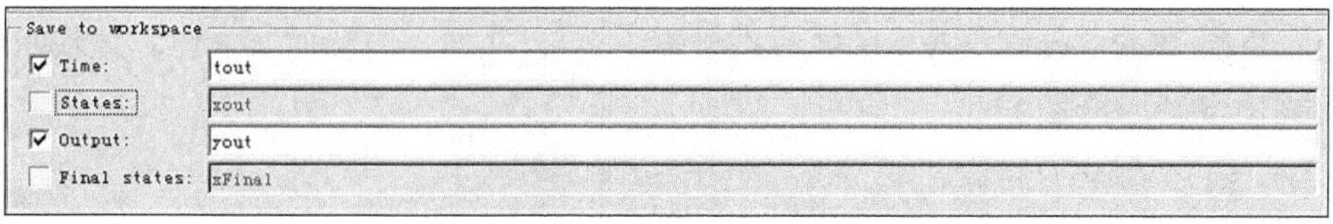

图 5-20 仿真结果输出至工作空间

Time：输出系统仿真时刻。

States：输出系统模型中的所有状态变量。

Output：输出系统模型中所有由 Output 模块表示的信号。

Final state：输出系统模型中的最终状态变量取值，即最后仿真时刻处的状态值。

3. 设置存往工作空间的有关选项

① Limit data points to last：表示输出数据的长度。

② Decimation：设定一个亚采样因子。它的缺省值为 1，也就是对每一个仿真时间点产生值都保存；若设为 2，则每隔一个仿真时刻保存一个值。

③ Format：表示输出数据类型，如图 5-21 所示。共有三种形式：Array（数组）、Structure（不带仿真时间变量的结构体）、Structure with Time （带有仿真时间变量的结构体）。

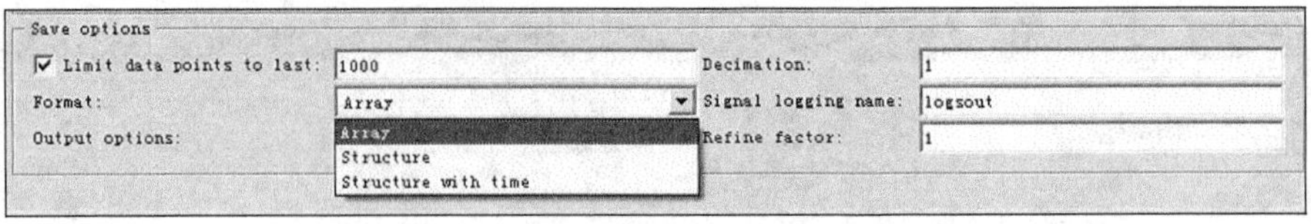

图 5-21　输出选项

④ Output options：可以控制仿真生成的输出数目，有三个选项。

Refine output（精细输出）：当仿真输出结果太粗糙时，这个选项可以提供额外的输出点，以平滑结果曲线，它实际是在两个时间步之间增加输出点的数目，如图 5-22 所示。例如，精细因子 2 可在两个时间步之间再提供一个输出点。缺省时的精细因子为 1。

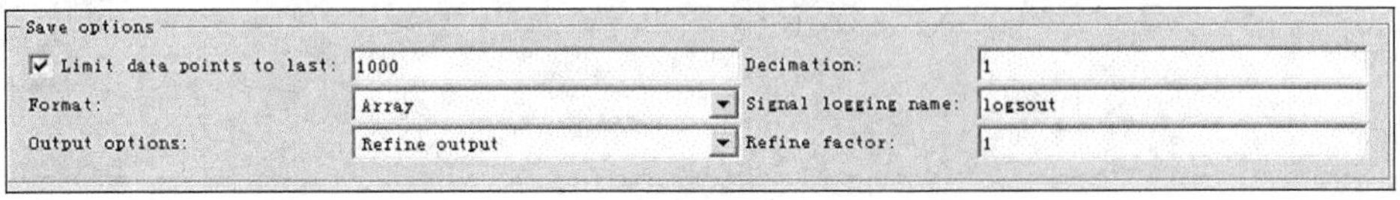

图 5-22　精细输出

Produce additional output（生成附加输出）：这个选项可以使用户直接指定算法生成附加输出点的时间。当选择这个选项时，Simulink 会在 **Save options** 选项区内显示一个 **Output times** 文本框，如图 5-23 所示。用户可以在这个区域内输入求取附加点时刻的 MATLAB 表达式，或者直接输入附加点时刻向量，算法会使用连续扩展公式在这些附加时刻生成附加点。

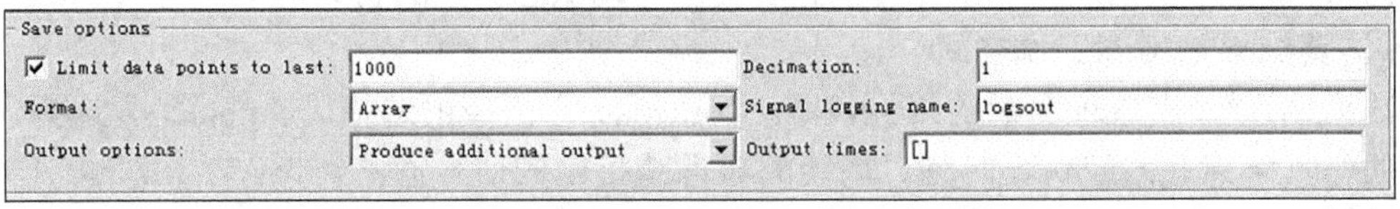

图 5-23　生成附加输出

Produce specified output only（只生成指定输出）：只在仿真起始时间、仿真结束时间和用户指定的输出时刻提供输出。

5.2.3　输出信号的显示

仿真结果可以以数据的形式保存在文件中，也可以用图形的方式直观地显示出来。可以用下面几种方法绘制模型的输出轨迹。

1. 使用 Scope 模块

Scope 模块是示波器模块，用户可以在仿真运行期间打开 Scope 模块，也可以在仿真结束后打开模块观察输出轨迹。

Scope 模块显示对应于仿真时间的输入信号，它可以有多个坐标轴系（即每个输入端口对应于一个坐标轴），所有的坐标轴系都对应独立的 y 轴，但 x 轴的时间范围是相同的，用户可以调整需要显示的时间范围和输入值范围。如果信号是连续的，则 Scope 会生成点—点的曲线；如果信号是离散的，则 Scope 会生成阶梯状曲线。此外，用户还可以在仿真运行期间移动 Scope 窗口或改变窗口的大小，或更改 Scope 窗口的参数值。Scope 窗口中工具栏按钮的功能如图 5-24 所示。

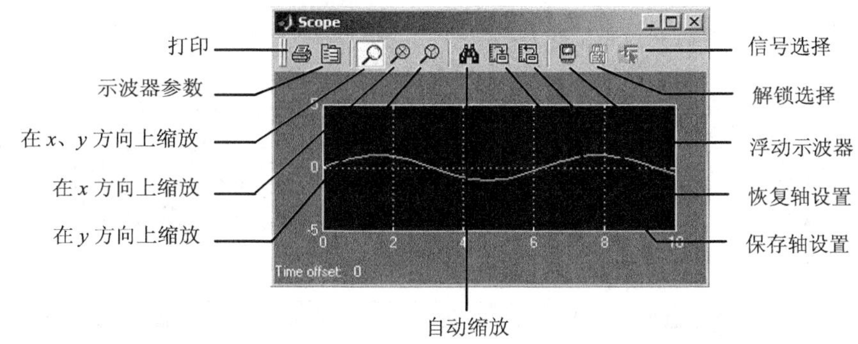

图 5-24　示波器工具栏按钮的功能

悬浮 Scope 是不带输入端口的模块，它可以在仿真过程中显示任何一个被选择的信号，使用悬浮 Scope，应首先打开示波器窗口，若要显示某个输入信号线上的信号，可选择这个线，在按下 Shift 键的同时选择其他信号，可以同时显示多个信号。

2. XY Graph 模块

XY Graph 模块：有两个标量输入，把第一个输入作为 X 轴数据，第二个输入作为 Y 轴数据，利用 MATLAB 的图形窗口绘制信号的 X—Y 曲线。X 轴和 Y 轴的坐标范围可以在模块的参数对话框内设置，超出指定范围的数据在图形窗口中不显示。

3. 使用 To Workspace 模块

To Workspace 模块可以把模块中设置的输出变量写入 MATLAB 工作空间，并用 MATLAB 的绘图命令绘制结果曲线。注意：To Workspace 模块可以把任意数据类型的输出值保存到 MATLAB 工作空间中，但不包括 int64 和 uint64 类型。

4. 使用 Out 模块

用户可以把仿真结果返回到所定义的工作区变量中，然后利用 MATLAB 的绘图命令显示和标注输出数据曲线。

5.3 启动系统仿真

从 Simulation 中选择“Start”菜单项或单击模型编辑窗口中的“Start Simulation”命令按钮，便可启动对当前模型的仿真。此时，“Start”菜单项变成不可选，而“Stop”菜单项变成可选，以供中途停止仿真使用。从 Simulation 菜单中选择“Stop”项停止仿真后，“Start”项又变成可选。

【例 5-2】 建立图 5-25 所示的双路积分模型，实现工作空间的输入和输出，以及输出信号的显示。

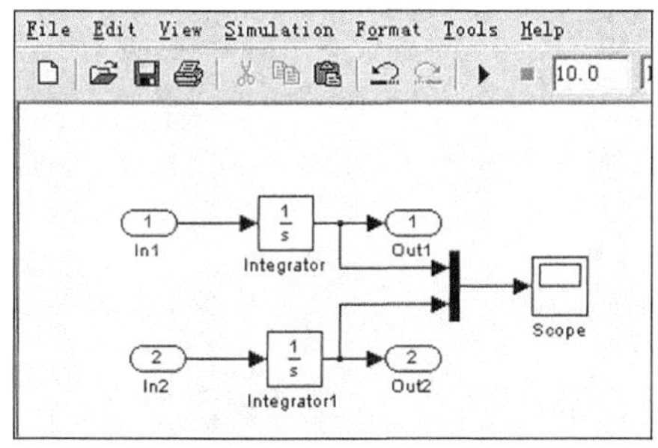

图 5-25　双路积分模型

该仿真模型的输入来自于工作空间，因此，在运行仿真前，首先需要生成系统输入信号与状态初始值，在 MATLAB 命令窗口中键入如下命令：

```
>> t=0:0.1:10; t=t';
>> u1=sin(t);
>> u2=cos(t);
>> xInitial=[1,2];
```

对 Data Import/Export 项进行图 5-26 所示的设置。

Load from workspace
☑ Input: [t, u1, u2]
☑ Initial state: xInitial
Save to workspace
☑ Time: tout
☑ States: xout
☑ Output: yout
☑ Final states: xFinal
Save options
☑ Limit data points to last: 1000　Decimation: 1
Format: Array　Signal logging name: logsout

图 5-26　Data Import/Export 设置

运行仿真，输出结果如图 5-27 所示。

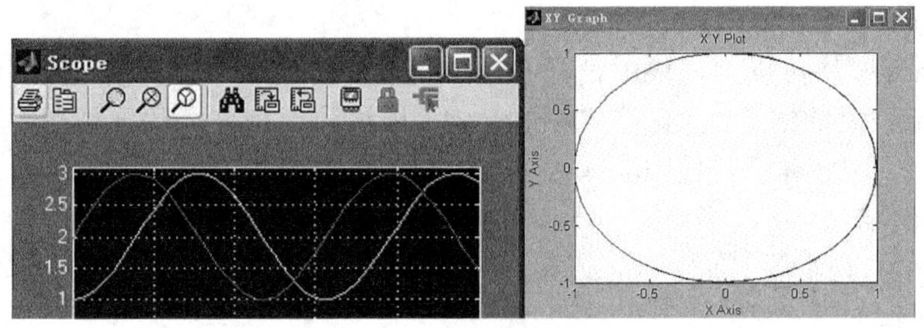

图 5-27　输出结果

利用返回到工作空间的变量来绘制输出曲线，在 MATLAB 命令窗口中键入如下命令：

```
>> plot (tout, yout);
```

输出结果如图 5-28 所示。

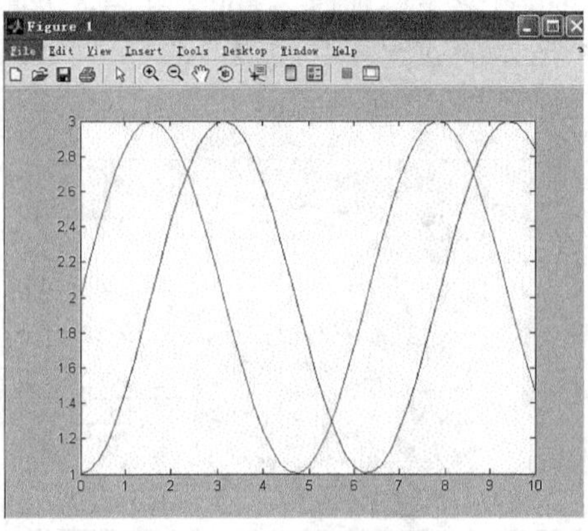

图 5-28　输出结果

5.4 子系统的创建及封装

随着系统规模和复杂性的增加，Simulink 模型中模块的数量也在不断增加，为了更易于辨识系统，方便管理和使用，通常需要将部分模块按某些指标组合成一个新的模块，即建立并封装子系统，通过封装子系统使得模型更简单、层次更清晰。

1. 子系统的创建

建立子系统的方法有两种：通过子系统模块创建子系统；组合已有的模块创建子系统。

（1）通过子系统模块创建子系统

通过 Simulink 常用模块库中的子系统模块（Subsystem）创建的步骤如下。

① 在“Simulink Library Brower”中打开 Simulink 库，从 Ports&Subsystems 库中选取合适的 Subsystem，并拖至模型窗口中。

② 双击 Subsystem 模块，打开“Subsystem”窗口。

③ 将要组合的模块拖到“Subsystem”窗口中，然后在该窗口中加入 Import 模块，表示从子系统外部到内部的输入，加入 Outport 模块表示从子系统内部到外部的输出，并把这些模块按顺序连接起来，子系统就建立成功了。

（2）组合已有的模块创建子系统

如果用户创建完了一些模块，又想把这些模块组合成子系统，其操作步骤如下。

首先，选中待组合的所有模块，然后，单击“Edit”菜单或单击鼠标右键，在弹出的快捷菜单中执行“Create Subsystem”命令，子系统就创建成功了。图 5-29 中的 Subsystem 图标为“三角波产生器模型”创建的子系统，其中三角波产生器模型如图 5-30 所示。

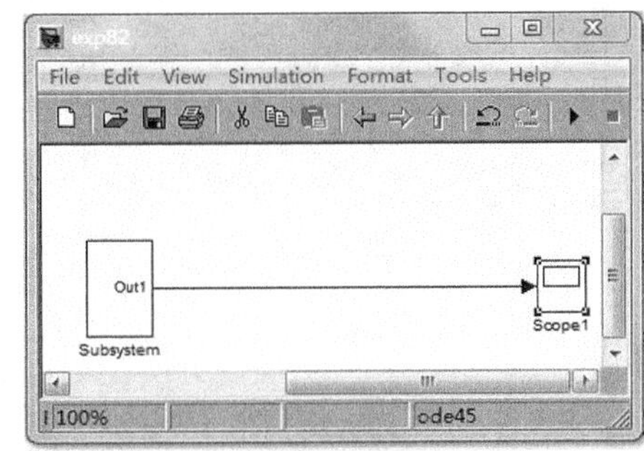

图 5-29 子系统

2. 子系统的封装

封装子系统和创建子系统是两个不同的概念。创建子系统是将一组完成某一功能的模块包含到一个子系统中，用创建一个模块来表示，主要是为了简化 Simulink 模型，增强可读性，便于分析和仿真。在使用建立的子系统仿真前，需要打开子系统模型窗口，对其中的每个模块分别进行参数设置。创建子系统虽然增强了 Simulink 模型的可读性，但并没有简化模型的参数设置。封装子系统则是将相关模块集合在一起，并对其中经常要设置的参数设置为变量，然后封装，将子系统内众多的模块参数对话框集成为一个单独的对话框，使得变量可以在封装系统的参数设置对话框中进行统一设置，大大简化了参数的设置，而且不容易出错，有利于进行复杂的大型系统仿真。

封装的子系统可以作为用户的自定义模块，像普通模块一样添加到 Simulink 中应用，也可以添加到模块库中供调用。封装后的子系统可以定义自己的图标、参数和帮助文档（创建者自己编写），完全与 Simulink 其他普通模块一样。双击封装子系统模块，弹出对话框，进行参数设置。

封装的过程：选中子系统模块，在“Edit”菜单下执行“Mask Subsystem”命令，这时将弹出“Mask Editor”封装编辑器对话框，设置好对话框的参数，模块的封装就成功了。“Mask Editor”对话框包括 4 项：Icon（图标）、Parameters（参数）、Initialization（初始化）

和 Documentation（文本）。

以三角波发生器模块的系统模型为例介绍封装过程。图 5-30 包括三角波发生器模型、创建的子系统模型和“Mask Editor”封装编辑器对话框。封装编辑对话框中需要设置的参数如下。

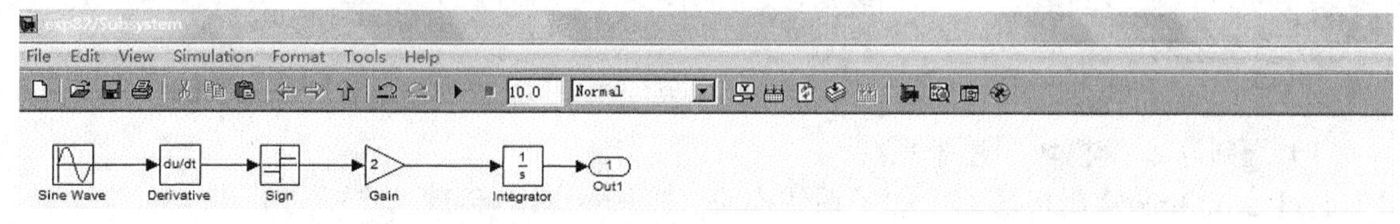

(a)

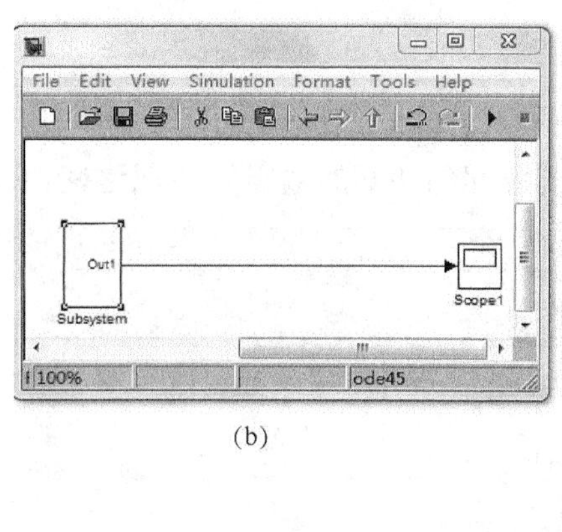

(b)

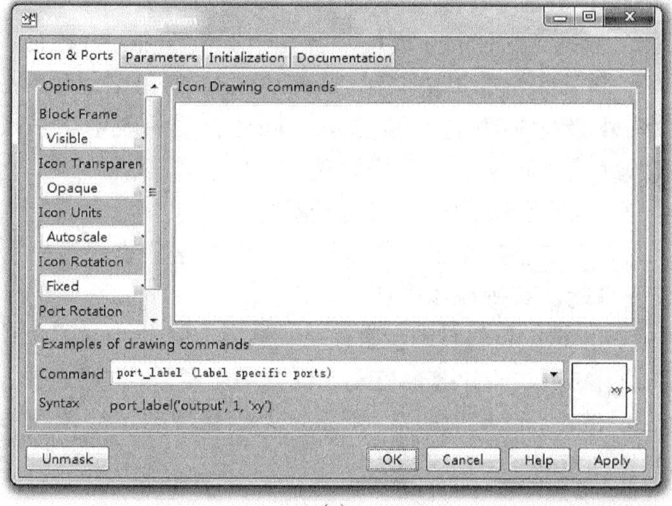

(c)

图 5-30　封装子系统

（1）图标设置

如图 5-30 所示，在图标设置对话框中，有 Block Frame（边框）、Icon Tranparency（图标透明度）、Icon Units（图标单元）、Command（命令）等可设置封装图标特性的下拉式菜单。此外，可以在 Icon Drawing commands 命令框中输入命令，建立个性化图标，表明模块功能。可采用的命令包括如下几种。

① disp(variable/'text')：在图标中显示变量 variable 的值或字符串 text。

② text(x,y, variable/' text')：在图标的（*x*，*y*）点处显示变量 variable 的值或字符串 text。

③ fprintf('string')：在图标中显示字符串。

④ fprintf('format', variable)：在图标中显示变量 variable 的值。其中，format 可以指定变量值的显示格式。

⑤ plot(x,y)：按照（*x*，*y*）绘制图形作为图标。

⑥ image(p)：按三维数组 p 绘制图像作为图标。

本例中，采用 disp 命令给图标的功能做说明，如图 5-31 所示。

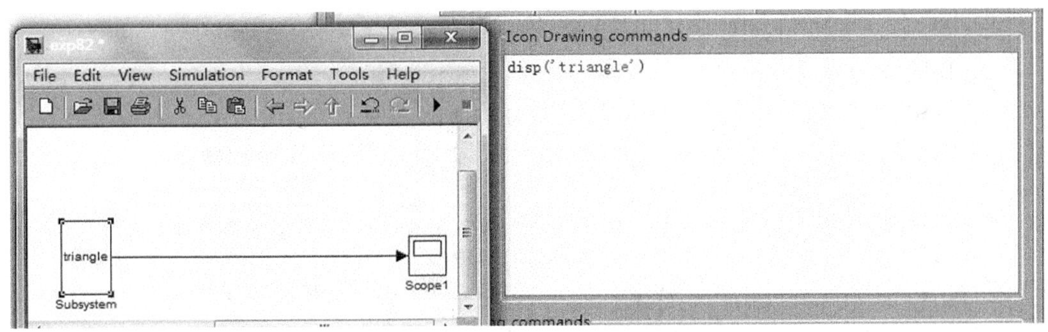

图 5-31 三角波发生器封装子系统

（2）参数设置

单击图 5-30 中“Mask Editor”封装编辑器对话框的“Parameters”按钮，可以打开参数设置页面，如图 5-31 所示，在此页面可以定义参数的名称及变量名等。在参数编辑框中，“Prompt”是描述参数的文本，即提示符；“Variable”是用来存储参数值的变量名；“Type”用于决定对话框中的参数值是如何输入的；选择“Evaluate”复选框表示用户输入的内容先由 MATLAB 计算，再将结果赋值给相关变量，否则用户输入的内容不经过计算，以字符串格式直接赋给相关变量；选中“Tunable”复选项，允许输入值在仿真过程中发生改变。具体设置方法如下。

单击图标，增加一行空白编辑框用来添加变量。在本例中子系统的变量包括：正弦波频率设为 f，增益 Gain 的值设为 k，如图 5-32 所示，这样封装后就可以通过双击图标改变这两个参量的值，如图 5-33 所示。

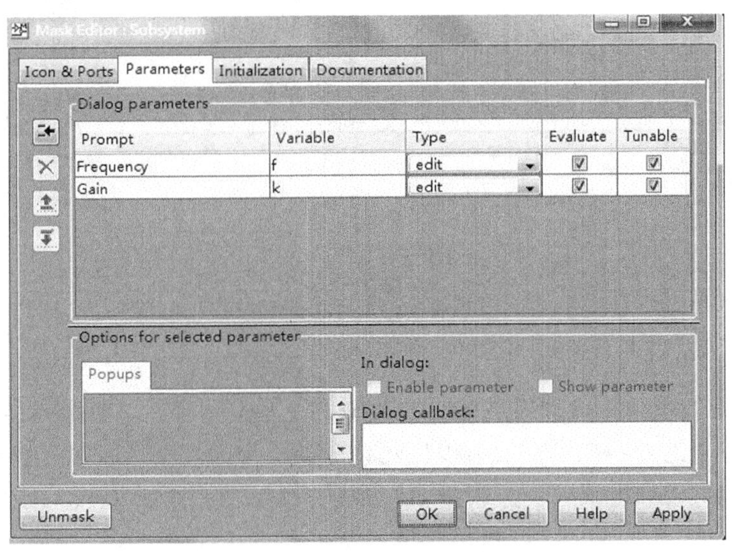

图 5-32 封装子系统参数设置

（3）初始化设置

单击图 5-30 中“Mask Editor”封装编辑器对话框的“Initialization”按钮打开编辑器的初始化页面，如图 5-34 所示。左边的“Dialog variables”显示在参数页设置好的子系统封装参数，本例中显示变量 f 和 k；右边的“Initialization commands”中可以进行编辑，初始化命令中可以输入 MATLAB 语句，如定义变量、初始变量等。

（4）封装模块的描述和帮助说明文本

单击图 5-30 中“Mask Editor”封装编辑器对话框的“Documentation”，就可进入图 5-35 所示的定义模块的说明和帮助文档，包括模块的封装类型、模块描述和帮助文本。

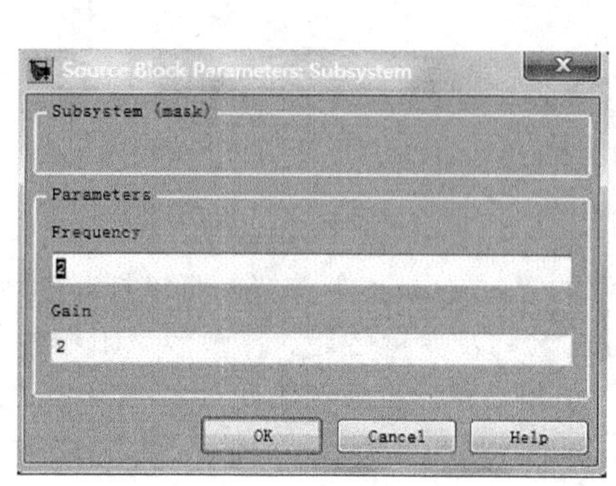

图 5-33　封装后的参数

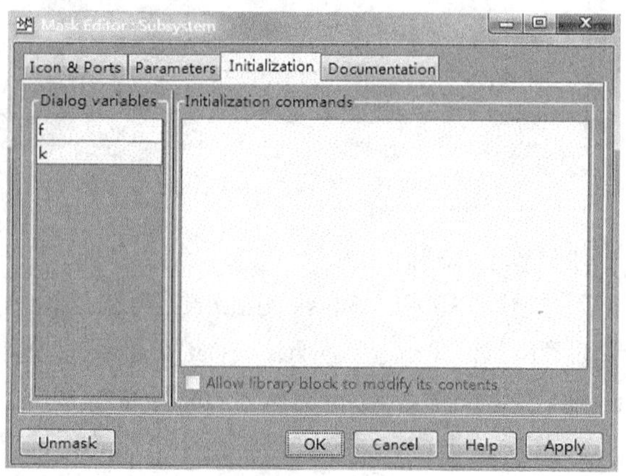

图 5-34　初始化页面

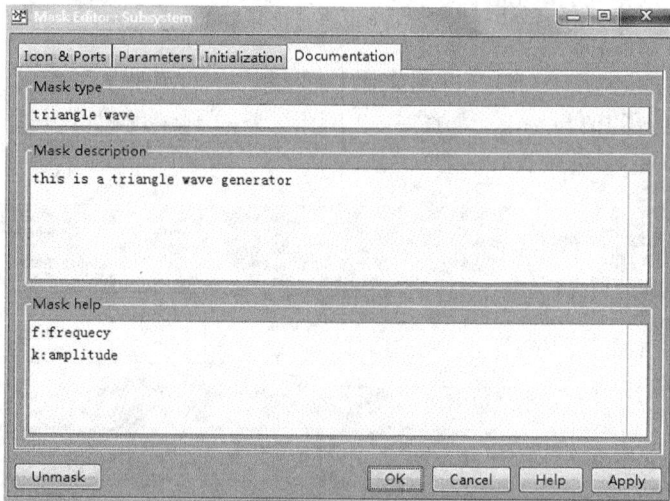

图 5-35　封装模块描述和说明

文本框“Mask Type”中设置模块的封装类型，没有实际意义。在“Mask description”中输入描述文本，输入的内容显示在封装模块对话框的上部，文本一般是对模块目的或功能的描述。“Mask help”中是帮助文本，当单击封装模块对话框中的“Help”按钮时，将显示输入的内容。

5.5　综合实例

直接序列扩频的发射机结构如图 5-36 所示。设数据传输速率 100bit/s，扩频码片速率为 1000chip/s，采用 m 序列作为扩频序列，以 BPSK 为调制方式，试建立扩频系统发射机的仿真模型，通过仿真观察其数据波形、扩频输出波形及扩频调制输出的频谱。

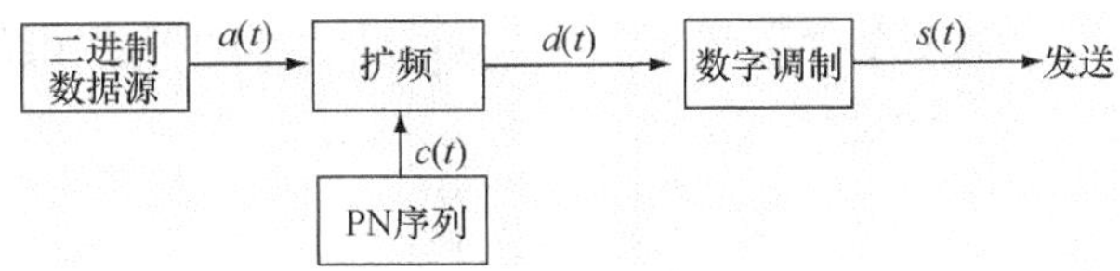

图 5-36 直接序列扩频系统大发射机

仿真模型如图 5-37 所示，“Bernoulli Binary Generator”产生数据流，其采样时间设置为 0.01 秒，这样输出的数据速率为 100bit/s。“PN Sequence Generator”产生伪随机扩频序列，其采样时间设置为 0.001 秒，这样输出的码片速率为 1000chip/s。为了使得扩频模块（乘法器）上的数据采样速率相同，需要对数据流进行升速率处理“Rate Transition”。产生的数据流为“0、1 二进制序列”，需要将单极性码转换成双极性码，采用“Unipolar to Biploar Converter”。“Unipolar to Bipolar Converter”完成数据和扩频序列的双极性变换。乘法器输出即为扩频输出，扩频输出信号以 BPSK 方式进行调制。

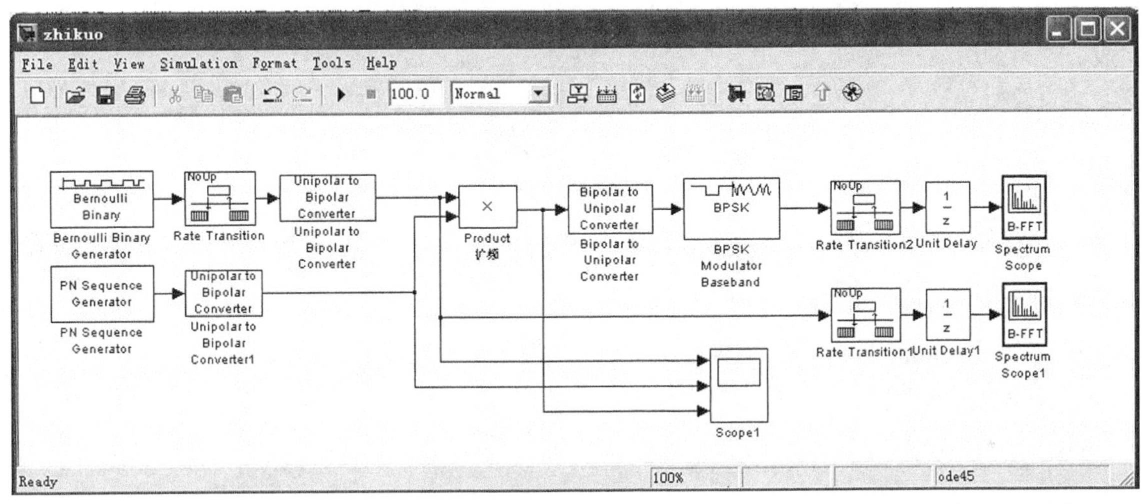

图 5-37 直扩系统发射机的模型

示波器显示的是仿真输出的时域波形，如图 5-38 所示，图中显示了数据流、PN 序列以及扩频输出信号的波形，当数据为+1 时，扩频输出就是对应的 PN 序列，当数据为-1 时，扩频输出的是 PN 序列的反相结果。两个频谱仪将分别显示扩频前后的信号频谱，如图 5-39 和图 5-40 所示。

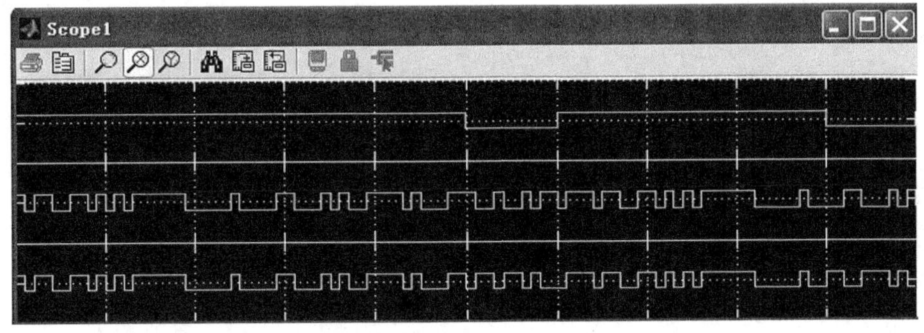

图 5-38 输入的数据、PN 码和扩频输出的信号波形

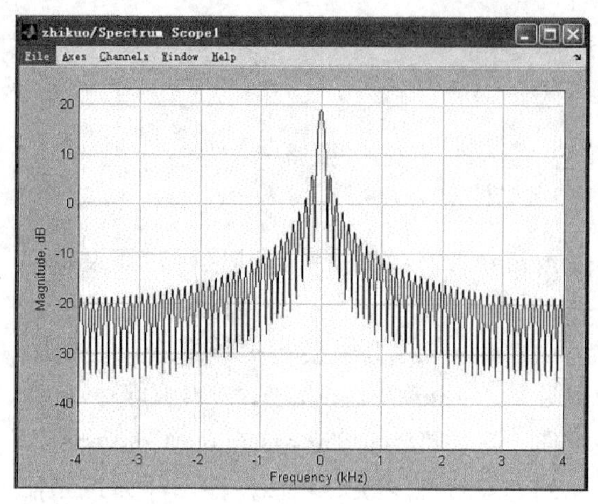

图 5-39　扩频前信号的频谱

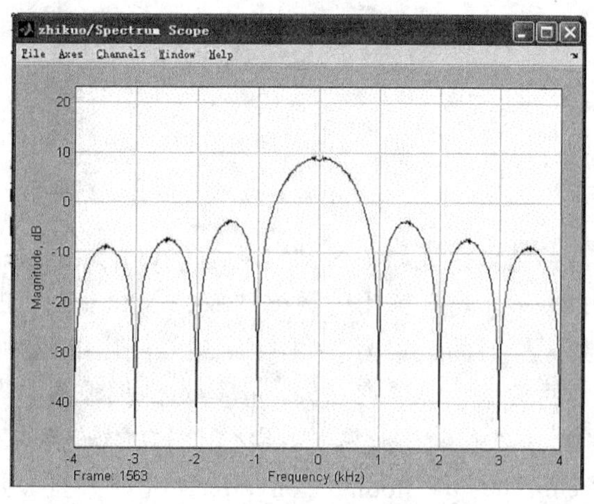

图 5-40　扩频后信号的频谱

对图 5-37 所示的发射机模型进行封装得到发射机子系统“CDMA Trans”，请读者自行完成。

习　　题

5-1　已知系统的开环传递函数为 $H(s)=\dfrac{2}{(s+1)(s+2)(s+4)}$，用 Simulink 求取其单位冲激响应和单位阶跃响应，并用示波器显示出来。

5-2　利用 Simulink 求解微分方程 dx=2x+1，将 x 用示波器显示出来。

5-3　利用 Simulink 构建函数曲线 $y=2x^2-4x+10$。

5-4　有初始状态为 0 的二阶微分方程 $\dfrac{\mathrm{d}^2x}{\mathrm{d}t^2}+0.2\dfrac{\mathrm{d}x}{\mathrm{d}t}+0.4x=0.2u(t)$，其中 $u(t)$ 是单位阶跃函数，试建立系统模型并仿真。

5-5　设模拟基带信号的频带为（0，200Hz），对其进行采样的序列为均匀间隔的窄脉冲串，为保证无失真采样，最低采样率设计为 400 次/秒。试利用 Simulink 实现信号的采样和恢复并观察采样前后及恢复信号的波形和频谱。

第6章 MATLAB在电路中的应用

随着电路复杂度的提高，求解电路问题的方程个数也逐渐增多，给运算带来一定的困难。由于 MATLAB 具有强大的矩阵运算能力、可视化的仿真环境和丰富的工具箱，因此在处理电路分析问题上，与其他语言相比，编程更加简洁，运算更加快速。

6.1 电阻电路

电阻电路是指电路中除了电压源、电流源之外，只含有电阻元件的电路。根据 KVL（基尔霍夫电压定律）、KCL（基尔霍夫电流定律）导出的一切分析方法都可用于分析电阻电路，如支路电流法、节点电压法、回路电流法、戴维南定理、诺顿定理等。

【例 6-1】 在图 6-1 所示的电路中，$R_1 = 2\Omega$，$R_2 = 5\Omega$，$R_3 = R_4 = 1\Omega$，$R_5 = 10\Omega$，$i_{s1} = 1\text{A}$，$i_{s2} = 3\text{A}$，求各支路电流。

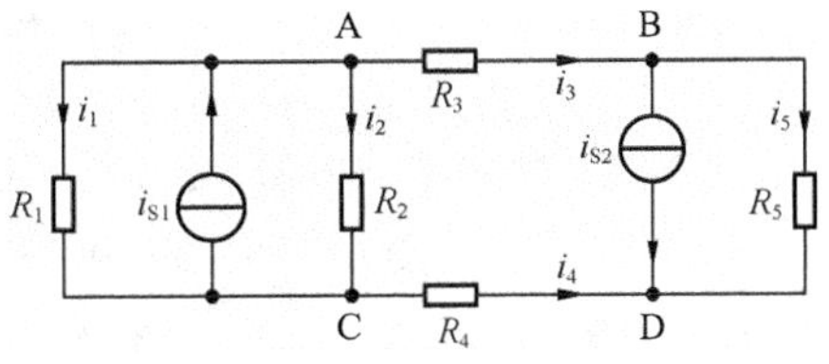

图 6-1 【例 6-1】电路图

解：采用节点法，选 D 为参考节点，设 A、B、C 节点电压分别为 u_A、u_B、u_C，电路的节点电压方程为

$$\begin{cases} \left(\dfrac{1}{R_1}+\dfrac{1}{R_2}+\dfrac{1}{R_3}\right)u_A-\left(\dfrac{1}{R_3}\right)u_B-\left(\dfrac{1}{R_1}+\dfrac{1}{R_2}\right)u_C=i_{s1} \\ -\left(\dfrac{1}{R_3}\right)u_A+\left(\dfrac{1}{R_3}+\dfrac{1}{R_5}\right)u_B=-i_{s2} \\ -\left(\dfrac{1}{R_1}+\dfrac{1}{R_2}\right)u_A+\left(\dfrac{1}{R_1}+\dfrac{1}{R_2}+\dfrac{1}{R_4}\right)u_C=-i_{s1} \end{cases}$$

写成矩阵形式为

$$\begin{bmatrix} \dfrac{1}{R_1}+\dfrac{1}{R_2}+\dfrac{1}{R_3} & -\dfrac{1}{R_3} & -\left(\dfrac{1}{R_1}+\dfrac{1}{R_2}\right) \\ -\dfrac{1}{R_3} & \dfrac{1}{R_3}+\dfrac{1}{R_5} & 0 \\ -\left(\dfrac{1}{R_1}+\dfrac{1}{R_2}\right) & 0 & \dfrac{1}{R_1}+\dfrac{1}{R_2}+\dfrac{1}{R_4} \end{bmatrix}\begin{bmatrix} u_A \\ u_B \\ u_C \end{bmatrix}=\begin{bmatrix} i_{s1} \\ -i_{s2} \\ -i_{s1} \end{bmatrix}$$

可写成：
$$AU = B$$
则：
$$U = A^{-1}B$$

求出各节点电压后，即可求出支路电流：$i_1 = \frac{u_A - u_C}{R_1}$，$i_2 = \frac{u_A - u_C}{R_2}$，$i_3 = \frac{u_A - u_B}{R_3}$，$i_4 = \frac{u_C}{R_4}$，$i_5 = \frac{u_B}{R_5}$。

MATLAB 程序如下。

```
R1=2;R2=5;R3=1;R4=1;R5=10; is1=1;is2=3;                     %设定电路参数
a11=1/R1+1/R2+1/R3;a12=-1/R3;a13=-(1/R1+1/R2);
a21=-1/R3;a22=1/R3+1/R5;a23=0;
a31=-(1/R1+1/R2);a32=0;a33=1/R1+1/R2+1/R4;
A=[a11,a12,a13;a21,a22,a23;a31,a32,a33];                    %设定系数矩阵 A
B=[is1 -is2 -is1]';                                         %设定系数向量 B
U=A\B;                                                      %解出 U
uA=U(1);uB=U(2);uC=U(3);                                    %得出各节点电压
i1=(uA-uC)/R1                                               %求各支路电流，并显示出来
i2=(uA-uC)/R2
i3=(uA-uB)/R3
i4=uC/R4
i5=uB/R5
```

程序运行结果为：i1 =–0.957 4，i2 =–0.383 0，i3 =2.340 4，i4 =–2.340 4，i5 =–0.659 6。即 i_1=–0.957 4A，i_2=–0.383 0A，i_3=2.340 4A，i_4=–2.340 4A，i_5=–0.659 6A。

【例 6-2】 在图 6-2 所示的电路中，$R_1 = 2\Omega$，$R_2 = 4\Omega$，$R_3 = 6\Omega$，$u_s = 2V$，$g = 3$，$r = 2$，求 i_2 和 u_2。

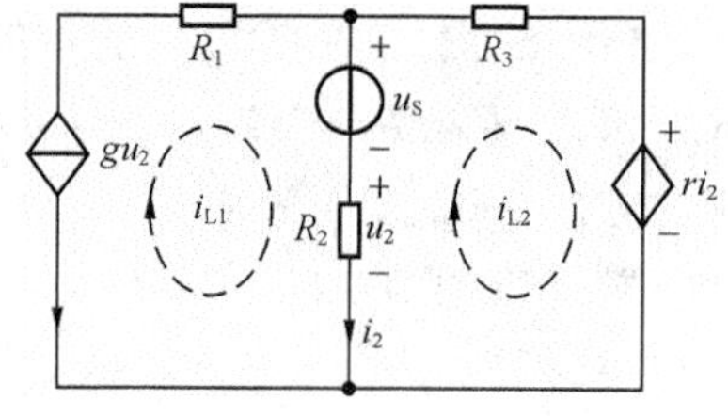

图 6-2 【例 6-2】电路图

解：采用网孔法，列写网孔方程：

$$\begin{cases} -R_2 i_{L1} + (R_2 + R_3) i_{L2} = u_s - r i_2 \\ i_{L1} = -g u_2 \end{cases}$$

补充方程为

$$\begin{cases} u_2 = (i_{L1} - i_{L2}) R_2 \\ i_2 = i_{L1} - i_{L2} \end{cases}$$

将变量移到等式的左端，得

$$\begin{cases} -R_2 i_{L1} + (R_2 + R_3) i_{L2} + r i_2 = u_s \\ i_{L1} + g u_2 = 0 \\ i_{L1} R_2 - i_{L2} R_2 - u_2 = 0 \\ i_{L1} - i_{L2} - i_2 = 0 \end{cases}$$

写成矩阵形式为

$$\begin{bmatrix} -R_2 & R_2 + R_3 & r & 0 \\ 1 & 0 & 0 & g \\ R_2 & -R_2 & 0 & -1 \\ 1 & -1 & -1 & 0 \end{bmatrix} \begin{bmatrix} i_{L1} \\ i_{L2} \\ i_2 \\ u_2 \end{bmatrix} = \begin{bmatrix} u_s \\ 0 \\ 0 \\ 0 \end{bmatrix}$$

看成 $AX = B$，可解得 i_2 和 u_2。

MATLAB 程序如下。

```
R1=2;R2=4;R3=6;us=2;g=3;r=2;                        %输入电路参数
A=[-R2 R2+R3 r 0;1 0 0 g;R2 -R2 0 -1;1 -1 -1 0];    %设定系数矩阵 A
B=[us 0 0 0]';                                      %设定系数向量 B
X=A\B;                                              %解出 U
i2=X(3),u2=X(4)                                     %得到 i2 和 u2
```

程序运行结果：i2 =–0.025 0，u2 = –0.100 0。即 i_2=–0.025A，u_2 = –0.1V。

【例 6-3】 戴维南定理。电路如图 6-3 所示，已知 $u_{s1}=6\text{V}$，$u_{s2}=12\text{V}$，$u_{s3}=4\text{V}$，$R_1=3\Omega$，$R_2=6\Omega$，$R_3=1\Omega$，$R_4=1\Omega$，求电流 i。

解：求解其戴维南等效电路，先求 R_4 两端的开路电压，将 R_4 两端开路后的电压如图 6-4 所示。

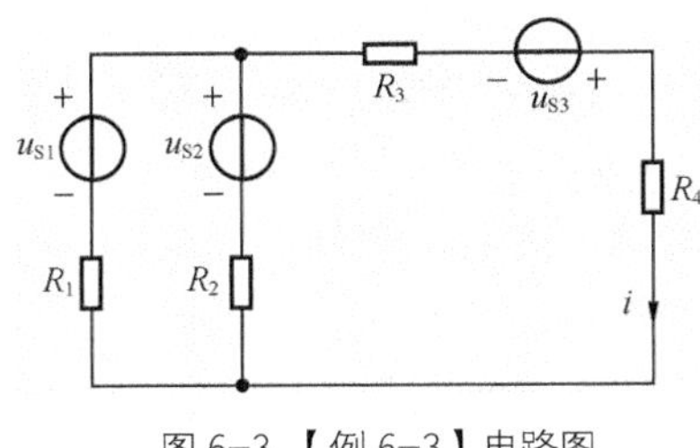

图 6-3 【例 6-3】电路图

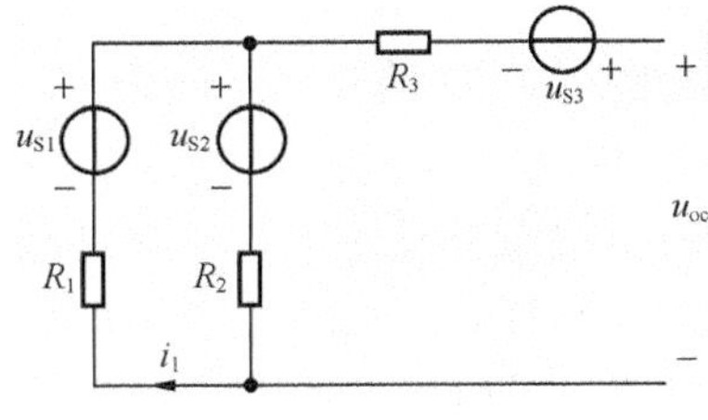

图 6-4 将 R_4 两端开路后的电路

列写方程：

$$\begin{cases} u_{oc}=u_{s2}+u_{s3}+R_2 i_1 \\ (R_1+R_2)i_1+u_{s2}=u_{s1} \end{cases}$$

即

$$\begin{cases} u_{oc}-R_2 i_1=u_{s2}+u_{s3} \\ (R_1+R_2)i_1=u_{s1}-u_{s2} \end{cases}$$

改写成矩阵形式为

$$\begin{bmatrix} 1 & -R_2 \\ 0 & R_1+R_2 \end{bmatrix}\begin{bmatrix} u_{oc} \\ i_1 \end{bmatrix}=\begin{bmatrix} u_{s2}+u_{s3} \\ u_{s1}-u_{s2} \end{bmatrix}$$

求得开路电压 u_{oc}。

再求等效电阻 R_0，电压源全部短路，可得 $R_0=R_1\,\|\,R_2+R_3$。

已知 u_{oc} 和 R_0 后，就可画出戴维南等效电路，求出 i。

MATLAB 程序如下。

```
us1=6;us2=12;us3=4;R1=3;R2=6;R3=1;R4=1;     %输入电路参数
A=[1 -R2;0 R1+R2];                          %设定系数矩阵 A
B=[us2+us3 us1-us2]';                       %设定系数向量 B
X=A\B;                                      %解出 X
uoc=X(1),                                   %求出开路电压
R0=1/(1/R1+1/R2)+R3,                        %求等效电阻
i=uoc/(R0+R4),                              %求得 i
```

程序运行结果为：uoc =12，R0 =3，i =3。即电流 i =3A。

6.2 动态电路

含有电容、电感等动态元件（也称储能元件）的电路称为动态电路。只含有一个储能元件的电路称为一阶电路。在动态电路中，当换路时（如电源或某元件的接入或断开），由于动态元件的电磁场能量在一般情况下不能突变，所以满足换路定律：$u_C(t_0^+)=u_C(t_0^-)$，$i_L(t_0^+)=i_L(t_0^-)$。电路的全响应是指换路后初始状态和输入均不为零时电路的响应，它是由电路的初始状态和输入两者共同引起的响应，常采用三要素法求一阶电路的响应，三要素指的是待求变量的初值、稳态值和时间常数。

设某一阶电路在 $t=0$ 时换路，换路后电路中电源为恒定值或无电源，$x(t)$ 是电路在任何情况下的任一具体响应，它可以是电路中任何一处的电压或电流，根据三要素法有

$$x(t)=x(\infty)+[x(0_+)-x(\infty)]\mathrm{e}^{-t/\tau}\quad (t\geqslant 0)$$

其中 $x(0_+)$ 是 $x(t)$ 的初值，$x(\infty)$ 是 $x(t)$ 的稳态值，τ 是电路的时间常数。对于 RC 电路，$\tau=RC$；对于 RL 电路，$\tau=L/R$。这里 R 是从电容或电感两端看所余网络的等效内阻。

【例 6-4】 三要素法求解一阶动态电路。电路如图 6-5 所示，已知 $R_1=5\Omega$，$R_2=3\Omega$，$R_3=2\Omega$，$C=0.2\mathrm{F}$，$i_s=2\mathrm{A}$，换路前已经达到稳态，求换路后的 i 和 u，并画出它们的波形。

解：换路前，电容可看作开路，$u_C(0_-)=i_s\times(R_1+R_2)$，根据换路定律，得换路后电容的初始电压为

$$u_C(0_+)=u_C(0_-)$$

$t=0_+$ 时刻的电路如图 6-6 所示，可得 $R_2i(0_+)+R_3(i(0_+)+i_s)=-u_C(0_+)$，则可求得 $i(0_+)$ 和 $u(0_+)=-R_2i(0_+)$。

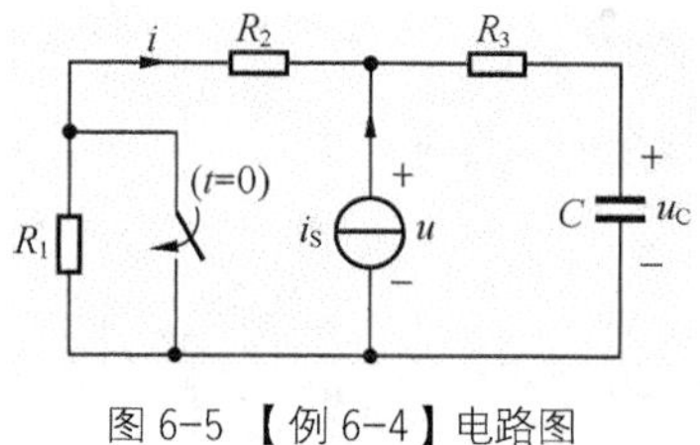

图 6-5 【例 6-4】电路图

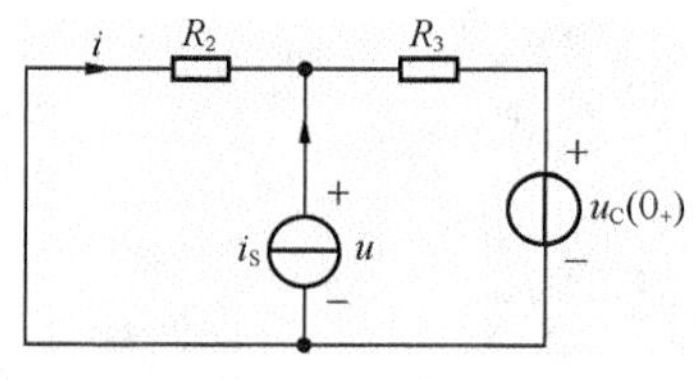

图 6-6 $t=0_+$时刻电路

当 $t\to\infty$ 时电容可看作开路，则 $i(\infty)=-i_s$，$u(\infty)=R_2i_s$。

$$\tau=R_{eq}\cdot C=(R_2+R_3)\cdot C$$

根据三要素公式可求得换路后的 i 和 u。

MATLAB 程序如下。

```
R1=5;R2=3;R3=2;is=2;C=0.2;                %设定电路参数
uc0=is*(R1+R2);                            %计算 uc 的初始值
i0=(-uc0-is*R3)/(R2+R3);                   %计算 i 的初始值
u0=-R2*i0;                                 %计算 u 的初始值
il=-is;                                    %i 的稳态值
ul=is*R2;                                  %u 的稳态值
t=0:0.1:10;                                %设定时间数组
tao=C*(R2+R3);                             %计算时间系数
i=il+(i0-il)*exp(-t/tao);                  %三要素法求解 i
```

```
u=ul+(u0-ul)*exp(-t/tao);                              %三要素法求解 u
subplot(2,1,1),plot(t,i);xlabel('t'),ylabel('i');      %画出 i 的变化曲线
axis([0 10 -4 -1.8]);grid;
subplot(2,1,2),plot(t,u);xlabel('t'),ylabel('u');      %画出 u 的变化曲线
axis([0 10 5 12]);grid;
```

运行程序，得到换路后 i 和 u 的变化曲线，如图 6-7 所示。

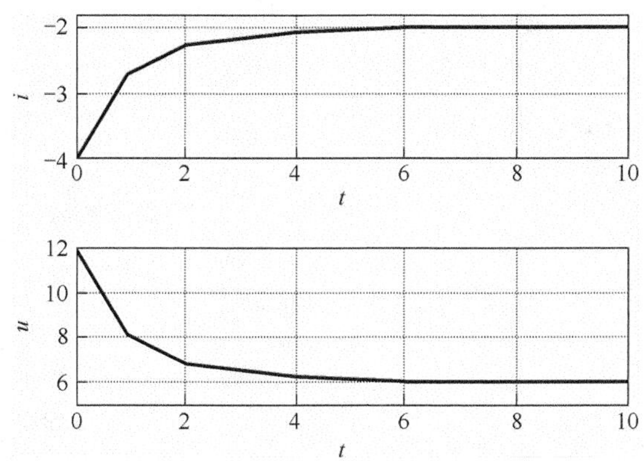

图 6-7 【例 6-4】的程序运行结果

【例 6-5】 电路如图 6-8 所示，已知 $u_s = 5\text{V}$，$R_1 = 3\Omega$，$R_2 = 1\Omega$，$C = 1\text{F}$，$t_1 = 0$，$t_2 = 1\text{s}$，$u_c(0_-) = 0$，求 $u_C(t)$ 和 $i(t)$ $(t \geqslant 0)$。

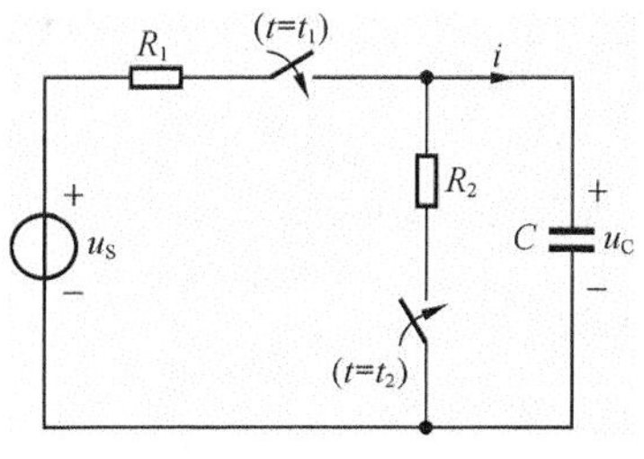

图 6-8 【例 6-5】电路图

解： $t = t_1 = 0$ 时刻第一次换路：

$$u_C(0_+) = u_C(0_-) = 0\text{，}\ i(0_+) = \frac{u_s}{R_1}$$

$$u_C(\infty) = u_s\text{，}\ i(\infty) = 0$$

$$\tau = R_1 C$$

当 $0 \leqslant t \leqslant 2$ 时，根据三要素公式：

$$u_C(t) = u_C(\infty) + [u_C(0_+) - u_C(\infty)]\mathrm{e}^{-t/\tau}$$

$$i(t) = i(\infty) + [i(0_+) - i(\infty)]\mathrm{e}^{-t/\tau}$$

即可求得求 $u_C(t)$ 和 $i(t)$。

$t = t_2 = 2$ 时刻第二次换路：

$$u_C(2_+) = u_C(2_-)\text{，}\ i(2_+) = \frac{u_s - u_C(2_+)}{R_1} - \frac{u_C(2_+)}{R_2}$$

$$u_C(\infty) = \frac{R_2}{R_1 + R_2}u_s\text{，}\ i(\infty) = 0$$

$$\tau = (R_1 \| R_2)C$$

当 $t \geqslant 2$ 时，根据三要素公式，求得 $u_C(t)$ 和 $i(t)$。

MATLAB 程序如下。

```
us=5;R1=3;R2=1;T1=0;T2=2;C=1;              %设定电路参数
dt=0.05;T3=4;                              %设定采样间隔和最大仿真时长
```

```
%三要素法求解第一次换路后的响应
uc0=0;
i0=us/R1;
il=0;
ucl=us;
tao1=C*R1;
t1=T1:dt:T2;
i=il+(i0-il)*exp(-t1/tao1);
uc=ucl+(uc0-ucl)*exp(-t1/tao1);
%三要素法求解第二次换路后的响应
uc2=uc(length(t1));
i2=(us-uc2)/R1-uc2/R2;
ill=0;
ucll=us*R2/(R1+R2);
t2=T2:dt:T3;
R3=1/(1/R1+1/R2);
tao2=C*R3;
ii=ill+(i2-ill)*exp(-(t2-T2)/tao2);
uuc=ucll+(uc2-ucll)*exp(-(t2-T2)/tao2);
%绘制响应曲线
subplot(2,1,1),plot(t1,i);
hold on
plot(t2,ii);
xlabel('t'),ylabel('i');grid
subplot(2,1,2),plot(t1,uc);
hold on
plot(t2,uuc);
xlabel('t'),ylabel('uc');grid
```

程序运行结果如图 6-9 所示。

【例6-6】 正弦激励下的一阶电路。电路如图 6-10 所示，已知 $R=2\Omega$，$L=1\text{H}$，$i_{\text{L}}(0_{+})=2\text{A}$，$u_{\text{s}}(t)=U_{\text{m}}\sin\omega t\ \text{V}$，$U_{\text{m}}=5\text{V}$，$\omega=2\text{rad/s}$，求电感电流 i_{L} 的全响应，并画出波形。

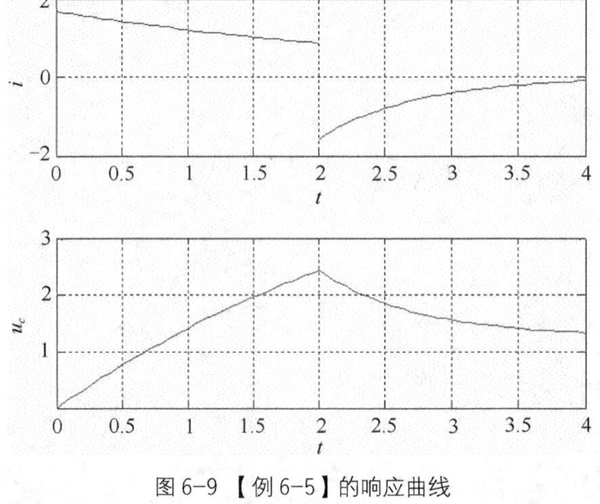

图 6-9 【例 6-5】的响应曲线

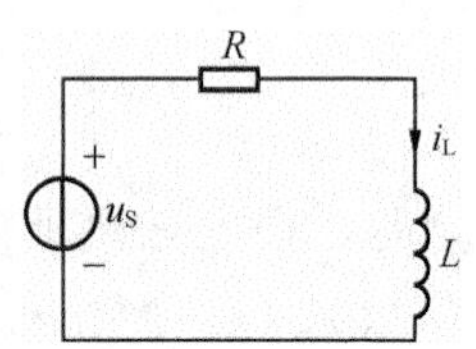

图 6-10 【例 6-5】电路图

解：电路的微分方程为

$$L\frac{\mathrm{d}i_L}{\mathrm{d}t}+Ri_{\mathrm{L}}=U_{\mathrm{m}}\sin\omega t$$

设电感电流的特解为

$$i_{\mathrm{Ls}}(t)=I_{\mathrm{m}}\sin(\omega t+\theta)$$

将特解带入微分方程并整理，得

$$(RI_{\mathrm{m}}\cos\theta-I_{\mathrm{m}}\omega L\sin\theta)\sin\omega t+(RI_{\mathrm{m}}\sin\theta+I_{\mathrm{m}}\omega L\cos\theta)\cos\omega t=U_{\mathrm{m}}\sin\omega t$$

上式对于任意 t 都成立，分别取 $t=0$ 和 $t=\dfrac{\pi}{2\omega}$ ，可得

$$\begin{cases}RI_{\mathrm{m}}\sin\theta+I_{\mathrm{m}}\omega L\cos\theta=0\\RI_{\mathrm{m}}\cos\theta-I_{\mathrm{m}}\omega L\sin\theta=U_{\mathrm{m}}\end{cases}$$

则

$$\begin{cases}\theta=-\arctan\dfrac{\omega L}{R}\\I_{\mathrm{m}}=\dfrac{U_{\mathrm{m}}}{\sqrt{R^2+\omega^2L^2}}\end{cases}$$

代入已知量可求解 I_{m} 和 θ ，即可求得 $i_{\mathrm{Ls}}(t)$ 。已知 $i_{\mathrm{L}}(0_+)$ ，利用三要素法公式，可得电感电流的全响应：

$$i_{\mathrm{L}}(t)=i_{\mathrm{Ls}}(t)+[i_{\mathrm{L}}(0_+)-i_{\mathrm{Ls}}(0_+)]\mathrm{e}^{-t/\tau}\qquad t\geqslant 0$$

其中 $[i_{\mathrm{L}}(0_+)-i_{\mathrm{Ls}}(0_+)]\mathrm{e}^{-t/\tau}$ 为暂态响应， $i_{\mathrm{Ls}}(t)$ 为稳态响应。

MATLAB 程序如下。

```
R=2;L=1;Um=5;w=2;il0=2;                      %设定电路参数
tao=L/R;                                     %求时间常数
t=0:0.01:10;                                 %设定时间数组
u=Um*sin(w*t);                               %激励信号
phi=-atan(w*L/R);                            %电感电流特解的相位
Im=Um/sqrt(R^2+(w*L)^2);                     %电感电流特解的最大值
ilp=Im* sin(w*t+phi);                        %电感电流的特解
ilp0=ilp(1);                                 %特解的初值
il=ilp+(il0-ilp0)*exp(-t/tao);               %电感电流全响应
plot(t,il),xlabel('t'),ylabel('il'),grid;    %画出电感电流的变化曲线
```

运行程序，求得的电感电流如图 6-11 所示。

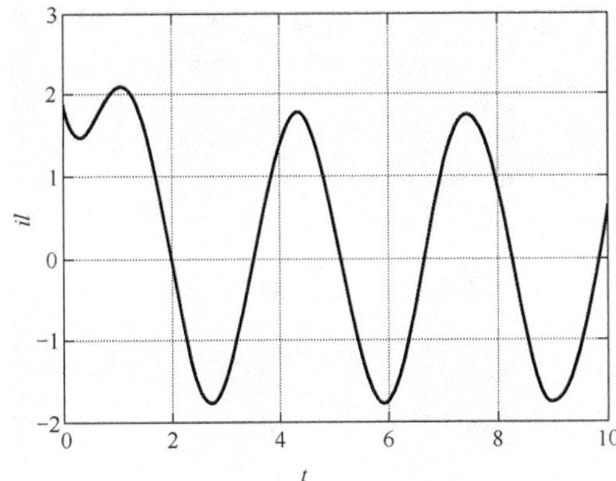

图 6-11 【例 6-6】求得的电感电流

6.3 正弦稳态电路

在正弦电源激励下的线性非时变电路达到稳态时，电路中的电压、电流都是与激励源同频率的正弦量，这样的电路称为正弦稳态电路。分析正弦稳态电路主要采用相量法，同时电阻电路分析中的各种方法和网络定理也适用于正弦稳态电路。

正弦量用复数来表示，用复数的模代表正弦量的振幅或有效值，用复数的相角代表正弦量的初相。为了强调某一复数是代表正弦量的，通常在代表其模的大写字母上加一个圆点。MATLAB 指令无法体现这个“圆点”，文中在电路图中也省去了“圆点”。

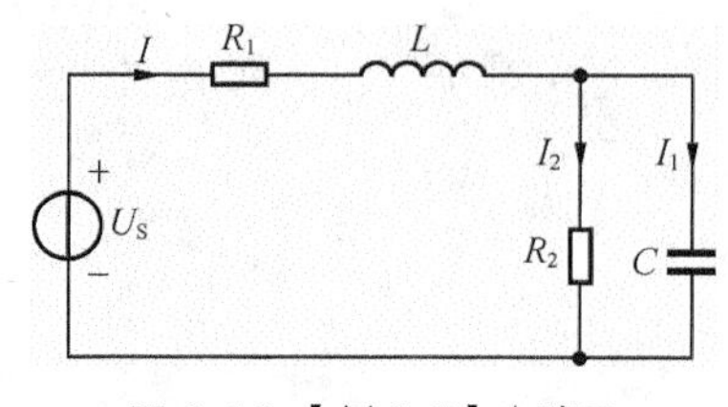

图 6-12 【例 6-7】电路图

【例 6-7】 在图 6-12 所示的电路中，$\dot{U}_S = 100\angle 60^\circ \text{V}$，$R_1 = 5\Omega$，$R_2 = 100\Omega$，$L = 1\text{H}$，$C = 20\mu\text{F}$，$\omega = 628\text{rad/s}$，求 $\dot{I}$、$\dot{I}_1$ 和 $\dot{I}_2$。

解： 电路的总阻抗为

$$Z = R_1 + \text{j}\omega L + \frac{1}{\text{j}\omega C + 1/R_2}$$

总电流为

$$\dot{I} = \frac{\dot{U}}{Z}$$

利用分流公式得

$$\dot{I}_1 = \frac{R_2 \dot{I}}{R_2 + \dfrac{1}{\text{j}\omega C}},\quad \dot{I}_2 = \dot{I} - \dot{I}_1$$

MATLAB 程序如下。

```
R1=5;R2=100;L=1;C=20e-6;w=628;                %设定电路参数
U=100*exp(j*60*pi/180);                       %设定信号源
z1=j*w*L;z2=1/(j*w*C);                        %计算感抗和容抗
z=R1+z1+1/(1/z2+1/R2);                        %计算总阻抗
I=U/z;                                        %计算总电流
I1=I*R2/(R2+z2);                              %计算支路电流
I2=I-I1;
disp('      I         I1         I2')         %显示各电流物理量的名称
disp('幅值'),disp(abs([I,I1,I2]))              %显示幅值
disp('相角'),disp(angle([I,I1,I2])*180/pi)     %显示相角
compass([I,I1,I2])                            %画出电流相量图
```

程序运行结果：

```
         I          I1          I2
幅值
      0.1721     0.1347     0.1072
相角
    -25.6763    12.8498    -77.1502
```

即 $\dot{I} = 0.1721\angle -25.6763^\circ \text{A}$，$\dot{I}_1 = 0.1347\angle 12.8498^\circ \text{A}$，$\dot{I}_2 = 0.1072\angle -77.1502^\circ \text{A}$。

电流相量图如图 6-13 所示。

【例 6-8】 电路如图 6-14 所示，已知 $\dot{I}_{s1}=2\angle30^{\circ}\,\text{A}$，$\dot{I}_{s2}=4\angle-45^{\circ}\text{A}$，$\omega=10\text{rad/s}$，$C=1\text{F}$，$L_1=1\text{H}$，$L_2=2\text{H}$，$R=5\Omega$，求 $\dot{U}_1$。

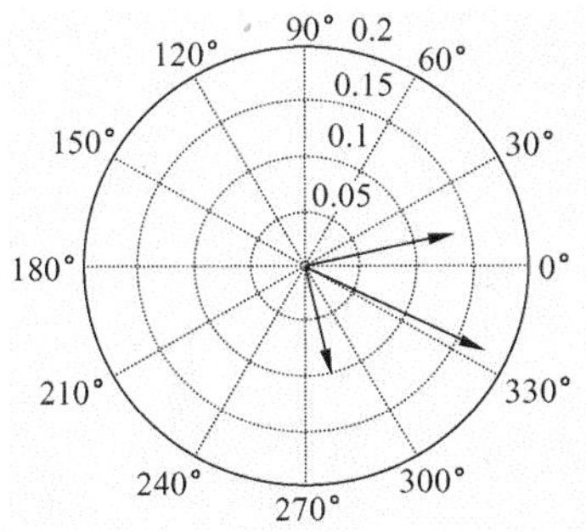

图 6-13 【例 6-7】的电流向量图

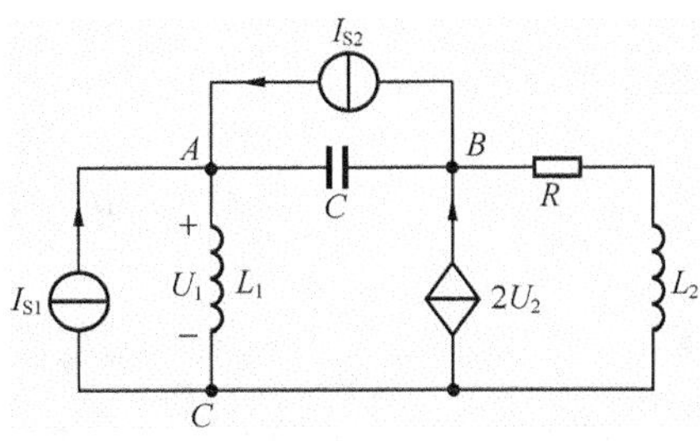

图 6-14 【例 6-8】电路图

解：以 C 为参考节点，设 A、B 节点的电压为 $\dot{U}_A$、$\dot{U}_B$，可以看出 $\dot{U}_A=\dot{U}_1$，列写节点电压方程：

$$\begin{cases}\left(\dfrac{1}{\text{j}\omega L_1}+\text{j}\omega C\right)\dot{U}_A-\text{j}\omega C\dot{U}_B=\dot{I}_{s1}+\dot{I}_{s2}\\-\text{j}\omega C\dot{U}_A+\left(\text{j}\omega C+\dfrac{1}{R+\text{j}\omega L_2}\right)\dot{U}_B=2\dot{U}_A-\dot{I}_{s2}\end{cases}$$

将方程进行整理并写成矩阵的形式，得

$$\begin{bmatrix}\dfrac{1}{\text{j}\omega L_1}+\text{j}\omega C & -\text{j}\omega C\\-\text{j}\omega C-2 & \text{j}\omega C+\dfrac{1}{R+\text{j}\omega L_2}\end{bmatrix}\begin{bmatrix}\dot{U}_A\\\dot{U}_B\end{bmatrix}=\begin{bmatrix}1 & 1\\0 & -1\end{bmatrix}\begin{bmatrix}\dot{I}_{s1}\\\dot{I}_{s2}\end{bmatrix}$$

解方程，即可求得 $\dot{U}_A$。

MATLAB 程序如下。

```
w=10;C=1;L1=1;L2=2;R=5;                    %输入电路参数
a11=1/(j*w*L1)+j*w*C;a12=-j*w*C;a21=-j*w*C-2;a22=j*w*C+1/(R+j*w*L2);
A=[a11 a12;a21 a22];                       %设定系数矩阵 A
B=[1 1;0 -1];                              %设定系数矩阵 B
Is1=2*exp(j*30*pi/180);                    %信号源 Is1
Is2=4*exp(-j*45*pi/180);                   %信号源 Is2
U=A\B*[Is1,Is2]';                          %解方程
uA=U(1)                                    %求得 uA，即 u1
U1=abs(uA)                                 %计算 u1 的幅值
phi=angle(uA)*180/pi                       %计算 u1 的相角
```

程序运行结果为：uA = −0.819 3 + 0.570 4i，U1 = 0.998 3，phi =145.157 4。即 $\dot{U}_1=0.9983\angle145.1574^{\circ}\,\text{V}$。

【例 6-9】 电路如图 6-15 所示，已知 $R_1=2\Omega$，$R_2=5\Omega$，$L=2\text{H}$，$\dot{U}_{s1}=6\angle45^{\circ}\,\text{V}$，$\dot{U}_{s2}=8\angle90^{\circ}\,\text{V}$，$\omega=1\text{rad/s}$，利用叠加定理求解电流 $\dot{I}$。

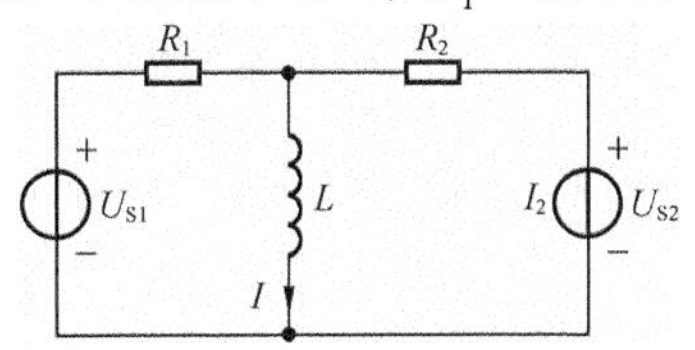

图 6-15 【例 6-9】电路图

解：分别求 $\dot{U}_{s1}$ 和 $\dot{U}_{s2}$ 单独作用时的电流 $\dot{I}_1$ 和 $\dot{I}_2$，则

$\dot{I}=\dot{I}_1+\dot{I}_2$。

当 $\dot{U}_{s1}$ 单独作用时：

$$\dot{I}_1=\frac{\dot{U}_{s1}}{R_1+R_2//\mathrm{j}\omega L}\cdot\frac{R_2}{R_2+\mathrm{j}\omega L}$$

当 $\dot{U}_{s2}$ 单独作用时：

$$\dot{I}_2=\frac{\dot{U}_{s2}}{R_2+R_1//\mathrm{j}\omega L}\cdot\frac{R_1}{R_1+\mathrm{j}\omega L}$$

MATLAB 程序如下。

```
R1=2;R2=5;L=2;w=1;                              %设定电路参数
Z3=j*w*L;                                       %计算感抗
Us1=6*exp(j*45*pi/180);                         %信号源 Us1
Us2=8*exp(j*90*pi/180);                         %信号源 Us2
I1=Us1/(R1+R2*Z3/(R2+Z3))*R2/(R2+Z3);           %计算 I1
I2=Us2/(R2+R1*Z3/(R1+Z3))*R1/(R1+Z3);           %计算 I2
I=I1+I2;                                        %计算 I
Ia=abs(I),phi=angle(I)*180/pi                   %求 I 的幅值和相角
```

程序运行结果为：Ia =2.489 7，phi =5.852 6，即 $\dot{I}=2.4897\angle 5.8526^\circ\mathrm{A}$。

【例 6-10】 在图 6-16 所示的电路中，已知 $R_1=2\Omega$，$R_2=4\Omega$，$L=2\mathrm{H}$，$C=1\mathrm{F}$，$\dot{U}_s=2\angle 30°\mathrm{V}$，$\dot{I}_s=1\angle 45°\mathrm{A}$，$\omega=2\mathrm{rad/s}$，求负载元件 Z_L 的值为多少时负载获得最大功率，并求最大功率的值。

解：求去掉负载后所余网络的戴维南等效参数。断开负载后的电路如图 6-17 所示。

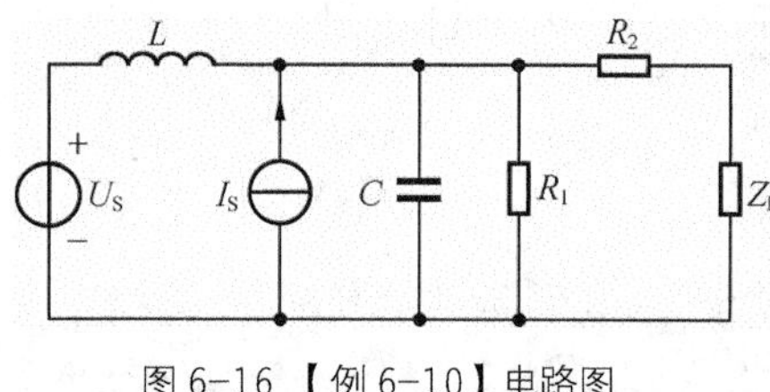

图 6-16 【例 6-10】电路图

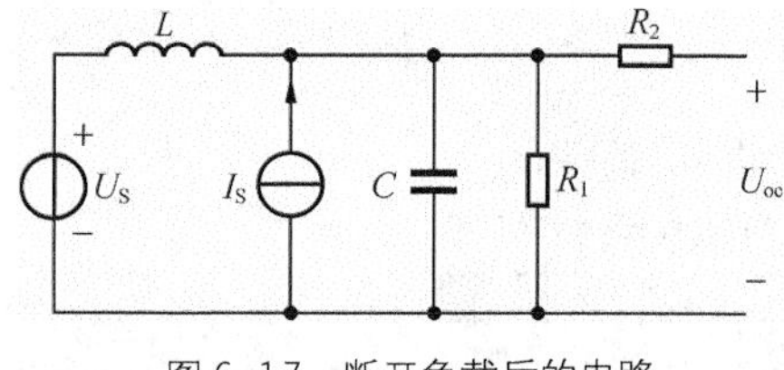

图 6-17 断开负载后的电路

首先利用节点法求开路电压 U_{oc}：

$$\left(\frac{1}{R_1}+\frac{1}{\mathrm{j}\omega L}+\mathrm{j}\omega C\right)\dot{U}_{oc}=\dot{I}_s+\frac{\dot{U}_s}{\mathrm{j}\omega L}$$

再求等效阻抗：

$$Z_0=\mathrm{j}\omega L//\frac{1}{\mathrm{j}\omega C}//R_1+R_2$$

当负载为纯电阻时，获得最大功率的条件是负载电阻等于等效内阻抗的模，即

$$Z_L=|Z_0|$$

获得的最大功率为

$$P_{max}=\frac{U_{oc}^2}{2Z_L(1+\cos\theta)}\quad（\theta 为 Z_0 的相角）$$

当负载不是纯电阻时，获得最大功率的条件是负载阻抗等于等效内阻抗的共轭，即

$$Z_L = Z_0^*$$

获得的最大功率为

$$P_{max} = \frac{U_{oc}^2}{4R_0} = \frac{U_{oc}^2}{4\mathrm{Re}(Z_0)}$$

MATLAB程序如下。

```
R1=2;R2=4;L=2;C=1;w=2;                    %设定电路参数
Z3=j*w*L;Z4=1/(j*w*C);                    %计算感抗和容抗
Us=2*exp(j*30*pi/180);                    %信号源Us
Is=1*exp(j*45*pi/180);                    %信号源Is
Uoc=(Is+Us/Z3)/(1/R1+1/Z3+1/Z4);          %计算开路电压
Z0=1/(1/Z3+1/Z4+1/R1)+R2;                 %计算等效电阻
ZL1=abs(Z0),                              %求负载为纯电阻时使功率最大的阻值
phi=angle(Z0);                            %等效电阻的相角
Pm1=(abs(Uoc))^2/(2*ZL1*(1+cos(phi))),    %负载电阻获得的最大功率
ZL2=conj(Z0),                             %负载与等效内阻共轭匹配时获得最大功率
Pm2=(abs(Uoc))^2/(4*real(Z0)),            %计算最大功率
```

程序运行结果为：ZL1 = 4.184 4，Pm1=0.017 9，ZL2 =4.150 9 + 0.528 3i，Pm2 =0.018 0。可知当负载为纯电阻且 $Z_L = 4.1844\Omega$ 时获得最大功率 $P_m = 0.0179\text{W}$，当负载不为纯电阻且 $Z_L = 4.1509 + 0.5283i\,\Omega$ 时获得最大功率 $P_m = 0.018\text{W}$。

6.4 频率响应

在动态电路中，感抗和容抗都是频率的函数，所以，不同频率的正弦激励作用于电路时，产生的响应是不同的，电路响应随激励频率变化的特性称为电路的频率特性。频率特性通常用网络函数描述，网络函数定义为

$$H(\mathrm{j}\omega) = \frac{\text{响应向量}}{\text{激励向量}}$$

网络函数一般是复函数，可写成

$$H(\mathrm{j}\omega) = |H(\mathrm{j}\omega)|\mathrm{e}^{\mathrm{j}\theta(\omega)}$$

其中，$|H(\mathrm{j}\omega)|$ 称为电路的幅频特性，$\theta(\omega)$ 称为相频特性。

【例6-11】 一阶低通网络的频率响应。如图6-18所示的 RC 电路，求以 $\dot{U}_c$ 为输出时的频率响应，并画出其幅频和相频特性。

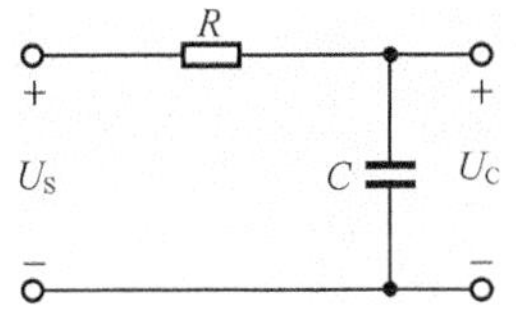

解： 频率响应函数为

$$H(\mathrm{j}\omega) = \frac{\dot{U}_c}{\dot{U}_s} = \frac{\frac{1}{\mathrm{j}\omega C}}{R + \frac{1}{\mathrm{j}\omega C}} = \frac{1}{1 + \mathrm{j}\frac{\omega}{\omega_c}}$$

图6-18【例6-11】电路图

其中，$\omega_c = \frac{1}{RC}$ 是截止角频率。本题中没有给出 R 和 C 的具体值，所以 ω_c 是未知的，为了便于编程，这里设 $\omega_1 = \frac{\omega}{\omega_c}$。

MATLAB 程序如下。

```
w1=0:0.01:5;                                  %设定频率数组 w1=w/wc
H=1./(1+j*w1);                                %计算频率响应
subplot(2,1,1),plot(w1,abs(H))                %绘制幅频特性
grid,xlabel('w1'),ylabel('abs(H)')            %加网格，设置坐标轴
subplot(2,1,2),plot(w1,angle(H))              %绘制相频特性
grid,xlabel('w1'),ylabel('angle(H)')          %加网格，设置坐标轴
```

程序运行结果如图 6-19 所示。

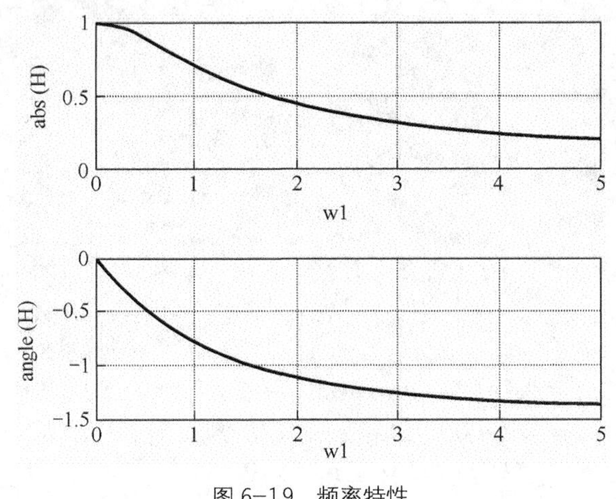

图 6-19　频率特性

实际工程中所用信号的频率一般具有较大的动态范围，为了表示频率在大范围内变化时电路特性的变化，在绘制幅频和相频特性曲线时，横坐标可采用对数的，利用 semilogx 函数来绘制。

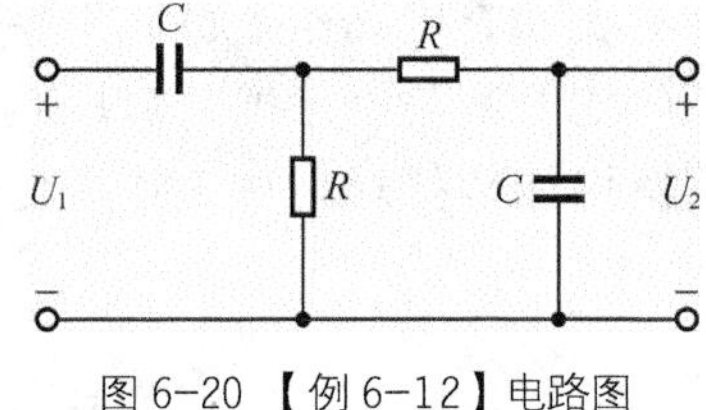

图 6-20 【例 6-12】电路图

【例 6-12】　二阶带通网络的频率响应。电路如图 6-20 所示，以 $\dot{U}_2$ 为响应，求频率响应函数，并画出幅频特性和相频特性。

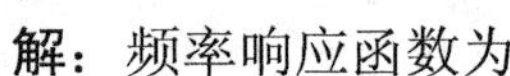

解：频率响应函数为

$$H(\mathrm{j}\omega)=\frac{\dot{U}_2}{\dot{U}_1}=\frac{\dfrac{R\left(R+\dfrac{1}{\mathrm{j}\omega C}\right)}{R+R+\dfrac{1}{\mathrm{j}\omega C}}}{\dfrac{R\left(R+\dfrac{1}{\mathrm{j}\omega C}\right)}{R+R+\dfrac{1}{\mathrm{j}\omega C}}+\dfrac{1}{\mathrm{j}\omega C}}\cdot\frac{\dfrac{1}{\mathrm{j}\omega C}}{R+\dfrac{1}{\mathrm{j}\omega C}}=\frac{1}{3+\mathrm{j}\omega RC+\dfrac{1}{\mathrm{j}\omega RC}}=\frac{1}{3+\mathrm{j}\left(\dfrac{\omega}{\omega_0}-\dfrac{\omega_0}{\omega}\right)}$$

其中，$\omega_0=\dfrac{1}{RC}$ 为中心角频率，这里设 $\omega_1=\dfrac{\omega}{\omega_0}$。

MATLAB 程序如下。

```
w1=0:0.01:20;                                 %设定频率数组 w1=w/wc
H=1./(3+j*(w1-1./w1));                        %计算频率响应
figure(1)                                     %绘制频率特性
```

```
subplot(2,1,1),plot(w1,abs(H))                          %绘制幅频特性
grid,xlabel('w1'),ylabel('abs(H)')                      %加网格，设置坐标轴
subplot(2,1,2),plot(w1,angle(H))                        %绘制相频特性
grid,xlabel('w1'),ylabel('angle(H)')                    %加网格，设置坐标轴
figure(2)                                               %绘制对数频率特性
subplot(2,1,1),semilogx(w1,20*log10(abs(H)))            %绘制对数幅频特性
grid,xlabel('w1'),ylabel('DB')                          %加网格，设置坐标轴
subplot(2,1,2),semilogx(w1,angle(H))                    %绘制相频特性
grid,xlabel('w1'),ylabel('angle(H)')                    %加网格，设置坐标轴
```

程序运行结果如图 6-21 和图 6-22 所示。

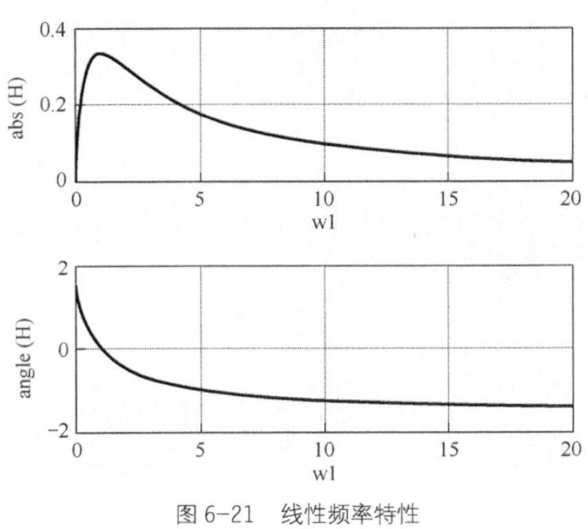

图 6-21 线性频率特性

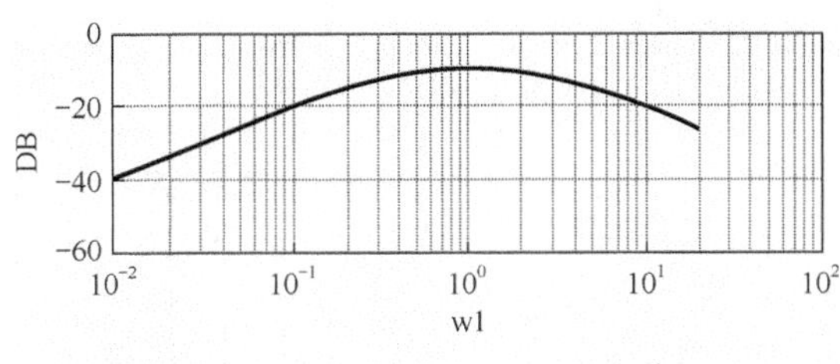

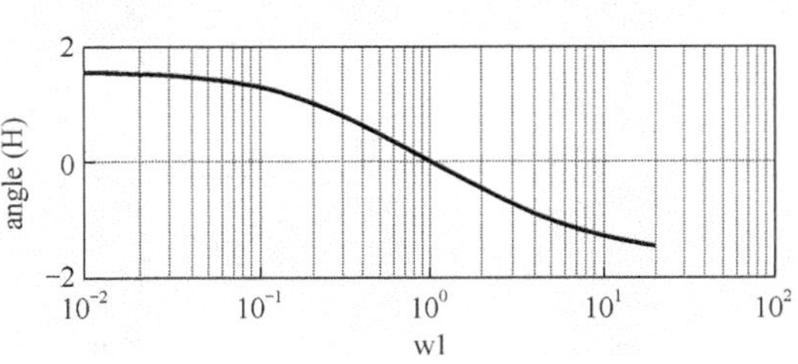

图 6-22 对数频率特性

【例 6-13】 并联谐振电路的频率响应。并联谐振电路如图 6-23 所示，以 $\dot{I}$ 作为激励、$\dot{I}_c$ 作为响应，分析该电路的频率响应，并画出其幅频和相频特性。

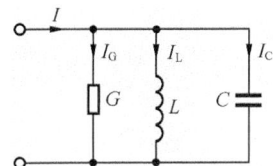

图 6-23 【例 6-13】电路图

解：并联电路的谐振频率为 $\omega_0 = \dfrac{1}{\sqrt{LC}}$，品质因数为 $Q = \dfrac{\omega_0 C}{G} = \dfrac{1}{\omega_0 LG}$，电路的导纳为

$$Y = G + \mathrm{j}\left(\omega C - \frac{1}{\omega L}\right)$$

$$H(\mathrm{j}\omega) = \frac{\dot{I}_c}{\dot{I}} = \frac{\mathrm{j}\omega C}{Y(\mathrm{j}\omega)} = \frac{\mathrm{j}\omega C}{G + \mathrm{j}\left(\omega C - \dfrac{1}{\omega L}\right)} = \frac{\mathrm{j}\omega \dfrac{C}{G}}{1 + \mathrm{j}\left(\omega \dfrac{C}{G} - \dfrac{1}{\omega G L}\right)}$$

$$= \frac{\mathrm{j}Q\dfrac{\omega}{\omega_0}}{1 + \mathrm{j}\left(Q\dfrac{\omega}{\omega_0} - Q\dfrac{\omega_0}{\omega}\right)} = \frac{\mathrm{j}Q\omega_1}{1 + \mathrm{j}Q\left(\omega_1 - \dfrac{1}{\omega_1}\right)}$$

其中 $\omega_1=\dfrac{\omega}{\omega_0}$。

MATLAB 程序如下。

```
w1=0:0.001:5;                              %设定频率数组 w1=w/wc
for Q=[1 2 10 50]                          %设定品质因数
H=j*Q*w1./(1+j*Q*(w1-1./w1));              %计算频率响应
subplot(2,1,1),plot(w1,abs(H)),hold on     %绘制幅频特性
grid on,xlabel('w1'),ylabel('abs(H)')      %加网格，设置坐标轴
subplot(2,1,2),plot(w1,angle(H)),hold on   %绘制相频特性
grid on,xlabel('w1'),ylabel('angle(H)')    %加网格，设置坐标轴
end
```

程序运行结果如图 6-24 所示。

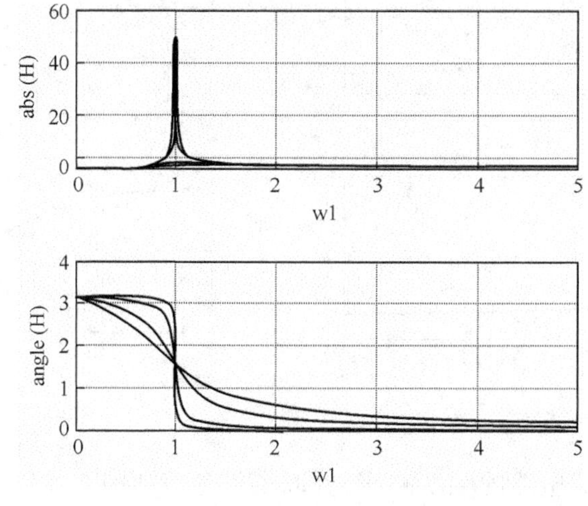

图 6-24　频率特性

6.5　二端口网络

网络中如果一个端子流入的电流等于另一个端子流出的电流，则这两个端子构成了一个端口。含有两个端口的网络称为二端口网络，如图 6-25 所示。二端口网络的外特性用端口电压、电流（4 个端口物理量 I_1、I_2、U_1、U_2）间的关系表示，已知两个物理量，求另外两个，共 6 种组合即 6 种关系，所以二端口网络共有 6 种形式的端口方程和 6 套参数。

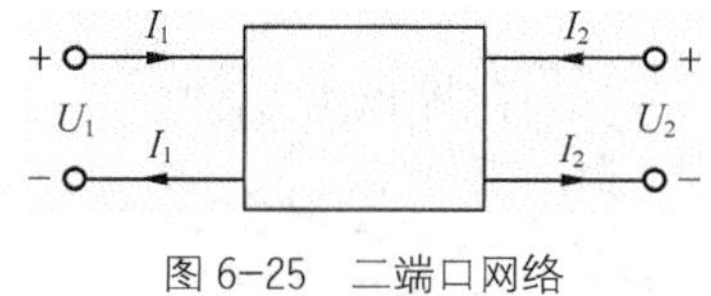

图 6-25　二端口网络

这 6 套参数分别是 Y 参数、Z 参数、T 参数、H 参数、B 参数和 G 参数。

（1）Y 参数（短路导纳参数）

$$\begin{cases}\dot{I}_1=Y_{11}\dot{U}_1+Y_{12}\dot{U}_2\\ \dot{I}_2=Y_{21}\dot{U}_1+Y_{22}\dot{U}_2\end{cases}\qquad Y=\begin{bmatrix}Y_{11} & Y_{12}\\ Y_{21} & Y_{22}\end{bmatrix}$$

$$Y_{11}=\frac{\dot{I}_1}{\dot{U}_1}\Big|_{\dot{U}_2=0},\quad Y_{12}=\frac{\dot{I}_1}{\dot{U}_2}\Big|_{\dot{U}_1=0},\quad Y_{21}=\frac{\dot{I}_2}{\dot{U}_1}\Big|_{\dot{U}_2=0},\quad Y_{22}=\frac{\dot{I}_2}{\dot{U}_2}\Big|_{\dot{U}_1=0}。$$

（2）Z 参数（开路阻抗参数）

$$\begin{cases}\dot{U}_1 = Z_{11}\dot{I}_1 + Z_{12}\dot{I}_2 \\ \dot{U}_2 = Z_{21}\dot{I}_1 + Z_{22}\dot{I}_2\end{cases} \quad Z = \begin{bmatrix} Z_{11} & Z_{12} \\ Z_{21} & Z_{22} \end{bmatrix}$$

$$Z_{11} = \left.\frac{\dot{U}_1}{\dot{I}_1}\right|_{\dot{I}_2=0},\quad Z_{12} = \left.\frac{\dot{U}_1}{\dot{I}_2}\right|_{\dot{I}_1=0},\quad Z_{21} = \left.\frac{\dot{U}_2}{\dot{I}_1}\right|_{\dot{I}_2=0},\quad Z_{22} = \left.\frac{\dot{U}_2}{\dot{I}_2}\right|_{\dot{I}_1=0}。$$

（3）T 参数（传输参数）

$$\begin{cases}\dot{U}_1 = T_{11}\dot{U}_2 + T_{12}(-\dot{I}_2) \\ \dot{I}_1 = T_{21}\dot{U}_2 + T_{22}(-\dot{I}_2)\end{cases} \quad T = \begin{bmatrix} T_{11} & T_{12} \\ T_{21} & T_{22} \end{bmatrix}$$

$$T_{11} = \left.\frac{\dot{U}_1}{\dot{U}_2}\right|_{\dot{I}_2=0},\quad T_{12} = \left.\frac{\dot{U}_1}{-\dot{I}_2}\right|_{\dot{U}_2=0},\quad T_{21} = \left.\frac{\dot{I}_1}{\dot{U}_2}\right|_{\dot{I}_2=0},\quad T_{22} = \left.\frac{\dot{I}_1}{-\dot{I}_2}\right|_{\dot{U}_2=0}。$$

（4）H 参数（混合参数）

$$\begin{cases}\dot{U}_1 = H_{11}\dot{I}_1 + H_{12}\dot{U}_2 \\ \dot{I}_2 = H_{21}\dot{I}_1 + H_{22}\dot{U}_2\end{cases} \quad H = \begin{bmatrix} H_{11} & H_{12} \\ H_{21} & H_{22} \end{bmatrix}$$

$$H_{11} = \left.\frac{\dot{U}_1}{\dot{I}_1}\right|_{\dot{U}_2=0},\quad H_{12} = \left.\frac{\dot{U}_1}{\dot{U}_2}\right|_{\dot{I}_1=0},\quad H_{21} = \left.\frac{\dot{I}_2}{\dot{I}_1}\right|_{\dot{U}_2=0},\quad H_{22} = \left.\frac{\dot{I}_2}{\dot{U}_2}\right|_{\dot{I}_1=0}。$$

（5）B 参数

$$\begin{cases}\dot{U}_2 = B_{11}\dot{U}_1 + B_{12}(-\dot{I}_1) \\ \dot{I}_2 = B_{21}\dot{U}_1 + B_{22}(-\dot{I}_1)\end{cases} \quad B = \begin{bmatrix} B_{11} & B_{12} \\ B_{21} & B_{22} \end{bmatrix}$$

$$B_{11} = \left.\frac{\dot{U}_2}{\dot{U}_1}\right|_{\dot{I}_1=0},\quad B_{12} = \left.\frac{\dot{U}_2}{-\dot{I}_1}\right|_{\dot{U}_1=0},\quad B_{21} = \left.\frac{\dot{I}_2}{\dot{U}_1}\right|_{\dot{I}_1=0},\quad B_{22} = \left.\frac{\dot{I}_2}{-\dot{I}_1}\right|_{\dot{U}_1=0}。$$

（6）G 参数

$$\begin{cases}\dot{U}_2 = G_{11}\dot{I}_2 + G_{12}\dot{U}_1 \\ \dot{I}_1 = G_{21}\dot{I}_2 + G_{22}\dot{U}_1\end{cases} \quad G = \begin{bmatrix} G_{11} & G_{12} \\ G_{21} & G_{22} \end{bmatrix}$$

$$G_{11} = \left.\frac{\dot{U}_2}{\dot{I}_2}\right|_{\dot{U}_1=0},\quad G_{12} = \left.\frac{\dot{U}_2}{\dot{U}_1}\right|_{\dot{I}_2=0},\quad G_{21} = \left.\frac{\dot{I}_1}{\dot{I}_2}\right|_{\dot{U}_1=0},\quad G_{22} = \left.\frac{\dot{I}_1}{\dot{U}_1}\right|_{\dot{I}_2=0}。$$

根据端口参数方程，可得到各参数矩阵间的转换关系如下。

（1）已知 Y，求 Z、T、H

$Z = Y^{-1}$，$T = \dfrac{-1}{Y_{21}}\begin{bmatrix} Y_{22} & 1 \\ |Y| & Y_{11} \end{bmatrix}$，$H = \dfrac{1}{Y_{11}}\begin{bmatrix} 1 & -Y_{12} \\ Y_{21} & |Y| \end{bmatrix}$，其中 Y^{-1} 表示 Y 的逆矩阵，$|Y|$ 表示矩阵 Y 的行列式，下同。

（2）已知 Z，求 Y、T、H

$$Y = Z^{-1},\quad T = \frac{1}{Z_{21}}\begin{bmatrix} Z_{11} & |Z| \\ 1 & Z_{22} \end{bmatrix},\quad H = \frac{1}{Z_{22}}\begin{bmatrix} |Z| & Z_{12} \\ -Z_{21} & 1 \end{bmatrix}$$

（3）已知T，求Y、Z、H、B

$$Y=\frac{1}{T_{12}}\begin{bmatrix}T_{22} & -|T| \\ -1 & T_{11}\end{bmatrix},\quad Z=\frac{1}{T_{21}}\begin{bmatrix}T_{11} & |T| \\ 1 & T_{22}\end{bmatrix},\quad H=\frac{1}{T_{22}}\begin{bmatrix}T_{12} & |T| \\ -1 & T_{21}\end{bmatrix},\quad B=\frac{1}{|T|}\begin{bmatrix}T_{22} & T_{12} \\ T_{21} & T_{11}\end{bmatrix}$$

（4）已知H，求Y、Z、T、G

$$Y=\frac{1}{H_{11}}\begin{bmatrix}1 & -H_{12} \\ H_{21} & |H|\end{bmatrix},\quad Z=\frac{1}{H_{22}}\begin{bmatrix}|H| & H_{12} \\ -H_{21} & 1\end{bmatrix},\quad T=\frac{-1}{H_{21}}\begin{bmatrix}|H| & H_{11} \\ H_{22} & 1\end{bmatrix},\quad G=H^{-1}$$

在实际应用中，二端口网络的输出端口常常连接负载电阻Z_L，输入端口常常连接电压源与阻抗Z_s的串联或电流源与阻抗Z_s的并联，这样的二端口网络的输入阻抗和输出阻抗为

$$Z_i=\frac{U_1}{I_1}=\frac{T_{11}Z_L+T_{12}}{T_{21}Z_L+T_{22}}=\frac{|Z|+Z_{11}Z_L}{Z_{22}+Z_L}=\frac{Y_{22}+Y_L}{Y_{11}Y_L+|Y|}=\frac{H_{11}+|H|Z_L}{1+H_{22}Z_L}$$

$$Z_o=\frac{U_2}{I_2}=\frac{T_{22}Z_s+T_{12}}{T_{21}Z_s+T_{11}}=\frac{|Z|+Z_{22}Z_s}{Z_{11}+Z_s}=\frac{Y_{11}+Y_s}{Y_{22}Y_s+|Y|}=\frac{H_{11}+Z_s}{H_{22}Z_s+|H|}$$

【例 6-14】 电路如图 6-26 所示，其中$R_1=1\Omega$，$R_2=2\Omega$，$R_3=4\Omega$，求其Y参数、Z参数、T参数和H参数。

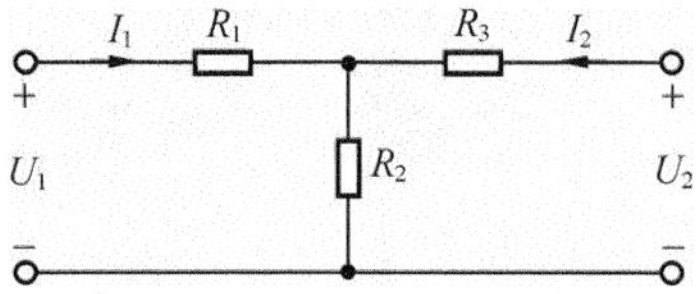

图 6-26 【例 6-14】电路图

解：先求T参数。

解法一：

$$T_{11}=\left.\frac{\dot{U}_1}{\dot{U}_2}\right|_{\dot{I}_2=0}=\frac{R_1+R_2}{R_2}$$

$$T_{12}=\left.\frac{\dot{U}_1}{-\dot{I}_2}\right|_{\dot{U}_2=0}=\frac{I_1[R_1+(R_2//R_3)]}{\frac{R_2}{R_2+R_3}I_1}=\frac{R_1+(R_2//R_3)}{\frac{R_2}{R_2+R_3}}$$

$$T_{21}=\left.\frac{\dot{I}_1}{\dot{U}_2}\right|_{\dot{I}_2=0}=\frac{1}{R_2}$$

$$T_{22}=\left.\frac{\dot{I}_1}{-\dot{I}_2}\right|_{\dot{U}_2=0}=\frac{R_2+R_3}{R_2}$$

解法二：把该电路看成 3 个二端口网络的级联，级联后所得复合二端口T参数矩阵等于级联的二端口T参数矩阵相乘，即$T=T_1T_2T_3$。易求得

$$T_1=\begin{bmatrix}1 & R_1 \\ 0 & 1\end{bmatrix}=\begin{bmatrix}1 & 1 \\ 0 & 1\end{bmatrix},\quad T_2=\begin{bmatrix}1 & 0 \\ \frac{1}{R_2} & 1\end{bmatrix}=\begin{bmatrix}1 & 0 \\ 0.5 & 1\end{bmatrix},\quad T_3=\begin{bmatrix}1 & R_3 \\ 0 & 1\end{bmatrix}=\begin{bmatrix}1 & 4 \\ 0 & 1\end{bmatrix}$$

即可求得T。

再根据T参数与其他参数间的转换关系，求其他参数：

$$Y=\frac{1}{T_{12}}\begin{bmatrix}T_{22} & -|T| \\ -1 & T_{11}\end{bmatrix},\quad Z=\frac{1}{T_{21}}\begin{bmatrix}T_{11} & |T| \\ 1 & T_{22}\end{bmatrix},\quad H=\frac{1}{T_{22}}\begin{bmatrix}T_{12} & |T| \\ -1 & T_{21}\end{bmatrix}$$

MATLAB 程序如下。

```
R1=1;R2=2;R3=4;                                        %输入电路参数
T11=(R1+R2)/R2;T12=(R1+1/(1/R2+1/R3))*(R2+R3)/R2;T21=1/R2;T22=(R2+R3)/R2;
                                                       %设定 T 参数矩阵的各元素
T=[T11 T12;T21 T22];                                   %T 参数矩阵
```

```
Y=1/T12*[T22 -det(T);-1 T11]                          %根据T参数计算Y参数
Z=inv(Y)                                              %根据Y参数计算Z参数
H=1/T22*[T12 det(T);-1 T21]                           %根据T参数计算H参数
```

程序运行结果：

```
T =
    1.5000  7.000
    0.5000  3.000
Y =
    0.4286   -0.1429
   -0.1429    0.2143
Z =
    3.0000    2.0000
    2.0000    6.0000
H =
    2.3333    0.3333
   -0.3333    0.1667
```

【例 6-15】 电路如图 6-27 所示，已知 $R_1=50\Omega$，$R_2=100\Omega$，$\mu=3$，计算该网络的 Z 参数，若在 c、d 间接上 $R_L=200\Omega$ 的负载，试确定电路的输入阻抗。

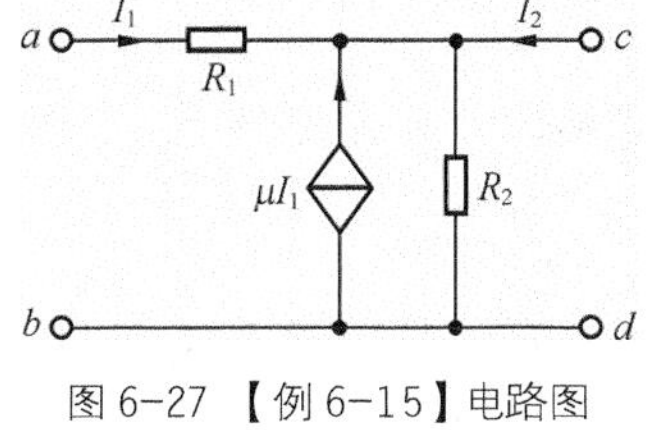

图 6-27 【例 6-15】电路图

解：先求 Z 参数。

$$Z_{11}=\left.\frac{\dot{U}_1}{\dot{I}_1}\right|_{\dot{I}_2=0}=\frac{R_1I_1+R_2(I_1+\mu I_1)}{I_1}=R_1+R_2(1+\mu)$$

$$Z_{12}=\left.\frac{\dot{U}_1}{\dot{I}_2}\right|_{\dot{I}_1=0}=\frac{I_2R_2}{I_2}=R_2$$

$$Z_{21}=\left.\frac{\dot{U}_2}{\dot{I}_1}\right|_{\dot{I}_2=0}=\frac{\mu I_1\bullet R_2}{I_1}=\mu R_2$$

$$Z_{22}=\left.\frac{\dot{U}_2}{\dot{I}_2}\right|_{\dot{I}_1=0}=\frac{I_2R_2}{I_2}=R_2$$

再根据 $Z_i=\dfrac{U_1}{I_1}=\dfrac{|Z|+Z_{11}Z_L}{Z_{22}+Z_L}$ 求输入阻抗。

MATLAB 程序如下。

```
R1=50;R2=100;mu=3;RL=200;                    %设定电路参数
Z11=R1+R2*(1+mu);                            %计算 Z11
Z12=R2;                                      %计算 Z12
Z21=mu*R2;                                   %计算 Z21
Z22=R2;                                      %计算 Z22
Z=[Z11 Z12;Z21 Z22];                         %Z 参数矩阵
Zi=(det(Z)+Z11*RL)/(Z22+RL)                  %计算输入阻抗
```

程序运行结果：Zi =350。即输入阻抗为 350Ω。

【例 6-16】 电路如图 6-28 所示，已知 $\dot{U}_s=10\angle 0^\circ$，$\omega=1\text{rad/s}$，$R_1=5\Omega$，$R_2=20\Omega$，$R_3=50\Omega$，$L_1=2\text{H}$，$L_2=50\text{H}$，$C=1\text{F}$，变压器匝数比 $1:n=1:5$，二端口网络 N_0 的 H 参数为 $H=\begin{bmatrix}10 & 0\\ 1 & 5\end{bmatrix}$，求输出电压 U_o。

解：分析求解过程为$U_o \overset{R_3}{\Leftarrow} I_2 \overset{H参数}{\Leftarrow} I_1 \overset{1:n}{\Leftarrow} I_3$。

首先求解 I_3，将变压器的次级阻抗折合到初级，电路如图 6-29 所示。

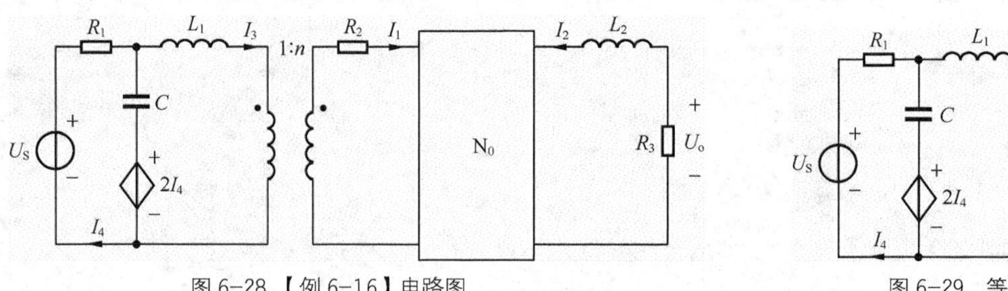

图 6-28 【例 6-16】电路图　　　　图 6-29 等效电路

二端口网络的输入阻抗：

$$Z_i = \frac{H_{11} + |H| Z_L'}{1 + H_{22} Z_L'}\text{，其中 } Z_L' = j\omega L_2 + R_3$$

则理想变压器次级回路的总阻抗为

$$Z_i + R_2$$

将其折合到理想变压器的初级回路，则

$$Z_L = \frac{Z_i + R_2}{n^2}$$

利用回路电流法求 I_3，列写回路电流方程：

$$\begin{cases} \left(R_1 + \dfrac{1}{j\omega C}\right) I_4 - \dfrac{1}{j\omega C} I_3 = U_s - 2I_4 \\ \left(Z_L + j\omega L_1 + \dfrac{1}{j\omega C}\right) I_3 - \dfrac{1}{j\omega C} I_4 = 2I_4 \end{cases}$$

整理后，并写成矩阵的形式：

$$\begin{bmatrix} R_1 + \dfrac{1}{j\omega C} + 2 & -\dfrac{1}{j\omega C} \\ -\dfrac{1}{j\omega C} - 2 & Z_L + j\omega L_1 + \dfrac{1}{j\omega C} \end{bmatrix} \begin{bmatrix} I_4 \\ I_3 \end{bmatrix} = \begin{bmatrix} U_s \\ 0 \end{bmatrix}$$

$AX = B$，则 $X = A^{-1}B$，即可求得 I_3，再由 $I_1 = \dfrac{1}{n} I_3$，求得 I_1。

根据：

$$I_2 = H_{21} I_1 + H_{22} U_2 = H_{21} I_1 + H_{22}(j\omega L_2 + R_3) I_2$$

得

$$I_2 = \frac{H_{21} I_1}{1 - H_{22}(j\omega L_2 + R_3)}$$

最后求得

$$U_0 = -R_3 I_2$$

MATLAB 程序如下。

```
Us=10;w=1;R1=5;R2=20;R3=50;L1=2;L2=50;C=1;n=5;       %设定电路参数
H11=10;H12=0;H21=1;H22=5;                             %输入 H 参数矩阵的各元素
```

```
H=[H11 H12;H21 H22];                          %H参数矩阵
Zl1=j*w*L1;Zl2=j*w*L2;                        %计算感抗
Zc=1/(j*w*C);                                 %计算容抗
Zi=(H11+det(H)*(Zl2+R3))/(1+H22*(Zl2+R3));    %计算二端口的输入阻抗
ZL=(Zi+R2)/n^2;                %理想变压器次级回路阻抗折合到初级回路的等效阻抗
A=[R1+Zc+2 -Zc;-Zc-2 ZL+Zl1+Zc];              %设定系数矩阵A
B=[Us 0]';                                    %设定系数向量B
X=A\B;                                        %解方程
I3=X(2);                                      %求得I3
I1=I3/n;                                      %计算I1
I2=H21*I1/(1-H22*(Zl2+R3));                   %计算I2
Uo=-R3*I2                                     %得到Uo
Uom=abs(Uo)                                   %计算Uo的幅值
phi=angle(Uo)*180/pi                          %计算Uo的相角
```

程序运行结果为：Uo=−0.015 5−0.046 2i，Uom=0.048 7，phi=−108.549 8。即输出电压 $U_o = 0.0487\angle -108.5498^\circ$ V。

习　　题

6-1　电路如题图 6-1 所示，已知 $u_s = 5V$，$R_1 = 3\Omega$，$R_2 = 5\Omega$，$R_3 = 10\Omega$，$R_4 = R_5 = 8\Omega$，利用节点电压法求各支路电流。

6-2　电路如题图 6-2 所示，已知 $u_{s1} = 40V$，$u_{s2} = 50V$，$R_1 = 20\Omega$，$R_2 = 30\Omega$，$R_3 = 50\Omega$，$R_4 = 10\Omega$，$i_s = 2A$，利用网孔电流法求各支路电流。

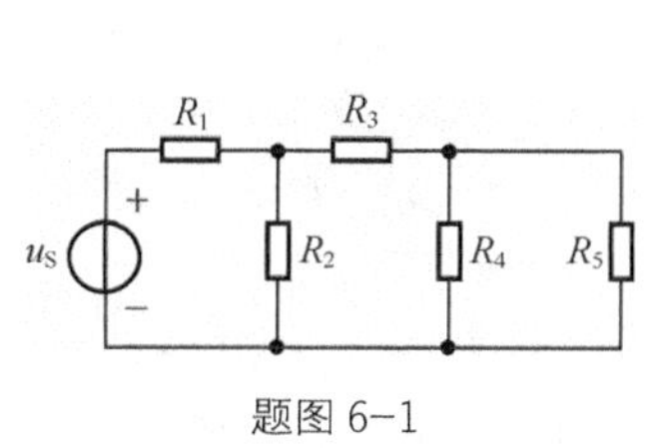

题图 6-1

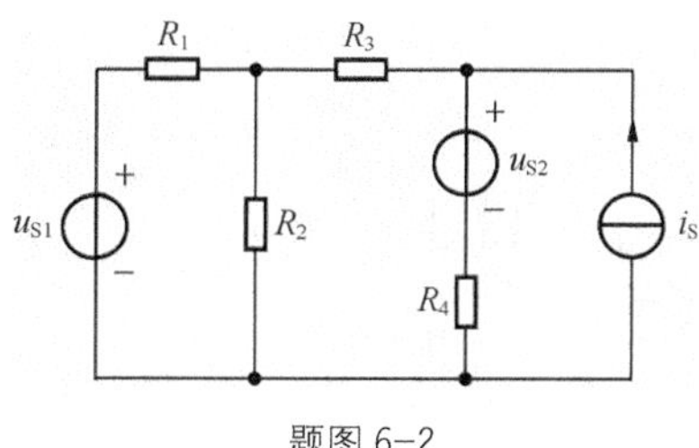

题图 6-2

6-3　电路如题图 6-3 所示，已知 $u_{s1} = 2V$，$u_{s2} = 4V$，$R_1 = 2\Omega$，$R_2 = 4\Omega$，求其戴维南等效电路。

6-4　电路如题图 6-4 所示，已知 $u_s = 10V$，$i_s = 5A$，$R_1 = 5\Omega$，$R_2 = 1\Omega$，$R_3 = 2\Omega$，分别求当 R_L 为 7Ω、10Ω、70Ω 时的电流 i_x。并求当电阻 R_L 取何值时获得最大功率，最大功率是多少？

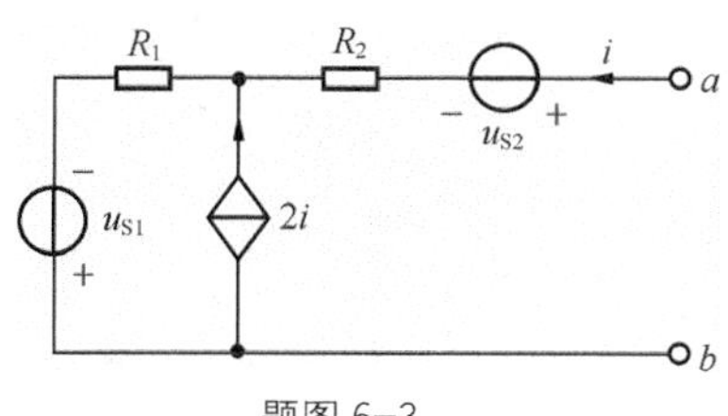

题图 6-3

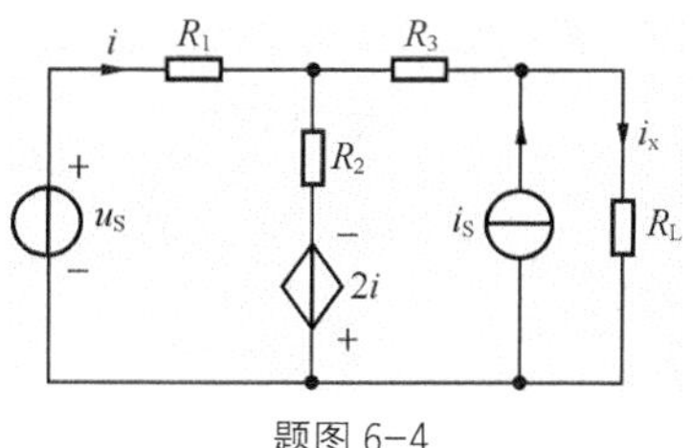

题图 6-4

6-5　电路如题图 6-5 所示，已知$u_s = 20V$，$R_1 = 10\Omega$，$R_2 = 10\Omega$，$L = 2H$，换路前电路已经达到稳态，求换路后的$i_L(t)$。

6-6　电路如题图 6-6 所示，已知$i_s = 2A$，$R_1 = 2\Omega$，$R_2 = 5\Omega$，$C = 1F$，$t = 0$时开关闭合，求$t \geqslant 0$时的电容电压。

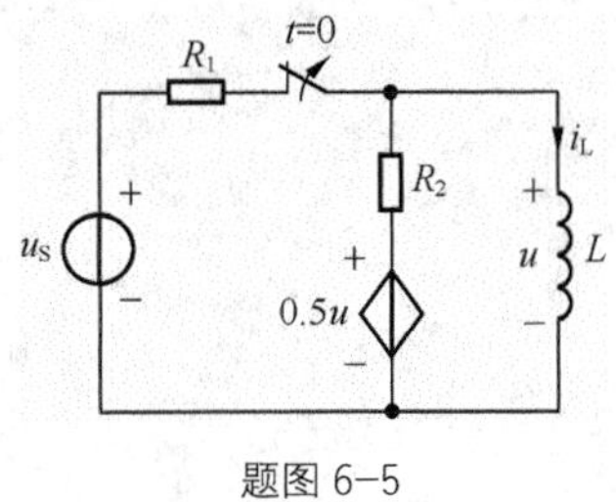

题图 6-5

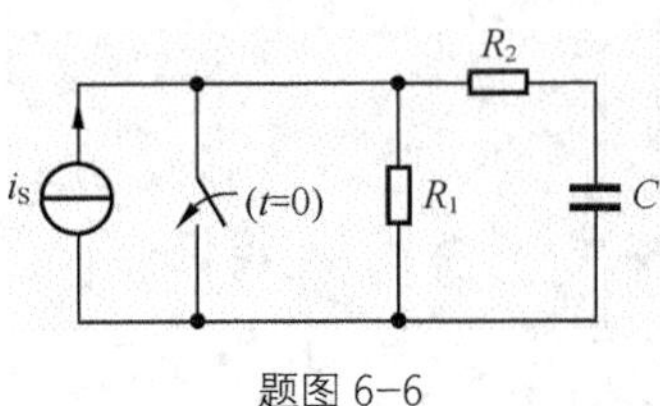

题图 6-6

6-7　电路如题图 6-7 所示，已知$\dot{U}_{s1} = 50\angle 30^\circ$ V，$\dot{U}_{s2} = 50\angle 60^\circ$ V，$R = 2\Omega$，$\omega L = 5\Omega$，$\dfrac{1}{\omega C} = 1\Omega$，求$\dot{I}_1$、$\dot{I}_2$和$\dot{I}_3$。

6-8　电路如题图 6-8 所示，已知$\dot{U}_s = 5\angle 0^\circ$ V，$\dot{I}_s = 2\angle 90^\circ$ A，$C = 2$ F，$\omega = 1$ rad/s，$R_1 = 5\Omega$，$R_2 = 10\Omega$，$\mu = 0.2$，求流经电压源的电流$\dot{I}$和电流源两端的电压$\dot{U}$。

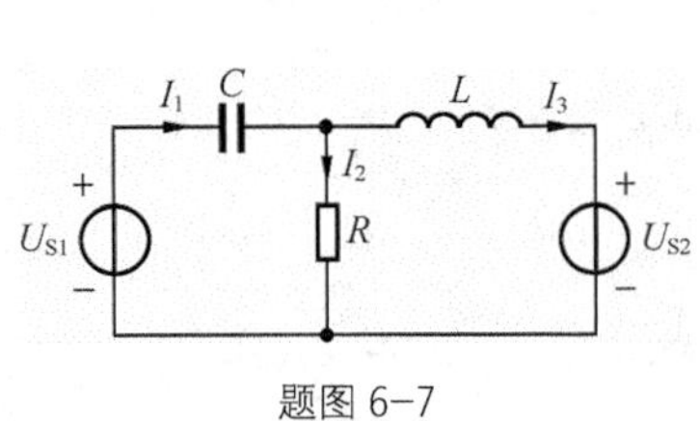

题图 6-7

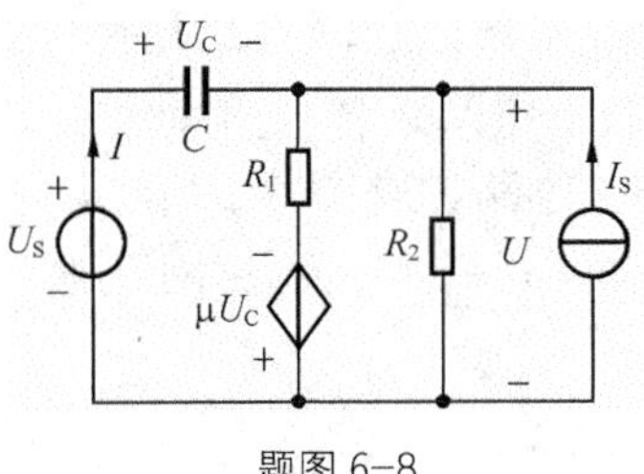

题图 6-8

6-9　电路如题图 6-9 所示，以$\dot{U}_1$为输入、$\dot{U}_2$为响应，求频率响应函数，并画出幅频特性和相频特性。

6-10　电路如题图 6-10 所示，已知二端口网络 N 的开路阻抗参数为$Z_{11} = 20\Omega$、$Z_{12} = 10\Omega$、$Z_{21} = 10\Omega$、$Z_{22} = 5\Omega$，它的输入端由内电阻为$R_s = 15\Omega$的电压源U_s驱动，求其输出端的戴维南等效电路。

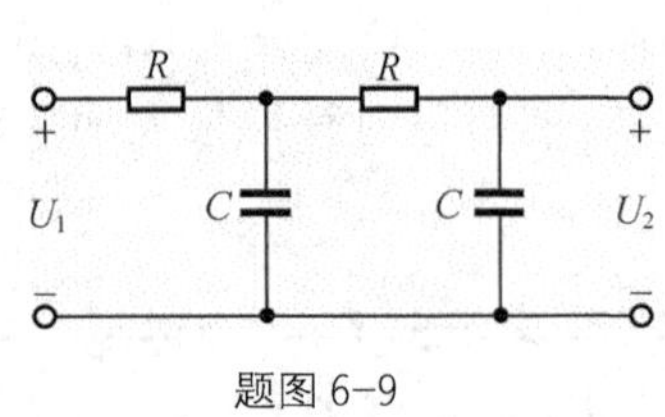

题图 6-9

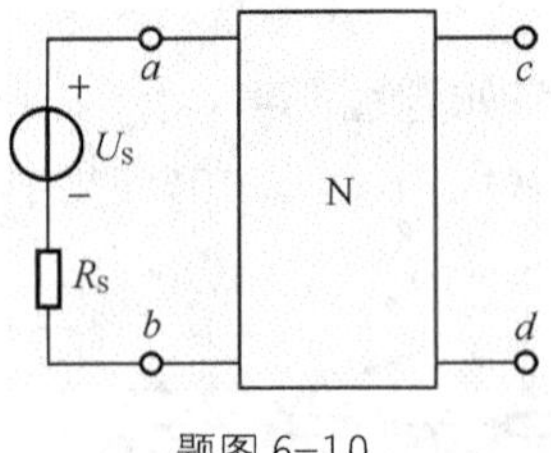

题图 6-10

第7章 MATLAB在信号与系统中的应用

信号与系统是通信与电子信息类专业继电路分析课程后又一门重要的专业基础课，该门课程主要研究信号与线性系统的基本理论和基本分析方法，为进一步研究学习信号处理和通信原理等内容打下坚实的基础。MATLAB 提供了许多直接用于信号与系统分析的函数，如求卷积、傅里叶（反）变换、拉普拉斯（反）变换、Z（反）变换等，本章将利用 MATLAB 进行信号与系统分析。

7.1 连续信号及其表示

如果在所讨论的时间间隔内，除若干不连续点外，对于任意时间值都可给出确定的函数值，此信号称为连续信号。MATLAB 用向量或矩阵来表示信号，所以严格来说，MATLAB 不能表示和处理连续信号。在 MATLAB 中，用等时间间隔点的样值来近似表示连续信号，当采样时间间隔足够小时，离散样值将能较好地逼近连续信号。

【例 7-1】 用 MATLAB 命令绘制连续时间信号 $f(t)=3\mathrm{e}^{-0.1t}\cos 2t\,u(t)$。

MATLAB 程序如下。

```
t=0:0.01:10;                          %设定时间向量
f=3*exp(-0.1*t).*cos(2*t);            %产生信号 f(t)
plot(t,f)                             %绘制 f(t)
xlabel('t'),ylabel('f(t)')            %设定坐标轴名
```

程序运行结果如图 7-1 所示。

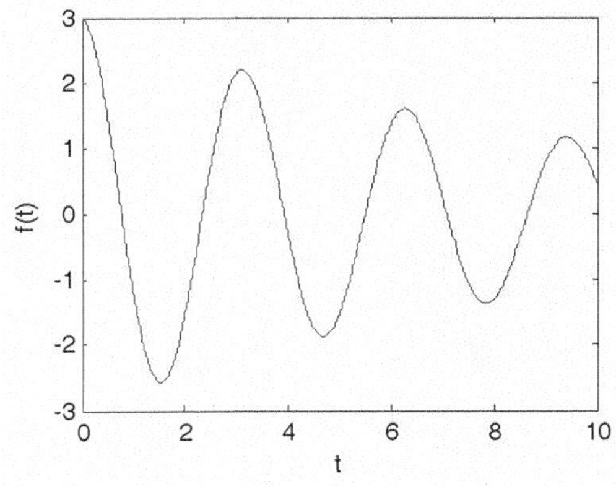

图 7-1 【例 7-1】的信号波形

【例 7-2】 用 MATLAB 命令绘制符号函数和阶跃信号。

MATLAB 程序如下。

```
t=-200:200;                                   %设定时间向量
f1=sign(t);                                   %产生符号函数
f2=1/2+f1/2;                                  %产生单位阶跃信号
subplot(1,2,1),plot(t,f1)                     %绘制符号函数
axis([-200200 -1.1 1.1])                      %设置坐标范围
xlabel('t'),ylabel('sgn(t)')                  %设置坐标轴名
title('符号函数')                              %设置图名
subplot(1,2,2),plot(t,f2)                     %绘制单位阶跃信号
axis([-200200 -0.1 1.1])                      %设置坐标范围
title('单位阶跃信号')                          %设置图名
xlabel('t'),ylabel('u(t)')                    %设置坐标轴名
```

程序运行结果如图 7-2 所示。

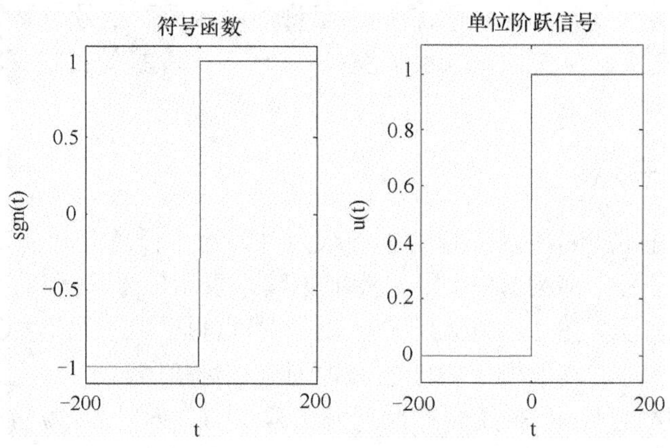

图 7-2　符号函数和单位阶跃信号波形

在 MATLAB 中，产生阶跃信号还可采用其他方法：用比较表达式实现；用函数 stepfun()实现，其调用格式如下。

stepfun(T,T0)：T 为时间向量，T0 为跃变时刻，当 T<T0 时返回 0，当 T>T0 时返回 1，且返回的向量与 T 具有相同的长度。

```
t=linspace(-1,4,1000);
x=t>1;
y=stepfun(t,1);
subplot(1,2,1),plot(t,x)
xlabel('t'),ylabel('x'),
axis([-1.1 4.1 -0.1 1.1])
subplot(1,2,2),plot(t,y)
xlabel('t'),ylabel('y')
axis([-1.1 4.1 -0.1 1.1])
```

运行结果如图 7-3 所示。

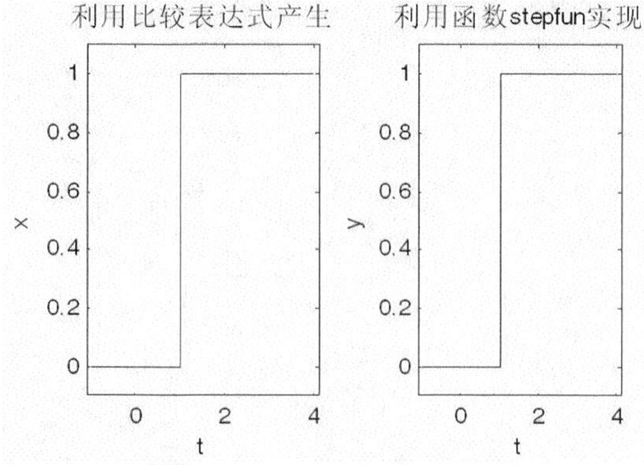

图 7-3　两种方法产生阶跃信号

MATLAB 的信号处理工具箱提供了一些其他常用信号的产生函数，如表 7-1 所示。

表 7-1 常用的信号产生函数

函数名	函数功能	函数名	函数功能
square	产生周期方波信号	rectpuls	产生非周期方波信号
sawtooth	产生周期锯齿波、三角波信号	tripuls	产生非周期三角波信号
sinc	产生 sinc 信号	pulstran	产生冲激串
chirp	产生调频余弦信号	diric	产生 Dirichlet 或周期 sinc 函数
gauspuls	产生高斯正弦脉冲信号	gmonopuls	产生高斯单脉冲信号

【例 7-3】 产生一个频率为 50Hz 的周期锯齿波。

MTALAB 程序如下。

```
t=0:0.0001:0.2;                    %设定时间向量
f=2*sawtooth(2*pi*50*t);          %产生锯齿波信号
plot(t,f)                          %绘制锯齿波信号
title('锯齿波信号')                %加图名
```

程序运行结果如图 7-4 所示。

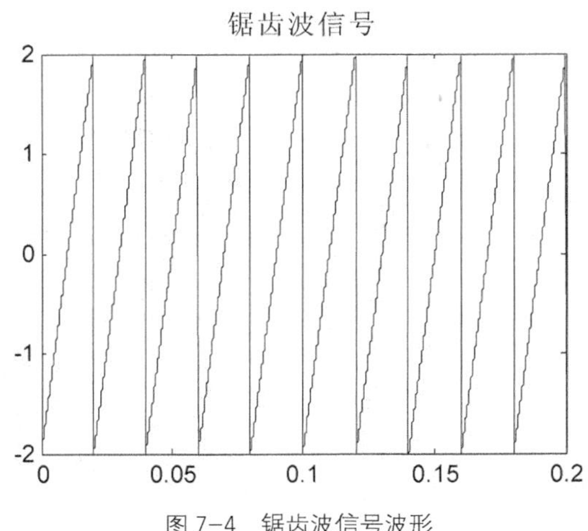

图 7-4 锯齿波信号波形

7.2 线性时不变系统

参数不随时间改变，且满足叠加性和均匀性的系统称为线性时不变（Linear Time-Invariant，LTI）系统。分析 LTI 系统可采用时域方法或变换域方法：时域方法直接分析时间变量的函数，研究系统的时域特性；变换域方法将 LTI 系统的时间变量函数变换成相应变换域的某种变量函数，如用于研究频域特性的傅里叶变换、研究零极点的拉普拉斯变换和 Z 变换。

LTI 系统可分为连续时间系统和离散时间系统，本章主要介绍连续时间系统，离散时间系统将在第 8 章介绍。描述连续 LTI 系统可采用常系数微分方程、系统的传递函数或状态方程。

（1）连续时间系统的常系数微分方程

连续时间系统的常系数微分方程为

$$\sum_{i=0}^{N} a_i y^{(i)}(t) = \sum_{j=0}^{M} b_j x^{(j)}(t)$$

向量 $\boldsymbol{a}=[a_N,a_{N-1},\cdots,a_1,a_0]$ 和 $\boldsymbol{b}=[b_M,b_{M-1},\cdots,b_1,b_0]$ 是连续系统常系数微分方程的系数向量，可以直接用向量 $\boldsymbol{a}$ 和 $\boldsymbol{b}$ 表示该系统。

（2）连续系统的传递函数

将（1）中的常系数微分方程两端进行拉普拉斯变换得

$$(a_0+a_1s+\cdots+a_{N-1}s^{N-1}+a_Ns^N)Y(s)=(b_0+b_1s+\cdots+b_{M-1}s^{M-1}+b_Ms^M)X(s)$$

将 $X(s)$ 移到等式左边，$Y(s)$ 的系数多项式移到等式右边，并将 s 多项式按其降幂排列得

$$\frac{Y(s)}{X(s)}=\frac{(b_Ms^M+b_{M-1}s^{M-1}+\cdots+b_1s+b_0)}{(a_Ns^N+a_{N-1}s^{N-1}+\cdots+a_1s+a_0)}$$

系统的传递函数定义为零初始条件下，输出量的拉普拉斯变换与输入量的拉普拉斯变换之比，用 $H(s)$ 表示：

$$H(s)=\frac{Y(s)}{X(s)}$$

即

$$H(s)=\frac{b_Ms^M+b_{M-1}s^{M-1}+\cdots+b_1s+b_0}{a_Ns^N+a_{N-1}s^{N-1}+\cdots+a_1s+a_0}$$

在 MATLAB 中，用向量 $\boldsymbol{b}$ 和 $\boldsymbol{a}$ 或者 sys=tf(b, a)表示系统的传递函数模型。注意：向量 $\boldsymbol{b}$ 和 $\boldsymbol{a}$ 的元素是按 s 的降幂次序排列的，且缺项要用 0 来补齐。

对于微分方程 $y'''(t)+2y''(t)-6y(t)=3x''(t)+5x(t)$，表示该系统的对应向量和传递函数为

```
>> a=[1 2 0 -6];b=[3 0 5];
>> sys=tf(b,a)
 Transfer function:
   3 s^2 + 5
---------------
s^3 + 2 s^2 - 6
```

还可以将传递函数模型改写成零—极点增益模型：

$$H(s)=k\frac{(s-z_1)(s-z_2)\cdots(s-z_M)}{(s-p_1)(s-p_2)\cdots(s-p_N)}$$

其中 k 为增益系数，$\boldsymbol{z}=[z_1,z_2,\cdots,z_M]^{\mathrm{T}}$ 为零点列向量，$\boldsymbol{p}=[p_1,p_2,\cdots,p_N]^{\mathrm{T}}$ 为极点列向量，在 MATLAB 中，用向量 $\boldsymbol{z}$、$\boldsymbol{p}$ 和 $\boldsymbol{k}$ 表示系统的零—极点增益模型。

（3）连续系统的状态方程

系统的状态方程为

$$\frac{\mathrm{d}x}{\mathrm{d}t}=\boldsymbol{A}x+\boldsymbol{B}u$$

其中 $\frac{\mathrm{d}x}{\mathrm{d}t}=\left[\frac{\mathrm{d}x_1}{\mathrm{d}t},\frac{\mathrm{d}x_2}{\mathrm{d}t},\cdots,\frac{\mathrm{d}x_n}{\mathrm{d}t}\right]^{\mathrm{T}}$，$\boldsymbol{x}=[x_1,x_2,\cdots,x_n]^{\mathrm{T}}$ 为 n 维状态向量，$\boldsymbol{u}=[u_1,u_2,\cdots,u_r]^{\mathrm{T}}$ 为 r 维输入向量，$\boldsymbol{A}$ 为 $n\times n$ 的系数矩阵，$\boldsymbol{B}$ 为 $n\times r$ 的系数矩阵。

系统的输出方程为输入量和状态量的线性组合：

$$y=\boldsymbol{C}x+\boldsymbol{D}u$$

其中 $\boldsymbol{y}=[y_1,y_2,\cdots,y_m]^{\mathrm{T}}$ 为 m 维输出向量，$\boldsymbol{C}$ 为 $m\times n$ 的系数矩阵，$\boldsymbol{D}$ 为 $m\times r$ 的系数矩阵。

联立状态方程和输出方程，得

$$\begin{cases} x'=\boldsymbol{A}x+\boldsymbol{B}u \\ y=\boldsymbol{C}x+\boldsymbol{D}u \end{cases} \quad 或记为 \quad \begin{bmatrix} x' \\ y \end{bmatrix}=\begin{bmatrix} \boldsymbol{A} & \boldsymbol{B} \\ \boldsymbol{C} & \boldsymbol{D} \end{bmatrix}\begin{bmatrix} x \\ u \end{bmatrix}$$

在 MATLAB 中，用矩阵 A、B、C、D 或 sys=ss(A,B,C,D)表示系统的状态空间模型。

MATLAB 提供了各种系统模型间相互转换的函数，如表 7-2 所示。

表 7-2 系统模型转换函数

函数	功能	调用格式
tf2ss	传递函数模型转换为状态空间模型	[A,B,C,D]=tf2ss(b,a)
tf2zp	传递函数模型转换为零—极点增益模型	[z,p,k]=tf2zp(b,a)
ss2tf	状态空间模型转换为传递函数模型	[b,a]=ss2tf(A,B,C,D,iu), iu 为输入量
ss2zp	状态空间模型转换为零—极点增益模型	[z,p,k]=ss2zp(A,B,C,D,iu), iu 为输入量
zp2tf	零—极点增益模型转换为传递函数模型	[b,a]=zp2tf(z,p,k)
zp2ss	零—极点增益模型转换为状态空间模型	[A,B,C,D]=zp2ss(z,p,k)

【例 7-4】 某连续系统的传递函数为 $H(s)=\dfrac{s^2+5s+6}{2s^3+6s^2+4}$，求该系统的状态空间模型和零—极点增益模型。

```
>> b=[1 5 6];a=[2 6 0 4];
>> [A,B,C,D]=tf2ss(b,a)
A =
    -3     0    -2
     1     0     0
     0     1     0
B =
     1
     0
     0
C =
    0.5000    2.5000    3.0000
D =
     0
>> [z,p,k]=tf2zp(b,a)
z =
   -3.0000
   -2.0000
p =
  -3.1958
   0.0979 + 0.7850i
   0.0979 - 0.7850i
k =
    0.5000
```

【例 7-5】 某系统的传递函数为 $H(s)=\dfrac{2(s+1)(s+2)}{(s+3)(s+4)(s-5)}$，求该系统的系数向量和状态空间模型。

```
>> z=[-1 -2]';p=[-3 -4 5]';k=2;
>> [b,a]=zp2tf(z,p,k)
b =
     0     2     6     4
a =
     1     2   -23   -60
>> [A,B,C,D]=zp2ss(z,p,k)
A =
   5.0000         0         0
   1.0000   -7.0000   -3.4641
        0    3.4641         0
B =
     1
     0
     0
C =
   2.0000   -8.0000   -5.7735
D =
     0
```

【例 7-6】 某系统的状态空间模型为 $\boldsymbol{A}=\begin{bmatrix}-2 & 1\\ -3 & 0\end{bmatrix}$，$\boldsymbol{B}=\begin{bmatrix}2\\ 1\end{bmatrix}$，$\boldsymbol{C}=[1\quad 0]$，$\boldsymbol{D}=1$，求该系统的传递函数模型和零—极点增益模型。

```
>> A=[-2 1;-3 0];B=[2 1]';C=[1 0];D=[1];
>> [b,a]=ss2tf(A,B,C,D)
b =
   1.0000    4.0000    4.0000
a =
   1.0000    2.0000    3.0000
>> [z,p,k]=ss2zp(A,B,C,D)
z =
  -2.0000 + 0.0000i
  -2.0000 - 0.0000i
p =
  -1.0000 + 1.4142i
  -1.0000 - 1.4142i
k =
     1
```

7.3 连续时间系统的时域分析

LTI 连续时间系统在时域中以常系数微分方程来描述：

$$\sum_{i=0}^{N} a_i y^{(i)}(t)=\sum_{j=0}^{M} b_j f^{(j)}(t)$$

因此系统响应可利用 3.7.2 小节中的 dsolve 函数求解常系数微分方程来得到。

【例 7-7】 已知某系统的微分方程表示为

$$y''(t)+5y'(t)+6y(t)=f(t)$$

求当 $f(t)=\mathrm{e}^{-t}u(t)$ 和 $y(0_-)=1$、$y'(0_-)=1$ 时的全响应。

解： 先求零输入响应，再求零状态响应，两部分加在一起就是系统的全响应。

MATLAB 程序如下。

```
eq1='D2y+5*Dy+6*y=0';                       %设定零输入条件下的微分方程
ic1='y(0)=1,Dy(0)=1';                       %输入初始状态
yzi=dsolve(eq1,ic1);                        %求解微分方程，得到零输入响应
yzi=simplify(yzi)                           %化简零输入响应
eq2='D2y+5*Dy+6*y=exp(-t)*Heaviside(t)';    %设定给定输入条件下的微分方程
ic2='y(-0.01)=0,Dy(-0.01)=0';               %设定初始状态为 0
yzs=dsolve(eq2,ic2);                        %求解微分方程，得到零状态响应
yzs=simplify(yzs)                           %化简零状态响应
y=yzi+yzs                                   %全响应
```

运行程序，得到

```
yzi =
4*exp(-2*t)-3*exp(-3*t)
yzs =
1/2*heaviside(t)*(exp(-t)-2*exp(-2*t)+exp(-3*t))
y =
4*exp(-2*t)-3*exp(-3*t)+1/2*heaviside(t)*(exp(-t)-2*exp(-2*t)+exp(-3*t))
```

输入为冲激信号 $\delta(t)$ 时产生的零状态响应为系统的冲激响应，记为 $h(t)$；输入为单位阶跃信号 $u(t)$ 时产生的零状态响应称为系统的阶跃响应，记为 $g(t)$。

现在来求解【例 7-7】中系统的冲激响应和阶跃响应。

MATLAB 程序如下。

```
eq1='D2y+5*Dy+6*y=Dirac(t)';            %设定输入为冲激信号时的微分方程
eq2='D2y+5*Dy+6*y=Heaviside(t)';        %设定输入为阶跃信号时的微分方程
ic='y(-0.01)=0,Dy(-0.01)=0';            %设定初始状态为 0
h=dsolve(eq1,ic);                       %求解微分方程，得到冲激响应
h=simplify(h)                           %化简冲激响应
g=dsolve(eq2,ic);                       %求解微分方程，得到阶跃响应
g=simplify(g)                           %化简阶跃响应
```

程序运行结果为

```
h =
-heaviside(t)*(exp(-3*t)-exp(-2*t))
g =
-1/6*heaviside(t)*(-1+3*exp(-2*t)-2*exp(-3*t))
```

连续时间信号 $f_1(t)$ 和 $f_2(t)$ 的卷积定义为

$$f(t)=f_1(t)*f_2(t)=\int_{-\infty}^{\infty}f_1(\tau)f_2(t-\tau)\mathrm{d}\tau$$

为了在 MATLAB 中求解，须将其进行采样，得到一定精度的卷积：

$$f_1(t)*f_2(t)=\int_{-\infty}^{\infty}f_1(\tau)f_2(t-\tau)\mathrm{d}\tau=\lim_{\Delta\to 0}\sum_{k=-\infty}^{\infty}f_1(k\Delta)f_2(t-k\Delta)\Delta$$

如果只求当 $t=n\Delta$（n 为整数）时 $f(t)$ 的值 $f(n\Delta)$，则

$$f(n\Delta)\approx\sum_{k=-\infty}^{\infty}f_1(k\Delta)f_2(n\Delta-k\Delta)\Delta=\Delta\sum_{k=-\infty}^{\infty}f_1(k\Delta)f_2[(n-k)\Delta]$$

上式中 $\sum_{k=-\infty}^{\infty}f_1(k\Delta)f_2[(n-k)\Delta]$ 实际上就是连续信号 $f_1(t)$ 和 $f_2(t)$ 经等时间间隔 Δ 均匀采样的离散序列 $f_1(n\Delta)$ 和 $f_2(n\Delta)$ 的卷积和，当 Δ 足够小时，$f(n\Delta)$ 就是卷积积分的近似结果。用

MATLAB 实现连续信号 $f_1(t)$ 和 $f_2(t)$ 卷积的过程如下。

① 对连续信号 $f_1(t)$ 和 $f_2(t)$ 以时间间隔 Δ 进行采样，得到离散序列 $f_1(n\Delta)$ 和 $f_2(n\Delta)$。

② 构造与 $f_1(n\Delta)$、$f_2(n\Delta)$ 相应的时间向量 n_1、n_2。

③ 调用离散序列卷积和求解函数 conv，计算 $\text{conv}(f_1(n\Delta), f_2(n\Delta))$，得到的结果为卷积积分 $f(t)$ 的近似向量 $f(n\Delta)$。

④ 构造 $f(n\Delta)$ 的时间向量 n。

【例 7-8】 已知 $f_1(t)=\sin(t)u(t)$、$f_2(t)=\mathrm{e}^{-2t}u(t)$，计算 $0<t<5$ 时的卷积 $f(t)=f_1(t)*f_2(t)$。

MATLAB 程序如下。

```
delta=0.01;                              %采样时间间隔
k1=0:delta:5;                            %信号 f1 对应的时间向量
k2=0:delta:5;                            %信号 f2 对应的时间向量
f1=sin(k1);                              %输入信号 f1
f2=exp(-2*k2);                           %输入信号 f2
f=ctconv(f1,k1,f2,k2,delta);             %调用子函数 ctconv，计算 f1 和 f2 的卷积
```

%子函数 ctconv 的定义如下。

```
function f=ctconv(f1,k1,f2,k2,delta)
f=delta*conv(f1,f2);                     %计算卷积，将结果赋给 f
k0=k1(1)+k2(1);                          %计算 f 序列非零样值的起始位置
k3=length(f1)+length(f2)-2;              %计算 f 序列的长度
k=k0:delta:k0+k3*delta;                  %f 序列对应的时间向量
subplot(2,2,1);plot(k1,f1);              %在子图 1 中绘制 f1(t)
xlabel('t');title('f1(t)');
subplot(2,2,2);plot(k2,f2);              %在子图 2 中绘制 f2(t)
xlabel('t');title('f2(t)');
subplot(2,2,3);plot(k,f);                %在子图 3 中绘制 f(t)
h=get(gca,'position');
h(3)=2.3*h(3);set(gca,'position',h);     %将子图 3 的横坐标范围扩至原来的 2.3 倍
xlabel('t');title('f(t)=f1(t)*f2(t)');
```

程序运行结果如图 7-5 所示。

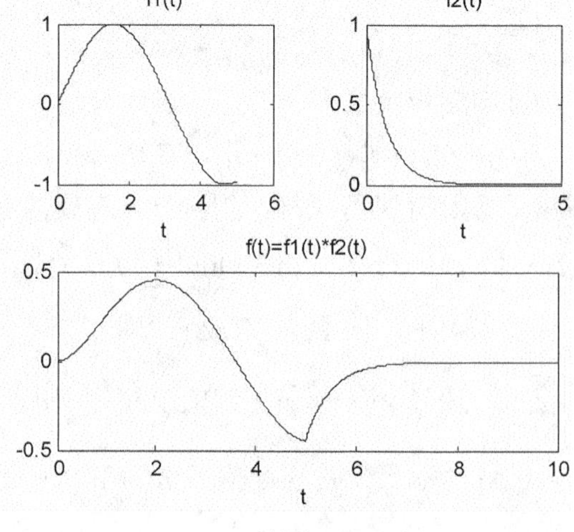

图 7-5 两连续信号及其卷积

系统的零状态响应 $y(t)$ 等于系统的激励 $x(t)$ 和冲激响应 $h(t)$ 的卷积，因此可以通过 $y(t)=x(t)*h(t)$ 求系统的零状态响应。

【例 7-9】 当激励 $f(t)=\mathrm{e}^{-t}u(t)$ 时，利用卷积求解系统 $y''(t)+5y'(t)+6y(t)=f(t)$ 的零状态响应。

MATLAB 程序如下。

```
delta=0.01;                                      %采样时间间隔
k1=0:delta:5;                                    %设定 f 对应的时间向量
k2=0:delta:4;                                    %设定 h 对应的时间向量
f=exp(-k1);                                      %激励信号 f1
a=[1 5 6];                                       %系数向量
b=[1];
[r,p,k]=residue(b,a);                            %极点留数法求冲激响应
h=r(1)*exp(p(1)*k2)+r(2)*exp(p(2)*k2);
y=ctconv(f,k1,h,k2,delta);                       %调用子函数 ctconv，计算零状态响应
```

程序运行结果如图 7-6 所示。

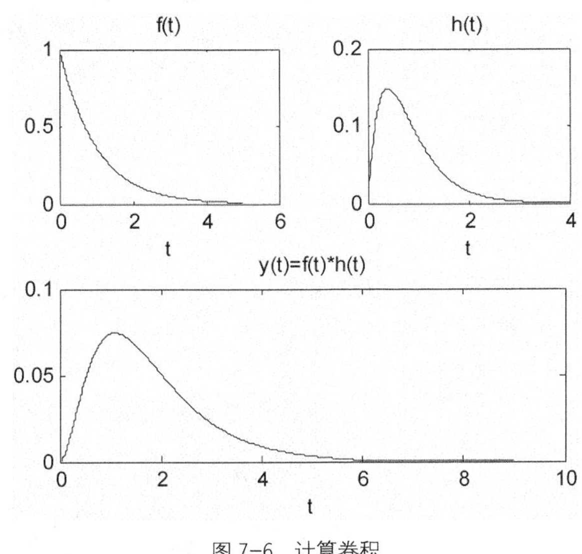

图 7-6 计算卷积

MATLAB 提供了求解单位冲激响应的函数 impulse()、阶跃响应函数 step()、系统的零输入响应函数 initial()、系统的时域响应函数 lsim()，无须求解方程就可以直接得到系统响应。

（1）impulse()函数

impulse()函数绘制由系统模型 sys 表示的 LTI 系统的单位冲激响应，并能求出在指定时间范围内单位冲激响应的数值解，其调用格式如下。

impulse(sys)：绘制系统的单位冲激响应。

impulse(sys, t)：绘制在指定时间范围内系统的单位冲激响应。

y=impulse(sys, t)：参数同上，不绘图，将结果保留在 y 中。

（2）step()函数

step()函数绘制由系统模型 sys 表示的 LTI 系统的阶跃响应，并能求出在指定时间范围内阶跃响应的数值解，其调用格式如下。

step(sys)：绘制系统的阶跃响应。

step (sys, t)：绘制在指定时间范围内系统的阶跃响应。

y= step(sys, t)：参数同上，不绘图，将结果保留在 y 中。

（3）lsim()函数

lsim()函数绘制由系统模型 sys 表示的 LTI 系统在指定时间范围内的时域响应波形，并能求出在指定时间范围内系统响应的数值解，其调用格式如下。

lsim(sys, u, t)：在 t 指定的时间范围内绘制当输入为 u 时系统的零状态响应波形。

y = lsim(sys, u, t)：参数同上，不绘图，将结果保留在 y 中。

lsim(sys, u, t, x0)：在 t 指定的时间范围内绘制当输入为 u 时系统的全响应波形。

y= lsim(sys, u, t, x0)：参数同上，不绘图，将结果保留在 y 中。

（4）initial()函数

initial 函数绘制由系统的状态空间模型 sys 表示的 LTI 系统在指定时间范围内的零输入响应的时域波形，并能求出系统零输入响应的数值解，其调用格式如下。

initial(sys, x0)：绘制当初始状态为 x0 时系统的零输入响应波形。

initial(sys, x0, t)：在 t 指定的时间范围内绘制当初始状态为 x0 时系统的零输入响应波形。

y= initial(sys, x0, t)：参数同上，不绘图，将结果保留在 y 中。

注意：调用 impulse()、step()和 lsim()时的系统模型可以是传递函数模型，也可以是状态空间模型，但调用 initial()时的系统模型 sys 必须是状态空间模型。

【例 7-10】 已知某 LTI 连续系统的微分方程为

$$2y''(t)+y'(t)+4y(t)=f'(t)+f(t)$$

求该系统的单位冲激响应，阶跃响应，输入信号为 $f(t)=\mathrm{e}^{-t}u(t)$ 时系统的零状态响应，在 $y(0_-)=1$、$y'(0_-)=0$ 初始条件下的零输入响应。

MATLAB 程序如下。

```
a=[2 1 4];                              %设定系数向量 a
b=[1 1];                                %设定系数向量 b
sys=tf(b,a);                            %得到系统的传递函数模型
[A,B,C,D]=tf2ss(b,a);                   %由传递函数模型求得状态空间模型
sys1=ss(A,B,C,D);                       %状态空间模型
y0=[1 0];                               %输入系统的初始条件
t=0:0.01:5;                             %设定时间向量
f=exp(-t);                              %系统输入
%直接绘制各种响应
subplot(2,2,1);impulse(sys,t);          %impulse(b,a,t), 绘制系统的单位冲激响应
subplot(2,2,2);step(sys,t);             %绘制系统的阶跃响应
subplot(2,2,3);initial(sys1,y0,t);  %initial(A,B,C,D,y0,t), 绘制系统的零输入响应
subplot(2,2,4);lsim(sys,f,t);           %绘制系统的零状态响应
%也可以先求出各种响应，再绘制出来，具体如下
y1=impulse(sys,t);
subplot(2,2,1);plot(t,y1);
y2=step(sys,t);
subplot(2,2,2);plot(t,y2);
y3=initial(sys1,y0,t);
```

```
    subplot(2,2,3);plot(t,y3);
    y4=lsim(sys,f,t);
    subplot(2,2,4);plot(t,y4);
```

程序运行结果如图 7-7 所示。

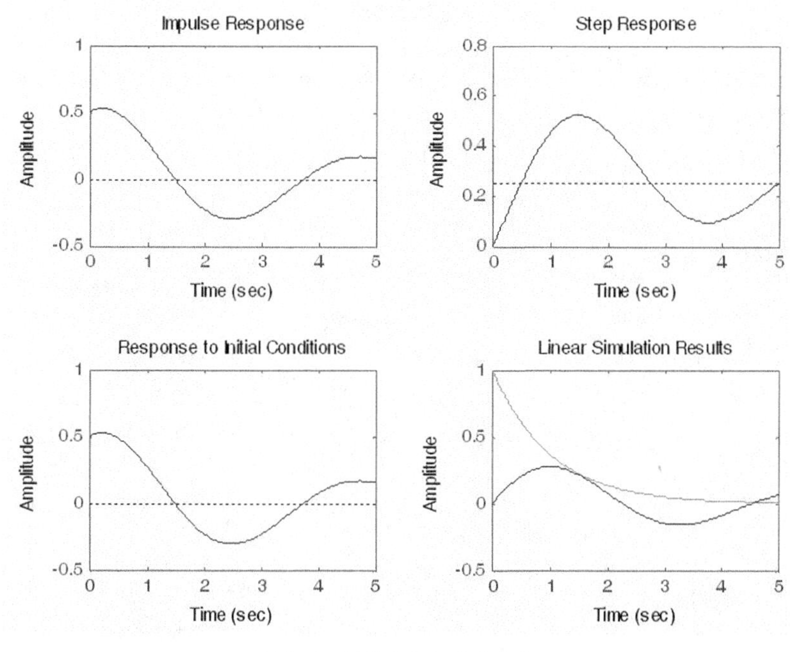

图 7-7 系统的各种响应曲线

7.4 连续时间系统的变换域分析

7.4.1 傅里叶级数

周期为T_1、角频率为$\omega_1=\dfrac{2\pi}{T_1}$的周期信号$f(t)$的傅里叶级数展开表达式为

$$f(t)=a_0+\sum_{n=1}^{\infty}[a_n\cos(n\omega_1 t)+b_n\sin(n\omega_1 t)]$$

其中n为正整数，a_0为直流分量，a_n为余弦分量的幅度，b_n为正弦分量的幅度，它们的计算表达式分别为

$$a_0=\frac{1}{T_1}\int_{t_0}^{t_0+T_1}f(t)\mathrm{d}t$$

$$a_n=\frac{2}{T_1}\int_{t_0}^{t_0+T_1}f(t)\cos(n\omega_1 t)\mathrm{d}t$$

$$b_n=\frac{2}{T_1}\int_{t_0}^{t_0+T_1}f(t)\sin(n\omega_1 t)\mathrm{d}t$$

傅里叶级数展开式可以改写为：

$$f(t)=c_0+\sum_{n=1}^{\infty}c_n\cos(n\omega_1 t+\varphi_n)$$

其中：

$$c_0 = a_0$$
$$c_n = \sqrt{a_n^2 + b_n^2}$$
$$\varphi_n = -\arctan\left(\frac{b_n}{a_n}\right)$$

c_n 随 $n\omega_1$ 的变化线图称为信号的幅度频谱，简称幅度谱；φ_n 随 $n\omega_1$ 的变化线图称为信号的相位频谱，简称相位谱。

【例 7-11】 利用 MATLAB 将重复周期为 4、脉冲宽度为 2、脉冲幅度为 1 的矩形波信号展开成傅里叶级数。

MATLAB 程序如下。

```
T=4;tao=2;                                           %设定矩形脉冲信号的周期和脉冲宽度
w=2*pi/T;                                            %基频
a0=quadl('abs(t)<=1',-2,2)/T;                        %求 a0
N=100;                                               %设定最大谐波数
an=zeros(1,N);bn=zeros(1,N);                         %初始化 an 和 bn
for k=1:N
   an(k)=quadl(@rectcos,-2,2,[],[],k,w)*2/T;         %计算 an
   bn(k)=quadl(@rectsin,-2,2,[],[],k,w)*2/T;         %计算 bn
end
%绘制周期矩形脉冲信号
t=-4:0.01:4;                                         %设定时间向量
x=pulstran(t,-6:4:6,'rectpuls',2);                   %生成周期矩形脉冲信号
subplot(3,2,1);plot(t,x);                            %绘制周期矩形脉冲信号
xlabel('t');ylabel('Amplitude');
axis([-4,4,-0.2,1.2]);grid on;
title('Rectangular wave');
%有限项级数逼近
k_max=[1 10 30 50 100];                              %最大谐波数向量
for m=1:length(k_max)
f=a0;
for k=1:k_max(m)
   f=f+an(k)*cos(k*w*t)+bn(k)*sin(k*w*t);
end
subplot(3,2,m+1);plot(t,f);grid on;
xlabel('t');ylabel('Partial Sum');
axis([-4,4,-0.2,1.2]);
title(['Max Harmonics=',num2str(k_max(m))]);
end
```

其中用到两个自定义的子函数 rectcos 和 rectsin 的定义如下。

```
function y=rectcos(t,n,w)
y=(abs(t)<=1).*cos(n*w*t);
function y=rectsin(t,n,w)
y=(abs(t)<=1).*sin(n*w*t);
```

程序运行结果如图 7-8 所示。

由图 7-8 可以看出，随着傅里叶有限级数项数的增多，合成波形越来越接近周期矩形脉冲，在 N=100 时，二者的波形已经很接近了，但合成波在跳变点前后会有较大波动，这种现象被称为“吉布斯（Gibbs）”现象。

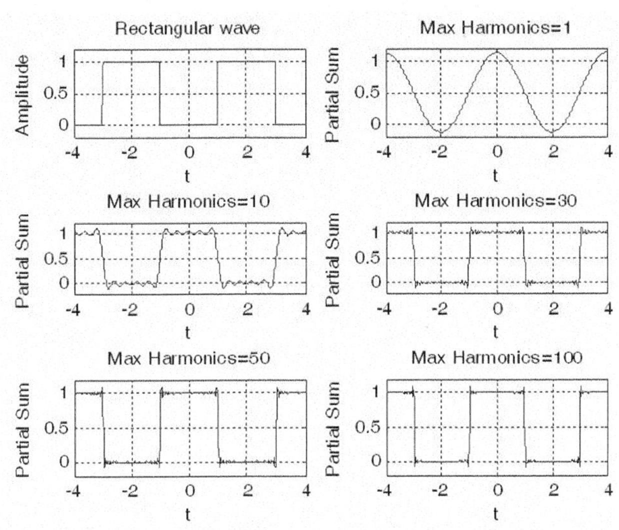

图 7-8　周期矩形脉冲信号的有限项傅里叶级数和

【例 7-12】　绘制重复周期为 6、脉冲宽度为 2、脉冲幅度为 1 的矩形波的幅度谱和相位谱。

MATLAB 程序如下。

```
T=6;tao=2;w=2*pi/T;
a0=quadl(@rect,-3,3)/T;
N=20;an=zeros(1,N);bn=zeros(1,N);
for k=1:N
    an(k)=quadl(@rectcos,-3,3,[],[],k,w)*2/T;          %计算 an
    bn(k)=quadl(@rectsin,-3,3,[],[],k,w)*2/T;          %计算 bn
end
c0=a0;                                                   %求 c0
cn=sqrt(an.^2+bn.^2);                                    %求 cn
phi=-atan(bn./an);                                       %计算相位
%根据 an 的正负修正当 bn=0 时的相位值
for k=1:N
if phi(k)==0
    if an(k)>0
        phi(k)=pi;
    end
end
end
%绘制幅度谱和相位谱
n=1:N;
subplot(1,2,1);stem(n*w,cn);
xlabel('nw');ylabel('cn');
```

```
axis([0,21,0,0.6]);
title('幅度谱');
subplot(1,2,2);stem(n*w,phi);
xlabel('nw');ylabel('phi');
axis([0,21,0,3.5]);
title('相位谱');
```

程序运行结果如图 7-9 所示。

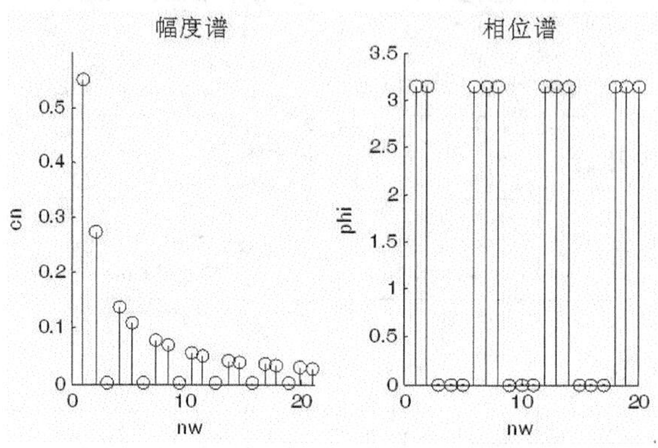

图 7-9 T=6、$\tau=2$ 时周期矩形信号的频谱

【例 7-12】中周期矩形波的脉冲宽度不变，将重复周期由原来的 6 变为 10，重新绘制其幅度谱，得到的结果如图 7-10 所示。与图 7-9 相比较，可以看出，当脉冲宽度不变、周期增大时，谱线的幅度随之减小，谱线之间的间隔变小，谱线更密。

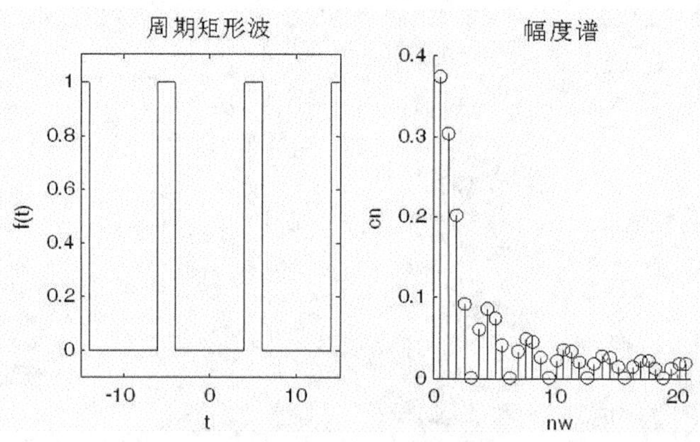

图 7-10 T=10、$\tau=2$ 时的周期矩形波形及其频谱

【例 7-12】中周期矩形波的周期不变，脉冲宽度由原来的 2 变为 1，重新绘制其幅度谱，得到的结果如图 7-11 所示。与图 7-9 相比较，可以看出，当周期不变、脉冲宽度减小时，谱线的幅度随之减小，信号频带宽度增加。

根据周期信号傅里叶级数的定义，可以计算出脉冲宽度为 τ、脉冲幅度为 E、重复周期为 T 的周期矩形脉冲信号 $f(t)$ 展开成傅里叶级数的谐波分量幅度为

$$c_n=\left|\frac{2E\tau}{T}\mathrm{Sa}\left(\frac{n\pi\tau}{T}\right)\right|$$

可知谱线的最大高度取决于$\dfrac{2E\tau}{T}$，当脉冲幅度E恒定时，谱线的幅度与τ成正比，与T成反比；谱线间隔为$\omega=\dfrac{2\pi}{T}$，它只与T有关，且与T成反比；频带宽度等于第一个零点的坐标，$\mathrm{Sa}\left(\dfrac{n\pi\tau}{T}\right)=\mathrm{Sa}\left(\dfrac{n\omega\tau}{2}\right)$，在第一个零点有$\dfrac{n\omega\tau}{2}=\pi$，则$n\omega=\dfrac{2\pi}{\tau}$，所以频带宽度只与$\tau$有关，且与$\tau$成反比。可见，上面得到的仿真结果与理论分析是一致的。

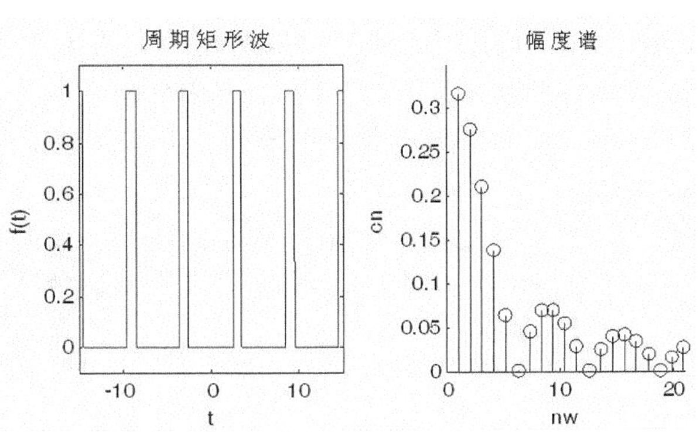

图 7-11　T=6、τ = 1 时的周期矩形波形及其频谱

7.4.2　傅里叶变换

傅里叶变换是连续时间系统频域分析的基础。

1. Fourier 变换

Fourier 变换的定义为$F(\omega)=\int_{-\infty}^{\infty} f(x)\mathrm{e}^{-\mathrm{j}\omega x}\mathrm{d}x$。$F(\omega)$是$f(x)$的频谱函数，它一般是复函数，写作：

$$F(\omega)=|F(\omega)|\mathrm{e}^{\mathrm{j}\varphi(\omega)}$$

$|F(\omega)|$和$\varphi(\omega)$分别是$F(\omega)$的模和相位，$|F(\omega)|\sim\omega$和$\varphi(\omega)\sim\omega$曲线分别是$f(t)$的幅度谱和相位谱。

fourier 函数用于求 Fourier 变换，其调用格式如下。

① F = fourier(f)：对默认自变量为x的符号函数f进行傅里叶变换，返回F的默认变量是ω，即$f(x)\Rightarrow F(\omega)$；若$f=f(\omega)$，则返回变量为$t$的函数$F=F(t)$。

② F = fourier(f,v)：同上，只是返回值F的参量是指定变量v，即$f(x)\Rightarrow F(v)=\int_{-\infty}^{\infty} f(x)\mathrm{e}^{-\mathrm{j}vx}\mathrm{d}x$。

③ F = fourier(f,u,v)：返回指定参量为u的符号函数f的傅里叶变换，返回值F的参量是指定变量v，即$f(u)\Rightarrow F(v)=\int_{-\infty}^{\infty} f(u)\mathrm{e}^{-\mathrm{j}vu}\mathrm{d}u$。

2. 逆 Fourier 变换

逆 Fourier 变换的定义为$f(x)=\dfrac{1}{2\pi}\int_{-\infty}^{\infty} F(\omega)\mathrm{e}^{\mathrm{j}\omega x}\mathrm{d}\omega$，ifourier 函数用于求逆 Fourier 变换，其调用格式如下。

① f = ifourier(F)：对默认自变量为ω的符号函数F进行逆傅里叶变换，返回f的默认变

量是 x，即 $F(\omega)\Rightarrow f(x)$；若 $F=F(x)$，则返回变量为 t 的函数 $f=f(t)$。

② f = ifourier(F,u)：同上，只是返回值 f 的参量是指定变量 u，即 $F(\omega)\Rightarrow f(u)=\frac{1}{2\pi}\int_{-\infty}^{\infty}F(\omega)\mathrm{e}^{\mathrm{j}\omega u}\mathrm{d}\omega$。

③ f = ifourier(F,v,u)：返回指定参量为 v 的符号函数 F 的逆傅里叶变换，返回 f 的参量是指定变量 u，即 $F(v)\Rightarrow f(u)=\frac{1}{2\pi}\int_{-\infty}^{\infty}F(v)\mathrm{e}^{\mathrm{j}vu}\mathrm{d}v$。

注意：在调用 fourier()和 ifourier()前，要将涉及的变量定义成符号变量，调用后返回的函数仍为符号函数，如需对返回函数作图，应采用 ezplot()命令而不是 plot()。

【例 7-13】 求 $f(t)=u(t+1)-u(t-1)$ 的傅里叶变换，并绘制其幅度谱。

MATLAB 程序如下。

```
syms t;                                           %定义符号变量 t
f=sym('Heaviside(t+1)')-sym('Heaviside(t-1)');    %输入符号函数 f
F=fourier(f);                                     %求 f 的傅里叶变换 F
ezplot(abs(F));                                   %绘制幅度谱
```

程序运行结果如图 7-12 所示。

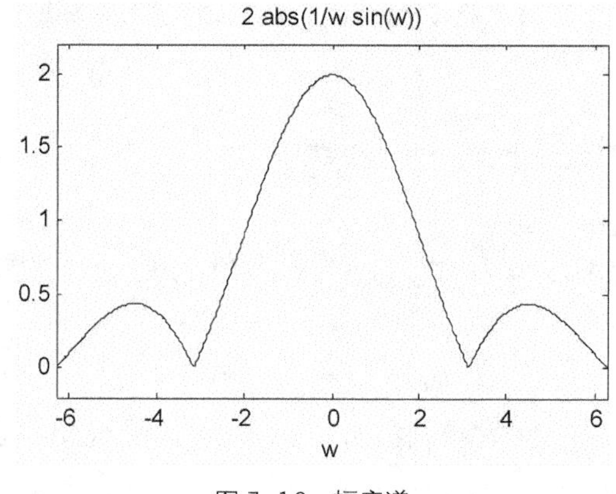

图 7-12 幅度谱

【例 7-14】 进行逆傅里叶变换。

```
>> syms x w u v;
>> F1=exp(-w^2/4);                                %符号函数的变量是 w
>> f1=ifourier(F1)                                %返回函数的参量是默认变量 x
f1 =
1/pi^(1/2)*exp(-x^2)
>> F2=exp(-abs(x));                               %符号函数的变量是 x
>> f2=ifourier(F2)                                %返回函数的参量是变量 t
f2 =
1/(1+t^2)/pi
>> F3=2*exp(-abs(w))-1;                           %符号函数的变量是 w
>> f3=ifourier(F3,u)                              %返回函数的参量是指定变量 u
f3 =
-dirac(u)+2/pi/(1+u^2)
```

【例 7-15】 已知 $f(t)=u(t+1)-u(t-1)$、$f_1(t)=f(t)e^{-j10t}$、$f_2(t)=f(t)e^{j10t}$，绘制 $f(t)$、$f_1(t)$ 和 $f_2(t)$ 的频谱，并进行比较。

MATLAB 程序如下。

```
T=4;                                  %时间宽度
N=200;                                %时域采样点数
delta=T/N;                            %时域采样间隔
t=linspace(-T/2,T/2-T/N,N);           %时间向量
f=(t>=-1)-(t>=1);                     %f(t)
f1=f.*exp(-j*10*t);                   %f1(t)
f2=f.*exp(j*10*t);                    %f2(t)
W=20*pi;                              %频域范围
K=100 0;                              %频域采样点数
w=linspace(-W/2,W/2-W/K,K);           %频率序列
F=f*exp(-j*t'*w)*delta;               %计算 f(t)的傅里叶变换 F(jw)
F1=f1*exp(-j*t'*w)*delta;             %计算 f1(t)的傅里叶变换 F1(jw)
F2=f2*exp(-j*t'*w)*delta;             %计算 f2(t)的傅里叶变换 F2(jw)
F=real(F);
F1=real(F1);
F2=real(F2);
subplot(3,1,1);plot(w,F);
xlabel('w');ylabel('F(jw)');
title('频谱 F(jw)')
subplot(3,1,2);plot(w,F1);
xlabel('w');ylabel('F1(jw)');
title('F(jw)左移到 w=-10 处的频谱 F1(jw)')
subplot(3,1,3);plot(w,F2);
xlabel('w');ylabel('F2(jw)');
title('F(jw)右移到 w=10 处的频谱 F2(jw)')
```

程序运行结果如图 7-13 所示。

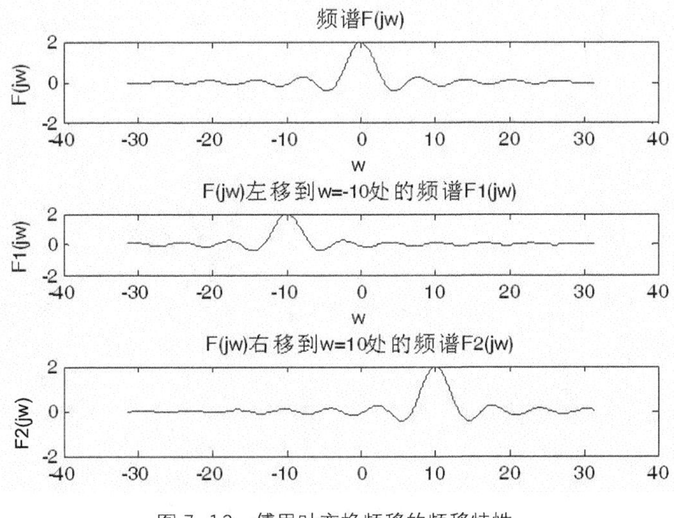

图 7-13 傅里叶变换频移的频移特性

7.4.3 连续时间系统的频域分析

若 LTI 系统的激励、冲激响应和零状态响应分别是 $x(t)$、$h(t)$、$y(t)$，它们的傅里叶变换分别为 $X(\omega)$、$H(\omega)$、$Y(\omega)$，则

$$y(t)=x(t)*h(t)$$

将上式两端同时进行傅里叶变换，根据卷积定理得

$$Y(\omega)=X(\omega)\cdot H(\omega)$$

或

$$H(\omega)=\frac{Y(\omega)}{X(\omega)}$$

$H(\omega)$ 就是系统的频率响应，同时它也是冲激响应 $h(t)$ 的傅里叶变换。$h(t)$ 和 $H(\omega)$ 分别从时域和频域表征同一系统的特性，$H(\omega)$ 一般是 ω 的复函数，表示为

$$H(\omega)=|H(\omega)|\mathrm{e}^{\mathrm{j}\varphi(\omega)}$$

$|H(\omega)|$ 称为系统的幅频响应特性，简称幅频特性；$\varphi(\omega)$ 称为系统的相频响应特性，简称相频特性。当能求解出系统的频率响应，在给定系统输入时，就可求出系统的响应。MATLAB 提供了求解系统频率响应的函数 freqs()，其调用格式如下。

① h = freqs(b,a,w)：返回在指定频率范围 w 内系统的频率响应，其中 b 和 a 是系统对应的常系数微分方程的系数向量。

② [h,w] = freqs(b,a)：返回默认频率范围内 200 个频率点的系统频率响应的样值和这 200 频率点。

③ [h,w] = freqs(b,a,f)：返回默认频率范围内 f 个频率点的系统频率响应的样值和这 f 个频率点。

④ freqs(b,a)：以对数坐标绘制系统的幅频特性和相频特性。

【例 7-16】 已知一个 LTI 连续系统的冲激响应为 $h(t)=2(\mathrm{e}^{-2t}-\mathrm{e}^{-3t})u(t)$，绘制出该系统的频响特性曲线。

解：该系统的频率响应为

$$H(\omega)=\int_{-\infty}^{\infty}h(t)\mathrm{e}^{-\mathrm{j}\omega t}\mathrm{d}t=\int_{0}^{\infty}2(\mathrm{e}^{-2t}-\mathrm{e}^{-3t})\mathrm{e}^{-\mathrm{j}\omega t}\mathrm{d}t=\frac{2}{2+\mathrm{j}\omega}-\frac{2}{3+\mathrm{j}\omega}$$

$$=\frac{2}{-\omega^2+5\mathrm{j}\omega+6}=\frac{2}{(\mathrm{j}\omega)^2+5\mathrm{j}\omega+6}$$

MATLAB 程序如下。

```
b=2;a=[1 5 6];                              %分子、分母多项式系数向量
w=logspace(-1,1);                           %设定频率向量
figure(1);freqs(b,a,w);                     %绘制系统的频率响应
%还可以先求出系统的频率响应，再绘制其幅频特性和相频特性
H=freqs(b,a,w);                             %求频率响应
mag=abs(H);                                 %取频率响应的模
phase=angle(H)*180/pi;                      %取频率响应的相位，并转换成角度
figure(2);
subplot(2,1,1),loglog(w,mag)                %以对数坐标绘制幅频特性曲线
xlabel('Frequency(rad/s)'),ylabel('Magnitude'),grid
```

```
subplot(2,1,2),semilogx(w,phase)              %以对数坐标绘制相频特性曲线
xlabel('Frequency(rad/s)'),ylabel('Phase(degrees)'),grid
%下面是以线性坐标绘制频响特性曲线
figure(3);
subplot(2,1,1),plot(w,mag)                    %以线性坐标绘制幅频特性曲线
xlabel('Frequency(rad/s)'),ylabel('Magnitude'),grid
subplot(2,1,2),plot(w,phase)                  %以线性坐标绘制相频特性曲线
xlabel('Frequency(rad/s)'),ylabel('Phase(degrees)'),grid
```

程序运行结果如图 7-14 所示。

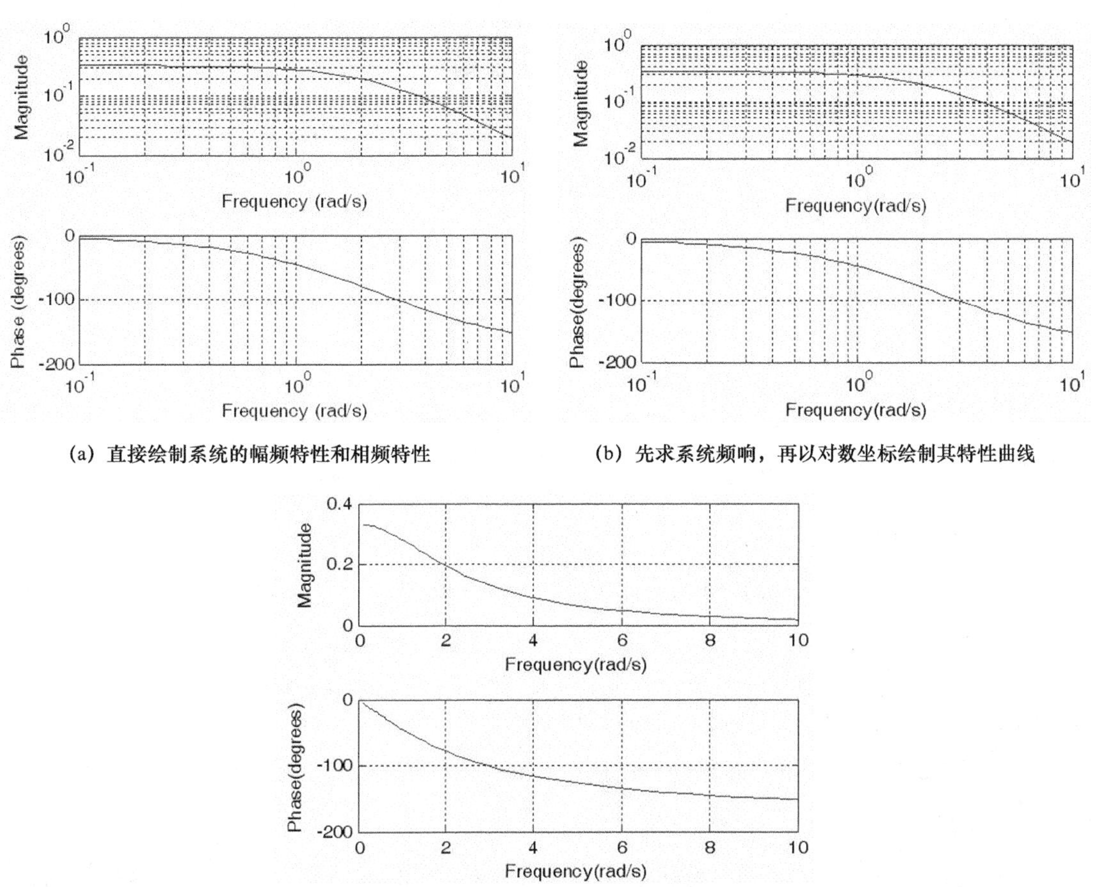

(a) 直接绘制系统的幅频特性和相频特性

(b) 先求系统频响，再以对数坐标绘制其特性曲线

(c) 先求系统频响，再以线性坐标绘制其特性曲线

图 7-14 系统的幅频特性和相频特性

【例 7-17】 某一 LTI 连续时间系统由 $y^{(3)}(t)+8y''(t)-6y'(t)+4y(t)=10x'(t)+5x(t)$ 表征，求该系统的频率响应。

MATLAB 程序如下。

```
b=[1 8 -6 4];a=[10 5];                        %设定分子、分母多项式系数向量
w=-20:0.05:20;                                %设定频率向量
H=freqs(b,a,w);                               %求频率响应
mag=abs(H);                                   %取频率响应的模
phase=angle(H)*180/pi;                        %取频率响应的相位，并转换成角度
```

```
subplot(2,1,1),plot(w,mag)                           %以线性坐标绘制幅频特性曲线
xlabel('Frequency(rad/s)'),ylabel('Magnitude'),grid
subplot(2,1,2),plot(w,phase)                         %以线性坐标绘制相频特性曲线
xlabel('Frequency(rad/s)'),ylabel('Phase(degrees)'),grid
```

程序运行结果如图 7-15 所示。

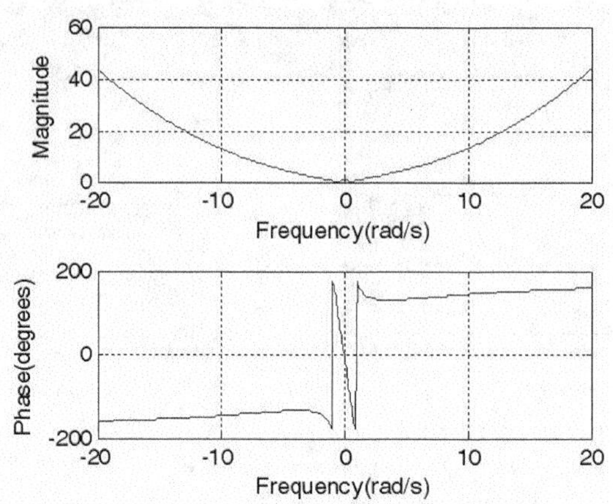

图 7-15　系统的幅频特性和相频特性

7.4.4　拉普拉斯变换

拉普拉斯变换（Laplace 变换，简称拉氏变换）是对连续时间系统进行复频域分析的理论基础。

1．Laplace 变换

Laplace 变换的定义为 $L(s)=\int_0^{\infty} f(t)\mathrm{e}^{-st}\mathrm{d}t$ ，laplace 函数用于求 Laplace 变换，其调用格式如下。

① L=laplace(f)：对默认自变量为 t 的符号函数 f 进行 Laplace 变换，返回 L 的默认变量是 s，即 $f(t)\Rightarrow L(s)$；若 $f=f(s)$，则返回变量为 t 的函数 $L=L(t)$。

② L=laplace(f,z)：对符号函数 f 进行 Laplace 变换，返回 L 的参量为指定变量 z，即 $L(z)=\int_0^{\infty} f(t)\mathrm{e}^{-zt}\mathrm{d}t$。

③ L=laplace(f,w,z)：对参量为 ω 的符号函数 f 进行 Laplace 变换，返回 L 的参量是指定变量 z，即 $L(z)=\int_0^{\infty} f(\omega)\mathrm{e}^{-z\omega}\mathrm{d}\omega$。

2．Laplace 反变换

Laplace 反变换的定义为 $f(t)=\int_{c-\mathrm{j}\infty}^{c+\mathrm{j}\infty} L(s)\mathrm{e}^{st}\mathrm{d}s$，ilaplace 函数用于求 Laplace 反变换，其调用格式如下。

① f=ilaplace(L)：对默认自变量为 s 的符号函数 L 进行 Laplace 反变换，返回 f 的默认变量是 t，即 $L(s)\Rightarrow f(t)$；若 $L=L(t)$，则返回变量为 x 的函数 $f=f(x)$。

② f=ilaplace(L,y)：对符号函数 L 进行 Laplace 反变换，返回 f 的参量为指定变量 y，即 $f(y)=\int_{c-\mathrm{j}\infty}^{c+\mathrm{j}\infty} L(s)\mathrm{e}^{sy}\mathrm{d}s$。

③ f=ilaplace(L,y,x)：对参量为 y 的符号函数 L 进行 Laplace 反变换，返回 f 的参量是指定变量 x，即 $f(x)=\int_{c-j\infty}^{c+j\infty}L(y)e^{xy}dy$。

注意：在调用 laplace()和 ilaplace()前，要将涉及的变量定义成符号变量，调用后返回的函数仍为符号函数，如需对返回函数作图，应采用 ezplot()命令。

【例 7-18】 进行 Laplace 变换。

```
>> syms t s a z w
>> f1=t^4;                            %符号函数的自由变量为t
>> L1=laplace(f1)                     %返回函数的参量为默认变量s
L1 =
24/s^5
>> f2=1/sqrt(s);                      %符号函数的自由变量为s
>> L2=laplace(f2)                     %返回函数的参量为变量t
L2 =
(pi/t)^(1/2)
>> f3=exp(-a*t);                      %符号函数的自由变量为t
>> L3=laplace(f3,z)                   %返回函数的参量为指定变量z
L3 =
1/(z+a)
>> f4=abs(t)*exp(-a*abs(w));          %符号函数有两个自由变量：t和w
>> L4=laplace(f4,w,z)                 %对参量为w的函数进行拉氏变换，返回函数的参量为指定
变量z
L4 =
abs(t)/(z+a)
```

【例 7-19】 求 $F(s)=\dfrac{2s}{(s^2+1)^2}$ 的 Laplace 反变换 $f(t)$，并将 $F(s)$ 和 $f(t)$ 绘制出来。

MATLAB 程序如下。

```
syms s;
F=2*s/(s^2+1)^2;
f=ilaplace(F);
subplot(121);ezplot(F);
subplot(122);ezplot(f);
```

运行程序，得到 f= t*sin(t)，$F(s)$ 和 $f(t)$ 的曲线如图 7-16 所示。

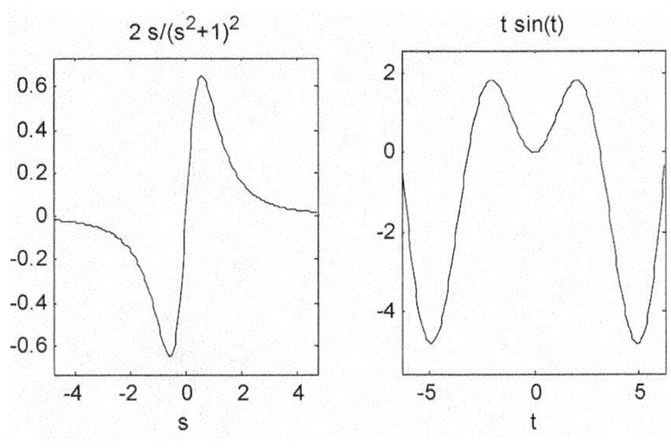

图 7-16 【例 7-19】结果

7.4.5 连续时间系统的复频域分析

若 LTI 系统的激励、冲激响应和零状态响应分别是 $x(t)$、$h(t)$、$y(t)$，它们的拉氏变换分别为 $X(s)$、$H(s)$、$Y(s)$，则

$$y(t)=x(t)*h(t)$$

将上式两端同时进行拉氏变换，根据卷积定理得

$$Y(s)=X(s)H(s)$$

或

$$H(s)=\frac{Y(s)}{X(s)}$$

$H(s)$ 称为系统函数，同时它也是冲激响应 $h(t)$ 的拉氏变换。$h(t)$ 和 $H(s)$ 分别从时域和复频域表征系统的特性。

研究 $H(s)$ 在 s 面中极点分布的位置，可以很方便地分析系统的稳定性，具体如下。

① 如果 $H(s)$ 的全部极点落于 s 左半平面，则系统是稳定的。

② 如果 $H(s)$ 的极点落于 s 右半平面，或在虚轴上具有二阶以上的极点，则系统是不稳定的。

③ 如果 $H(s)$ 的极点落于 s 平面虚轴上，且只有一阶，则系统处于临界稳定状态。

在 MATLAB 中，可以利用求根函数 roots 求得系统函数 $H(s)$ 的零极点，并通过 plot 将它们在复平面上绘制出来，也可以调用 pzmap()函数直接得到零极点图。

【例 7-20】 已知系统函数为 $H(s)=\dfrac{s^2-4s+5}{3s^3+2s^2-4s+6}$，求出系统的零极点，绘制该系统的零极点图和频率特性曲线，并根据零极点图判断系统的稳定性。

MATLAB 程序如下。

```
b=[1 -4 5];a=[3 2 -4 6];                    %分子、分母多项式系数向量
%求零极点
zeros=roots(b);                             %求系统函数的零点
poles=roots(a);                             %求系统函数的极点
%利用 plot 绘制系统函数的零极点图
x=max(max(abs(zeros)),max(abs(poles)));     %确定离坐标原点最远的零极点的距离
x=x+0.1;                                    %确定横坐标范围
y=x;                                        %确定纵坐标范围
axis([-x x -y y]);                          %设置坐标轴的显示范围
figure(1), hold on
plot([-x x],[0 0]);                         %绘制横坐标轴
plot([0 0],[-y y]);                         %绘制纵坐标轴
plot(real(zeros),imag(zeros),'o');          %绘制零点
plot(real(poles),imag(poles),'X');          %绘制极点
title('Pole-Zero Map');                     %加图题
text(0.1,x-0.2,'Imaginary Axis');           %标注虚轴
text(y-0.5,0.2,'Real Axis');                %标注实轴
%直接利用 pzmap 函数绘制系统函数的零极点图
sys=tf(b,a);                                %系统函数
figure(2),pzmap(sys);                       %绘制系统函数的零极点图
```

```
%绘制系统的幅频特性和相频特性
figure(3),freqs(b,a);
运行程序，系统函数的零点为
zeros=
2.0000 + 1.0000i      2.0000 - 1.0000i
极点为
poles=
    -1.9115          0.6224 + 0.8117i        0.6224 - 0.8117i
```

系统函数的零极点图和频率响应如图 7-17 所示。由图 7-17（a）可以看出，系统有 3 个极点，其中一个极点在左半实轴，另两个极点位于 s 的右半平面，故系统不稳定。

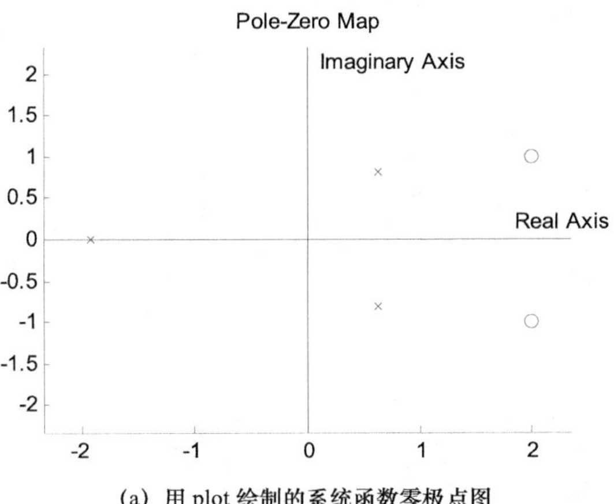

(a) 用 plot 绘制的系统函数零极点图

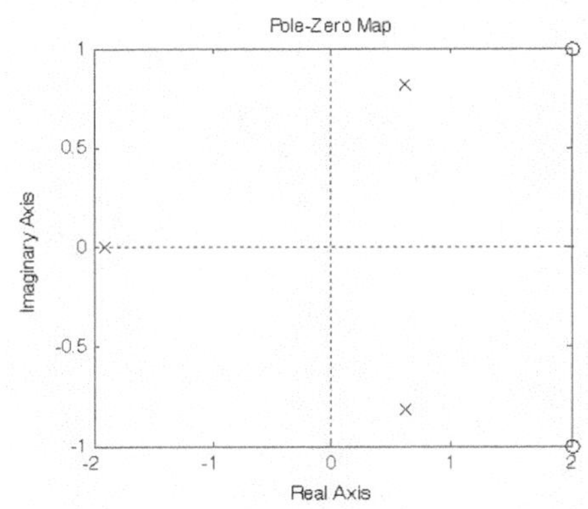

(b) 用 pzmap 函数绘制的系统函数零极点图

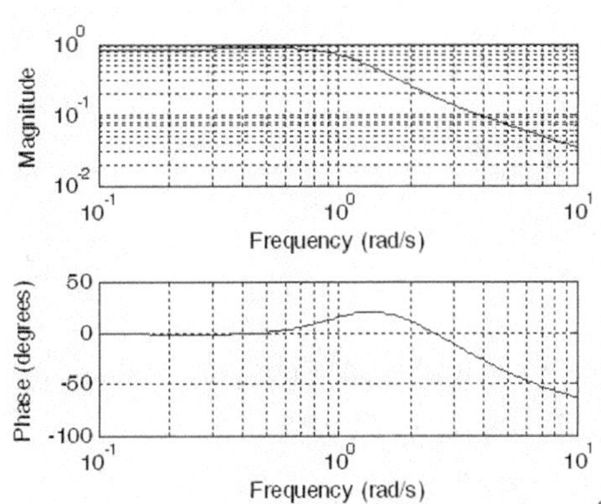

(c) 系统的频率响应

图 7-17 系统函数零极点图和系统的频率响应

s 域函数 $F(s)$ 具有如下表达式：

$$F(s)=\frac{b(s)}{a(s)}=\frac{b_1s^m+b_2s^{m-1}+b_3s^{m-2}+\quad+b_{m+1}}{a_1s^n+a_2s^{n-1}+a_3s^{n-2}+\quad+a_{n+1}}$$

可以将其进行部分分式展开：

$$F(s)=\frac{b(s)}{a(s)}=\frac{r_1}{s-p_1}+\frac{r_2}{s-p_2}+\quad+\frac{r_n}{s-p_n}+k(s)$$

在 MATLAB 中，residue 函数可以实现多项式和部分分式展开式间的相互转换，residue

函数的调用格式为

$$[r,p,k] = \text{residue}(b,a)\text{和}[b,a] = \text{residue}(r,p,k)$$

其中 a 和 b 是分母和分子多项式对应的系数向量；p 为极点列向量；r 为部分分式展开的系数列向量；k 为部分分式展开的多项式项的系数行向量，若 $m \leqslant n$，则 k 为空阵。求出部分分式展开后的系数后，可根据其极点分布直接求出 $F(s)$ 的拉普拉斯逆变换 $f(t)$。

【例 7-21】 已知某连续信号的拉普拉斯变换为 $F(s)=\dfrac{s+4}{s^3+6s^2+11s+6}$，将其进行部分分式展开，并求其拉普拉斯逆变换。

MATLAB 程序如下。

```
b=[1 4];
a=[1 6 11 6];
[r,p,k]=residue(b,a)
```

程序运行结果为

```
r =
    0.5000
   -2.0000
    1.5000
p =
   -3.0000
   -2.0000
   -1.0000
k =
     []
```

根据程序运行结果可以直接写出 $F(s)$ 的拉普拉斯逆变换为

$$f(t)=(0.5\mathrm{e}^{-3t}-2\mathrm{e}^{-2t}+1.5\mathrm{e}^{-t})u(t)$$

习　　题

7-1 绘制下列函数的波形。

（1） $f(t)=2\mathrm{e}^{-t}+5\mathrm{e}^{-2t} \quad 0<t<2$

（2） $f(t)=\mathrm{e}^{-t}\sin t \quad 0<t<2$

（3） $f(t)=t^2\mathrm{e}^{-t} \quad 0<t<2$

7-2 已知系统微分方程为 $y''(t)+2y'(t)=f(t)$，求当 $f(t)=u(t)$、$y'(0_-)=2$、$y(0_-)=1$ 时该系统的响应。

7-3 已知系统微分方程为 $y''(t)+3y'(t)+2y(t)=f'(t)+3f(t)$，求该系统的冲激响应、阶跃响应和当 $f(t)=\mathrm{e}^{-t}$、$y'(0_-)=1$、$y(0_-)=1$ 时的零状态响应、零输入响应，并绘制响应曲线。

7-4 已知 $f(t)=u(t)-u(t-1)$、$f_{\mathrm{T}}(t)=\sum\limits_{n=-\infty}^{\infty}f(t-nT)$、$T=3$，计算周期信号 $f_{\mathrm{T}}(t)$ 的傅里叶系数，并绘制幅度谱和相位谱。

7-5 设$g(t)=\begin{cases}\sqrt{\dfrac{2E}{\tau}} & \left(|t|\leqslant\dfrac{\tau}{4}\right)\\ 0 & \left(|t|>\dfrac{\tau}{4}\right)\end{cases}$，$f(t)=g(t)*g(t)$，利用MATLAB绘制$g(t)$、$f(t)$的频谱，并验证时域卷积定理。

7-6 求函数$f_1(t)=(1+t)[u(t)-u(t-1)]$和$f_2(t)=u(t-1)-u(t-2)$的卷积。

7-7 验证傅里叶变换的时移性质$f(t-t_0)\leftrightarrow F(\omega)\mathrm{e}^{-\mathrm{j}\omega t_0}$。

7-8 绘制$H(s)=\dfrac{s^2+s}{2s^2+6s+4}$的幅频和相频特性曲线。

7-9 已知系统函数为$H(s)=\dfrac{s^2+3s+2}{s^4+3s^3+4s^2+6s+4}$，求出系统的零极点，绘制该系统的零极点图，并根据零极点图判断系统的稳定性。

7-10 分别利用傅里叶变换和反变换、拉普拉斯变换和反变换求$f(t)=u(t)-u(t-1)$和$g(t)=t\mathrm{e}^{-t}u(t)$的卷积。

第8章 MATLAB在数字信号处理中的应用

本章将介绍数字信号处理的相关知识、傅里叶变换、IIR 数字滤波器、FIR 数字滤波器的基本理论和 MATLAB 实现。MATLAB 提供了信号处理工具箱（Signal Processing Toolbox），包括滤波器分析、滤波器实现、FIR 数字滤波器、IIR 数字滤波器、线性系统变换等方面的函数命令。

8.1 典型信号及其表示

数字信号处理主要针对离散信号，首先介绍一些典型的离散信号及其 MATLAB 实现。

1．单位抽样信号（又称 Kronecker 函数）

$$\delta(n)=\begin{cases}1, & n=0\\0, & n\neq 0\end{cases}$$

单位抽样信号在 MATLAB 中用 zeros 函数实现，但需要注意的是，MATLAB 只能实现有限长的序列。用 N 点序列实现 $\delta(n)$函数：

```
>>x=zeros(1, N);
>>x(1)=1;
```

2．单位阶跃序列

$$u(n)=\begin{cases}1, & n\geqslant 0\\0, & n<0\end{cases}$$

在 MATLAB 中，可采用 ones 函数产生 N 点单位阶跃序列：

```
>>x=ones(1,N);
```

3．正弦序列

$$x(n)=A\sin(2\pi fnT_s+\varphi)$$

其中，f 是正弦波的频率，$T_s=1/f_s$ 是抽样周期，φ 为正弦波初相，A 为正弦波幅度。在 MATLAB 中定义变量后，下列 MATLAB 语句给出正弦波序列：

```
>>n=0:N-1;
>>x=A*sin(2*pi*f*n*TS+pha);                    %TS 为抽样周期，pha 为正弦波初相
```

对于复正弦序列 $x(n)=e^{j\omega n}=\cos(\omega n)+j\sin(\omega n)$ 可用以下语句实现：

```
>>n=0:N-1;
>>x=exp(j*w*n);
```

4. sinc 函数

连续 sinc 函数定义为

$$\sin c(t) = \frac{\sin \pi t}{\pi t}$$

对 t 采样之后为离散信号。

MATLAB 函数提供了 sinc 命令来产生 N 点采样序列：

```
>>x=-2*pi:4*pi/N:2*pi;
>>y=sinc(x);
```

5. 随机序列

MATLAB 提供了可以产生各种概率密度分布的随机变量序列，其中产生均匀分布与高斯分布的随机序列命令如下。

① rand：产生均值为 0.5、幅度在[0,1]间均匀分布的伪随机数，调用方式为 u=rand(N) 或 u=rand(M,N)。

② randn：产生均值为 0、方差为 1、服从高斯（正态）分布的随机序列，调用方法与 rand 相同。

除此之外，MATLAB 中还包含其他随机序列命令，如 chirp、gauspuls、triplus 等，读者若用到，可再进一步查找。

8.2　离散时间系统

8.2.1　离散时间系统的特点

离散时间系统，可以抽象为一种变换，或者一种映射，即把输入序列 $x(n)$ 变换为输出序列 $y(n)$：

$$y(n) = T[x(n)]$$

其中 T 表示一种变换。

在数字信号处理中，通常研究的都是线性时不变（LTI）系统（亦可称作线性移不变（LSI）系统）。

线性是指该系统的输入、输出之间满足叠加原理，若一个离散系统对 $x_1(n)$ 的响应是 $y_1(n)$，对 $x_2(n)$ 的响应是 $y_2(n)$，那么该系统对 $\alpha x_1(n)+\beta x_2(n)$ 的响应为 $\alpha y_1(n)+\beta y_2(n)$。

时不变性是指对给定的输入，系统的输出和输入施加的时间无关。即，若一个离散时间系统对 $x(n)$ 的响应是 $y(n)$，如果将 $x(n)$ 延迟了 k 个抽样周期[$x(n-k)$]，则输出响应 $y(n)$ 也延迟了 k 个抽样周期为[$y(n-k)$]。

另外，线性时不变系统还满足因果性和稳定性。因果性指系统的输出不能早于输入，即现在的输出只与当前和过去的输入有关，与未来的输入无关。稳定性是指若输入 $x(n)$ 有界，则输出 $y(n)$ 也有界。一个系统能否正常工作，稳定性是先决条件。

8.2.2　离散时间系统的表示方法

离散时间系统可以用时域和频域两种方法描述。在时域，LTI 系统的输入输出关系可以

用差分方程或单位抽样响应 $h(n)$ 表示。即

$$\sum_{k=0}^{N} a_k y(n-k) = \sum_{r=0}^{M} b_r x(n-r)$$

$$y(n) = x(n) \otimes h(n) = \sum_{k=-\infty}^{\infty} x(k)h(n-k)$$

其中，单位抽样响应 $h(n)$ 为单位抽样信号 $\delta(n)$ 激励系统产生的响应。

在频域可以用频域响应 $H(\mathrm{e}^{\mathrm{j}\omega})$ 来表示，即

$$Y(\mathrm{e}^{\mathrm{j}\omega}) = X(\mathrm{e}^{\mathrm{j}\omega})H(\mathrm{e}^{\mathrm{j}\omega})$$

其中，$Y(\mathrm{e}^{\mathrm{j}\omega})$、$X(\mathrm{e}^{\mathrm{j}\omega})$、$H(\mathrm{e}^{\mathrm{j}\omega})$ 分别为 $y(n)$、$x(n)$、$h(n)$ 的傅里叶变换。

此外，在频域还可以采用转移函数、二次分式和零极点增益等形式来表示。

如果给定离散系统的输入输出差分方程或系统结构，利用 MATLAB 内部函数容易求得单位抽样响应、频率响应及零极点增益。结合例子说明 MATLAB 中相应函数的用法。

若某一离散系统对应的输入输出差分方程为

$$y(n) - 0.7y(n-1) - 0.2y(n-2) = 0.6x(n) - 0.3x(n-1) + 0.5x(n-2)$$

根据此差分方程，分别利用 MATLAB 函数求解离散系统各种形式的响应。

1．单位抽样响应 $h(n)$

前边已经介绍，单位抽样响应是当输入为单位抽样信号 $\delta(n)$ 时系统的输出响应，因此利用 $\delta(n)$ 来求 $h(n)$。在数字信号处理中，如果一个离散时间系统是用作对输入信号做滤波处理，离散时间系统又可称为数字滤波器。可以利用 MATLAB 中的 filter 函数和单位抽样信号来获得离散时间的单位抽样响应。对于本例，构造 64 点的单位抽样信号，具体程序如例 8-1。

【例 8-1】 利用 $y(n) - 0.7y(n-1) - 0.2y(n-2) = 0.6x(n) - 0.3x(n-1) + 0.5x(n-2)$ 求出系统的单位抽样响应。

解：MATLAB 程序如下。

```
delta=[1 zeros(1,63)];                    %单位抽样信号
b=[0.6 -0.3 0.5];
a=[1 -0.7 -0.2];
h=filter(b,a,delta);                      %单位抽样响应
h1=impz(b,a,64);                          %impz 函数可直接根据 b、a 给出单位抽样响应
subplot(2,1,1)                            %比较两个函数给出的单位抽样响应
stem(h);
xlabel('n');ylabel('h(n)');
title('由 filter 函数求得的单位抽样响应')
subplot(2,1,2)
stem(h1);
xlabel('n');ylabel('h(n)');
title('由 impz 函数求得的单位抽样响应')
```

程序运行结果如图 8-1 所示，上下两个子图分别由不同方法绘制。

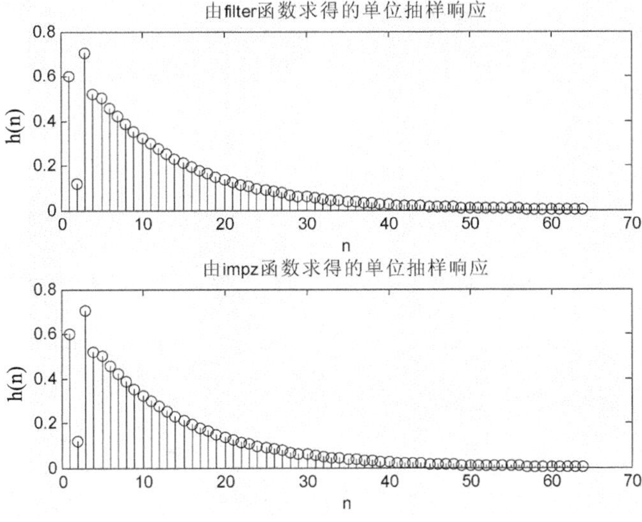

图 8-1　不同方法绘制的单位抽样响应

2．频率响应 $H(\mathrm{e}^{\mathrm{j}\omega})$

$$H(\mathrm{e}^{\mathrm{j}\omega})=\frac{\sum_{r=0}^{M}b(r)\mathrm{e}^{-\mathrm{j}\omega r}}{1+\sum_{k=0}^{N}a(k)\mathrm{e}^{-\mathrm{j}\omega k}}$$

对于离散系统，频域响应由 MATLAB 函数 freqz 得到，函数用法如下。

[h,f]=freqz (b, a, n, 'whole', fs): b、a 由离散系统决定；fs 为抽样频率，可自行定义，若 fs=1，频率轴给出归一化频率；n 是频率轴的分点数，建议取 2 的整次幂；whole 指定计算的频率范围是从 0～fs，缺省时是 0～fs/2。

【例 8-2】　利用 $y(n)-0.7y(n-1)-0.2y(n-2)=0.6x(n)-0.3x(n-1)+0.5x(n-2)$ 求出系统的频域响应。

解：程序代码如下，结果如图 8-2 所示。

```
b=[0.6 -0.3 0.5];
a=[1 -0.7 -0.2];
[h,f]=freqz(b,a,256,1);
hr=abs(h);
hph=angle(h)*180/pi;
subplot(2,1,1)
plot(f,hr);
xlabel('归一化频率');ylabel('幅度')
title('幅频响应')
subplot(2,1,2)
plot(f,hph)
xlabel('归一化频率');ylabel('相位/角度')
title('相频响应')
```

如果采用语句“freqz(b,a);”可以直接获得系统的幅频和相频特性曲线，如图 8-2 所示。不同的是，图 8-3 中的幅频特性以分贝的形式给出，横轴采用归一化频率，即 fs/2=1。可通过对比理解两种绘图方式的区别。

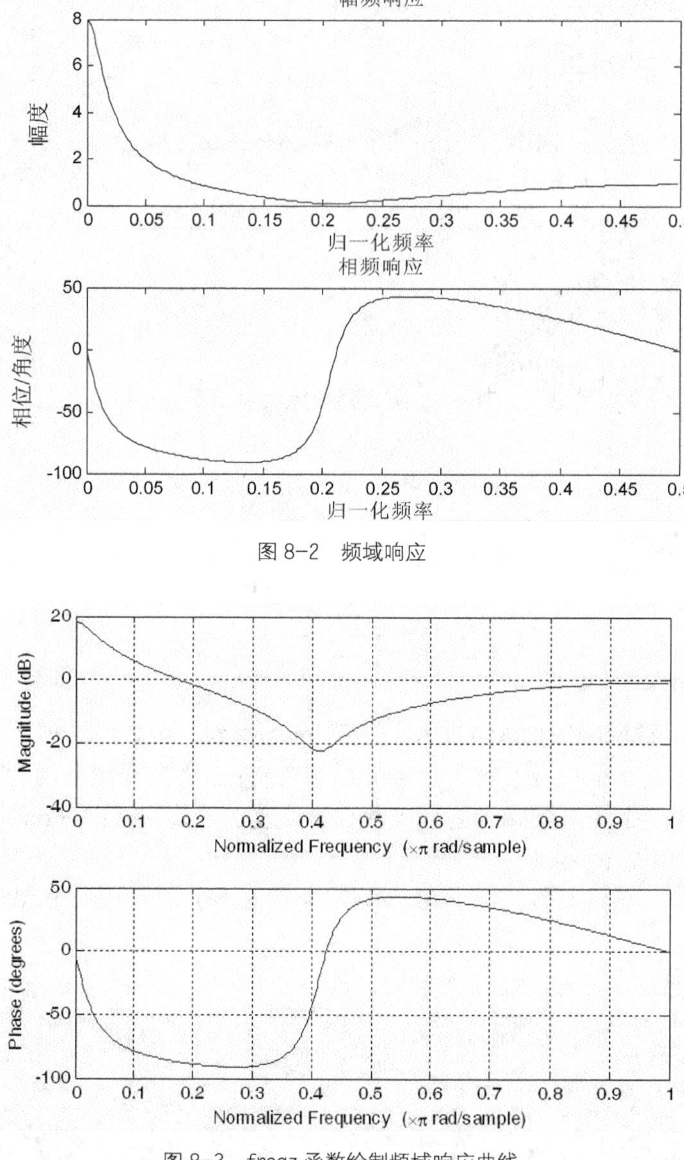

图 8-2　频域响应

图 8-3　freqz 函数绘制频域响应曲线

3．零极点增益形式

利用 MATLAB 中的求根函数由离散系统差分方程得到系统的零极点。

【例 8-3】　利用 $y(n)-0.7y(n-1)-0.2y(n-2)=0.6x(n)-0.3x(n-1)+0.5x(n-2)$ 求出系统的零极点。

解：MATLAB 程序如下。

```
b=[0.6 -0.3 0.5];
a=[1 -0.7 -0.2];
zp=roots(b)
pp=roots(a)
```

其结果为

```
zp =
   0.2500 + 0.8780i
   0.2500 - 0.8780i
pp =
    0.9179
   -0.2179
```

使用 zplane 函数可得到系统的零极点图，格式为 zplane(b,a)，结果如图 8-4 所示。zplane 函数仅能给出系统的零极点图，不能给出其坐标值。

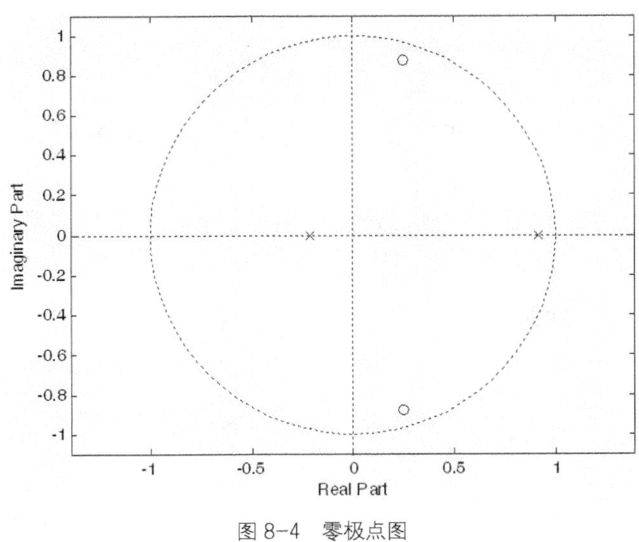

图 8-4 零极点图

4．离散系统转换

同一个离散系统，可以用多种表示方式，如转移函数、零极点增益、状态空间等，MATLAB 工具箱中提供了实现不同表示方法之间进行转换的函数，如第 7 章所述。

8.3 傅里叶分析

傅里叶分析包含了连续信号和离散信号的傅里叶级数和傅里叶变换，本节侧重离散傅里叶变换和相应的 MATLAB 知识。

8.3.1 离散时间信号的 Z 变换和傅里叶变换

1．Z 变换

Z 变换是对离散序列进行的一种数学变换，定义为 $X(z)=\sum_{n=0}^{\infty}\frac{x(n)}{z^n}$。

离散系统的系统函数定义为

$$H(z)=\frac{Y(Z)}{X(Z)}=\frac{\sum_{r=0}^{M}b(r)z^{-r}}{\sum_{k=0}^{N}a(k)z^{-k}}$$

其中，$X(Z)$、$Y(Z)$ 分别为输入输出离散信号的 Z 变换。

2．傅里叶变换

设 $h(n)$ 为 LTI 系统的单位抽样响应，那么该系统的频率响应为

$$H(\mathrm{e}^{\mathrm{j}\omega})=\sum_{n=0}^{\infty}h(n)\mathrm{e}^{-\mathrm{j}\omega n}$$

此式即为离散时间信号的傅里叶变换，简称 DTFT。

写成一般形式就是，对于非周期序列 $x(n)$，可定义其 DTFT 为

$$X(\mathrm{e}^{\mathrm{j}\omega})=\sum_{n=-\infty}^{\infty}x(n)\mathrm{e}^{-\mathrm{j}\omega n}$$

显然 $X(\mathrm{e}^{\mathrm{j}\omega})$ 是 ω 的连续函数，同样，由于

$$X(\mathrm{e}^{\mathrm{j}\omega+2\pi})=\sum_{n=-\infty}^{\infty}x(n)\mathrm{e}^{-\mathrm{j}(\omega+2\pi)n}=\mathrm{e}^{-\mathrm{j}2\pi n}\sum_{n=-\infty}^{\infty}x(n)\mathrm{e}^{-\mathrm{j}\omega n}=X(\mathrm{e}^{\mathrm{j}\omega})$$

因而 $X(\mathrm{e}^{\mathrm{j}\omega})$ 也是 ω 的周期函数，周期为 2π。即离散时间信号的 DTFT 是连续的周期信号，可以看作 $z=\mathrm{e}^{\mathrm{j}\omega}$ 的 Z 变换。

除离散信号的傅里叶变换之外，还包括离散周期信号的傅里叶级数，不再赘述。重点是时域、频域均离散且有限长的离散傅里叶变换（DFT）。

8.3.2 离散傅里叶变换

离散傅里叶变换由离散傅里叶级数得到，仅在时域和频域取一个周期，公式为

$$\begin{cases}X(k)=\sum\limits_{n=0}^{N-1}x(n)\exp\left(-\mathrm{j}\dfrac{2\pi}{N}nk\right)=\sum\limits_{n=0}^{N-1}x(n)W_N^{nk} & k=0,1,\cdots,N-1\\ x(n)=\dfrac{1}{N}\sum\limits_{k=0}^{N-1}X(k)\exp\left(\mathrm{j}\dfrac{2\pi}{N}nk\right)=\dfrac{1}{N}\sum\limits_{k=0}^{N-1}X(k)W_N^{-nk} & n=0,1,\cdots,N-1\end{cases}$$

其中，$W_N=\exp\left(-\mathrm{j}\dfrac{2\pi}{N}\right)$。离散傅里叶变换对应的是在时域、频域都有限长且离散的一类变换。对任一有限长序列 $x(n)$，可按上式计算其频谱。

【例 8-4】 给出有限长序列[0.5 1 1 0.5]的傅里叶变换，并对其频域值求傅里叶反变换，再与原序列比较。

解：MATLAB 程序如下。

```
N=4;                                        %序列长度
n=0:N-1;
k=n;
xn=[0.5 1 1 0.5];                           %产生序列
wn=exp(-j*pi*2/N);
nk=n'*k;
wnk=wn.^nk;
xk=xn*wnk;                                  %计算 DFT
WNKI=wn.^(-nk);
XNI=xk*WNKI/N;                              %计算 IDFT
```

其中，xk 为序列的傅里叶变换，XNI 为由 xk 得到的傅里叶反变换序列，根据下列结果可知 XNI=xn。

```
>> xk
```

```
xk =
   3.0000            -0.5000 - 0.5000i       0 - 0.0000i  -0.5000 + 0.5000i
>> XNI
XNI =
   0.5000 - 0.0000i   1.0000 - 0.0000i   1.0000 + 0.0000i   0.5000 + 0.0000i
```

离散傅里叶变换具有以下性质。

（1）线性

若 $x_1(n)$ 、 $x_2(n)$ 都是 N 点序列，其 DFT 分别是 $X_1(k)$、$X_2(k)$，则

$$\text{DFT}[ax_1(n)+bx_2(n)]=aX_1(k)+bX_2(k)$$

（2）正交性*

令矩阵

$$\boldsymbol{W}_N=\begin{bmatrix} W_N^0 & W_N^0 & \cdots & W_N^0 \\ W_N^0 & W_N^1 & \cdots & W_N^{N-1} \\ W_N^0 & W_N^2 & \cdots & W_N^{2*(N-1)} \\ \vdots & \vdots & \vdots & \vdots \\ W_N^0 & W_N^{N-1} & \cdots & W_N^{(N-1)(N-1)} \end{bmatrix}$$

$$\boldsymbol{x}_N=\left[x(0),x(1),\cdots,x(N-1)\right]^{\text{T}}$$

$$\boldsymbol{X}_N=\left[X(0),X(1),\cdots,X(N-1)\right]^{\text{T}}$$

则 DFT 的正变换可以表示成矩阵形式

$$\boldsymbol{X}_N=\boldsymbol{W}_N\boldsymbol{x}_N$$

$$\boldsymbol{W}_N^*\boldsymbol{W}_N=\sum_{k=0}^{N-1}W^{-mk}W^{nk}=\sum_{k=0}^{N-1}W^{(n-m)k}=\begin{cases}N, m=n\\0, m\neq n\end{cases}$$

因而 $\boldsymbol{W}_N$ 是正交矩阵，DFT 是正交变换。

（3）圆周移位性质

将 N 点序列 $x(n)$ 循环左移或右移 m 个采样周期，则

$$\text{DFT}[x(n+m)]=W^{-km}X(K)$$

$$\text{DFT}[x(n-m)]=W^{km}X(K)$$

圆周移位在 MATLAB 中可用 mod 函数实现，如例 8-5。

【例 8-5】 将序列[1 2 3 4]循环右移两位。

解： MATLAB 程序如下。

```
N=4;                                                    %序列长度
n=0:N-1; M=2;
xn=[1 2 3 4];                                           %产生序列
nm=mod((n-M),N)
xm=xn(nm+1);
subplot(2,1,1),stem(xn);
xlabel('n');ylabel('幅值');
title('原始序列');
subplot(2,1,2),stem(xm);
xlabel('n');ylabel('幅值');
```

```
title('移位后序列')
```

程序运行结果如图 8-5 所示。

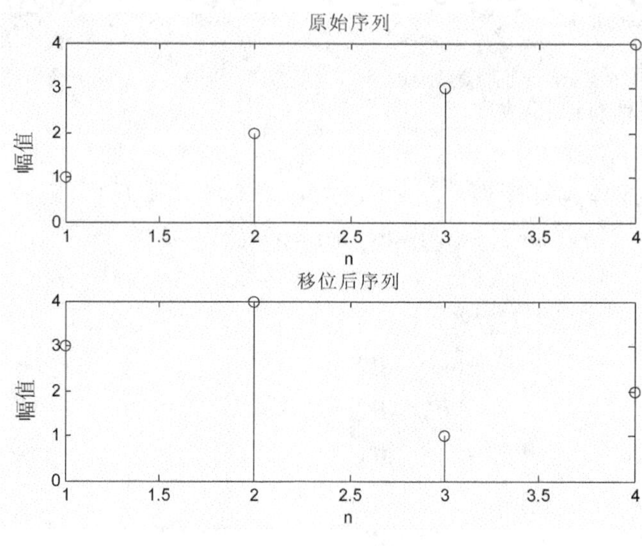

图 8-5　圆周移位

可用 MATLAB 对序列 xm 进行傅里叶变换以验证 DFT 的圆周移位特性。

（4）奇偶虚实对称性

对于复数序列 $x(n)$，其 DFT 为 $X(k)$，则

$$\mathrm{DFT}[x^*(n)]=X^*\left((\mathrm{N}-k)\right)_{\mathrm{N}}$$

可对序列进行 DFT 变换来验证此定律。

（5）时域圆周卷积

N 点序列 $x(n)$、$h(n)$、$y(n)$ 的 DFT 分别是 $X(k)$、$H(k)$、$Y(k)$，若 $y(n)=x(n)\otimes h(n)$，则 $Y(K)=X(k)H(k)$。其中 $\otimes$ 表示序列的圆周卷积。

利用圆周移位可以实现圆周卷积，其程序如下。

```
function[y]=circonv(x1,x2,N)
% 实现 x1 和 x2 的圆周卷积
% 输出序列为 y
% 卷积长度为 N
% 方法:y(n)=sum(x1(m)*x2((n-m)mod N))
% 检查 x1 的长度
if (length(x1)>N|length(x2)>N)
   error('N must be>=length(x1)')
end
x1=[x1 zeros(1,N-length(x1))];
x2=[x2 zeros(1,N-length(x2))];
for n=1:N
   for m=1:N
      y(n,m)=x1(m)*x2(mod( (n-m),N)+1)
   end
```

```
end
y=sum(y');
```

利用 circonv 函数可以实现有限长序列的圆周卷积。

【例 8-6】 求序列[1 2 0.5 5 3]和序列 0.6^n $(0\leqslant n<8)$的 10 个点的圆周卷积。

解：MATLAB 程序如下。

```
x1=[1 2 0.5 5 3];
n=0:7;
x2=0.6.^n;
N=10;
y=circonv(x1,x2,N);
subplot(3,1,1),stem(x1);
title('x1')
subplot(3,1,2),stem(x2);
title('x2');
subplot(3,1,3),stem(y);
title('y')
```

程序运行结果如图 8-6 所示。

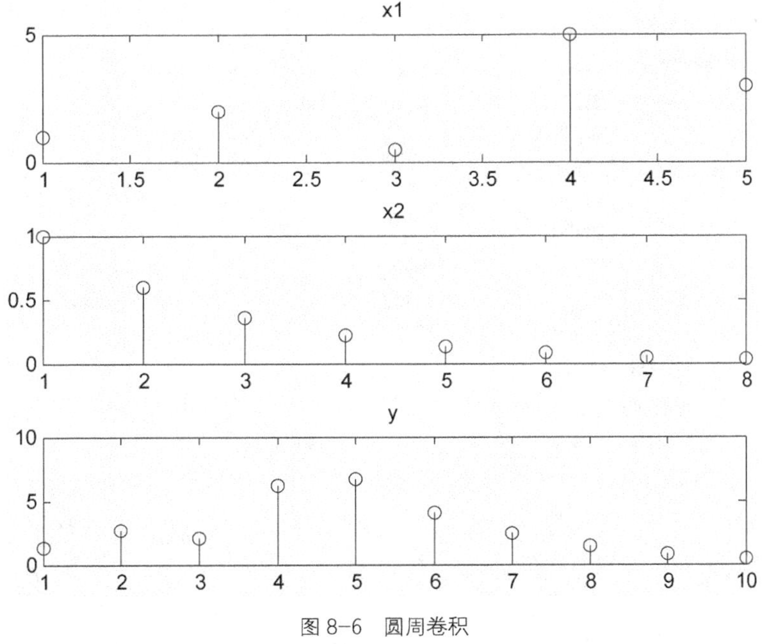

图 8-6　圆周卷积

（6）Parseval 定理

$$\sum_{n=0}^{N-1}|x(n)|^2=\frac{1}{N}\sum_{k=0}^{N-1}|X(k)|^2$$

即信号在一个域及其变换域内能量守恒。

MATLAB 中提供了一个离散傅里叶变换矩阵命令 dftmtx，用法为 A=dftmtx(n)，计算后返回 $n\times n$ 的复矩阵 $\boldsymbol{A}$，若另有一个 n 维列矢量 $\boldsymbol{x}$，则由语句 XK=A*x 可得到 $\boldsymbol{x}$ 的离散傅里叶变换。

8.3.3 快速傅里叶变换

离散傅里叶变换是信号处理的基本手段，卷积、相关、滤波、谱估计等都可化为 DFT 来实现。根据 DFT 公式可知 N 点 DFT 需要 N^2 次复数乘法及 $N(N-1)$ 次复数加法来实现，计算量相当大，但是在 DFT 运算中包含大量重复的运算，观察 $\boldsymbol{W}$ 矩阵可知它具有周期性和对称性，其因子有如下特点：

$$\boldsymbol{W}^0=1,\quad \boldsymbol{W}^{N/2}=-1$$

$$\boldsymbol{W}_N^{N+r}=\boldsymbol{W}_N^r,\quad \boldsymbol{W}_N^{N/2+r}=-\boldsymbol{W}_N^r$$

J.W.Cooley 和 J.W.Tukey 巧妙地利用 W 因子的周期性及对称性，提出了快速傅里叶变换（FFT）算法，将乘法的计算量由 N^2 次降低至 $\frac{N}{2}\log_2 N$ 次。MATLAB 中提供了内部函数 fft 来得到序列的快速傅里叶变换，函数格式如下。

y=fft(x,n)：可以计算序列 x 的 n 点 FFT。当 x 的长度小于 n 时，fft 函数在 x 的尾部补零，以构成 n 点数据；当 x 的长度大于 n 时，fft 函数对序列 x 进行截尾。为了提高运算速度，n 通常取 2 的幂次方。

ifft 函数用来计算序列的逆傅里叶变换，格式为

```
y=ifft(x,n)
```

对例 8-4 中的序列用 fft 函数来求傅里叶变换，即

```
>> xn=[0.5 1 1 0.5]
xn =
   0.5000    1.0000    1.0000    0.5000
>> xk=fft(xn,4)
xk =
  3.0000             -0.5000 - 0.5000i        0              -0.5000 + 0.5000i
```

由此可验证其与之前的结果一致。

根据傅里叶变换的性质可知对序列的频域乘积求反变换可以得到序列卷积。

【例 8-7】 求序列 [0.5 1 1 0.5]的循环卷积及线性卷积。

解： MATLAB 程序如下。

```
xn=[0.5 1 1 0.5];                                    %产生序列
xk=fft(xn);
yk=xk.*xk;
yn=ifft(yk);                                         %fft 实现循环卷积
yn1=conv(xn,xn);                                     %线性卷积
subplot(3,1,1),stem(xn);
title('序列')
subplot(3,1,2),stem(yn);
title('圆周卷积')
subplot(3,1,3),stem(yn1);
title('线性卷积')
```

程序运行结果如图 8-7 所示。

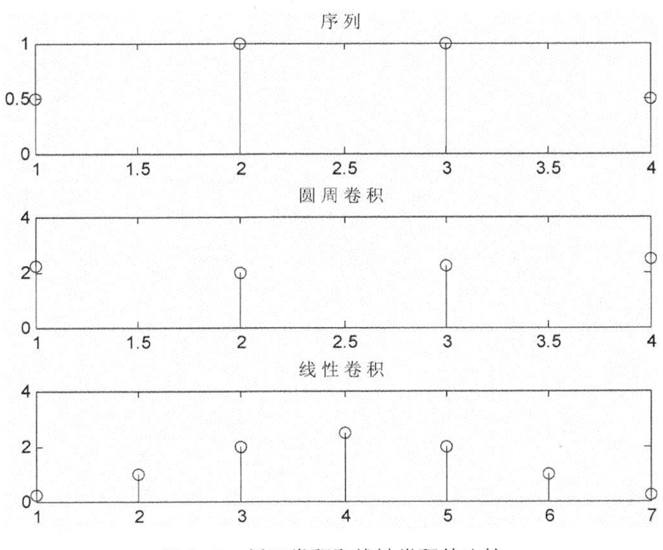

图 8-7 循环卷积和线性卷积的比较

【例 8-8】 模拟信号 $x(t)=2\sin(3\pi t)-\sin(6\pi t)$，求其幅度谱和相位谱。

解题思路：首先要对模拟信号抽样，然后将离散时间信号截成有限长序列，利用 fft 函数得到频域值，从而获得幅度谱和相位谱。

解：MATLAB 程序代码如下。

```
fs=100;                                          %抽样频率
N=128;                                           %抽样点数
n=0:N-1;
xn=2*sin(3*pi*n/fs)-sin(6*pi*n/fs);
xk=fft(xn,N);
f=(0:N-1)*fs/N;
xkam=abs(xk);
xkan=angle(xk);
subplot(2,1,1)
plot(f,xkam)
xlabel('频率（Hz）'),ylabel('幅值')
title('幅频响应')
axis([0 50 0 150])
subplot(2,1,2)
plot(f,xkan)
xlabel('频率（Hz）'),ylabel('弧度')
title('相频响应')
axis([0 50 -2 2])
```

程序运行结果如图 8-8 所示。

从幅频响应可以看到信号中存在 1.5Hz 和 3Hz 两个频率成分。

思考：读者可试着采用不同长度的傅里叶变换，观察频谱图的不同，思考抽样点数产生的影响。

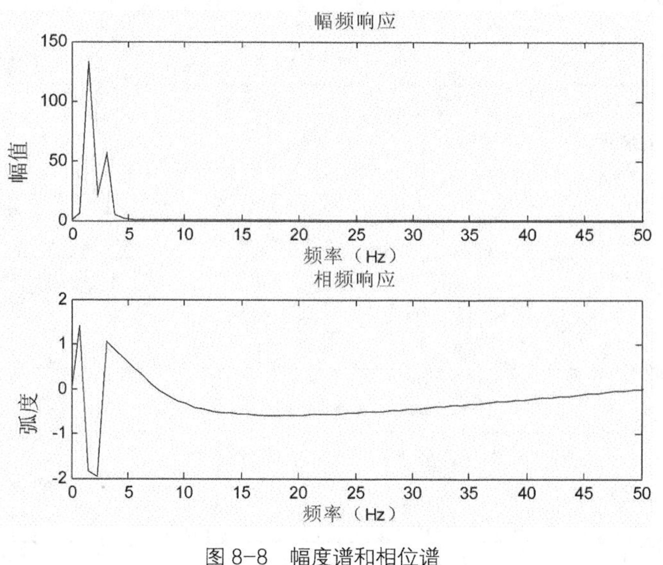

图 8-8　幅度谱和相位谱

8.4　数字滤波器

数字滤波器通过对采样数据信号进行数学运算来达到频域滤波的目的，在数字信号处理中发挥着重要的作用。当滤波器输入、输出的都是离散信号，则该滤波器的冲激响应也必然是离散的，这样的滤波器称为数字滤波器。数字滤波器中的数学运算有两种实现方式，一种是频域方法，即利用 FFT 快速算法对输入信号进行离散傅里叶变换，分析其频谱，然后根据所希望的频率特性进行滤波，再利用 IFFT 快速算法对滤波后的频域信号进行反变换得到时域信号，这种方法比较灵活、简单，并且计算快速。另一种是时域方法，通过对离散数据做差分方程运算来达到滤波的目的。

滤波器有很多种分类方法，按照功能可分为低通滤波器、高通滤波器、带通滤波器和带阻滤波器；按照实现方法，可以分为有限冲激响应（FIR）滤波器和无限冲激响应（IIR）滤波器。IIR 和 FIR 滤波器不论是在性能上还是在设计方法上都有很大的区别。FIR 滤波器可以根据给定的频率特性直接设计，而 IIR 滤波器目前最通用的方法是利用已经成熟的模拟滤波器的方法来进行设计：首先需要按一定的规则将给出的数字滤波器的技术指标转换为模拟低通滤波器的技术指标，并根据转换后的技术指标设计模拟低通滤波器 $G(s)$，再按照一定的规则将 $G(s)$ 转换成系统函数 $H(z)$；如果设计的不是低通滤波器，则首先把高通、带通或带阻滤波器的技术指标转换成低通模拟滤波器的技术指标，然后再按照新的技术指标设计模拟低通滤波器 $G(s)$，最后再将 $G(s)$ 转换成 $H(z)$。

8.4.1　模拟滤波器

模拟滤波器的几个重要的技术指标为：$a_1, a_2, \Omega_1, \Omega_2$。其中，$a_1$ 为通带应能达到的最大衰减，a_2 为阻带应达到的最小衰减，Ω_1 为通带上限角频率，Ω_2 为阻带下限角频率。希望设计一个低通滤波器 $G(s)$ 为

$$G(s)=\frac{d_0+d_1 s+\cdots+d_{N-1}s_N+1+d_N s_N}{c_0+c_1 s+\cdots+c_{N-1}S_{N+1}+c_N s_{\mathrm{N}}}$$

使其对数幅频响应$10\lg|G(\mathrm{j}\Omega)|^2$在$\Omega_1$和$\Omega_2$处达到$a_1$和$a_2$要求。$a_1$和$a_2$都是$\Omega$的函数，它们的大小取决于$|G(\mathrm{j}\Omega)|^2$的形状，定义衰减函数为

$$a(\Omega)=10\lg\left|\frac{X(\mathrm{j}\Omega)}{Y(\mathrm{j}\Omega)}\right|^2=10\lg\frac{1}{|G(\mathrm{j}\Omega)|^2}$$

$|G(\mathrm{j}\Omega)|^2$在模拟低通滤波器设计中起着十分重要的作用，对应于几种不同类型模拟滤波器的$|G(\mathrm{j}\Omega)|^2$，MATLAB中也相应地给出了模拟滤波器原型。

（1）低通模拟Butterworth滤波器原型——buttap

buttap函数用来产生一个低通模拟Butterworth滤波器。其语法为

```
[Z,P,K]=buttap(n);
```

Z、P、K分别是n阶Butterworth滤波器的零点、极点和增益。

（2）低通模拟ChebyshevI型滤波器原型——cheb1ap

cheb1ap函数用来产生一个低通模拟ChebyshevI型滤波器。其语法为

```
[Z,P,K]= cheb1ap (n,rp)
```

Z、P、K分别是n阶ChebyshevI型滤波器的零点、极点和增益。滤波器在通带内的最大衰减为rp。Chebyshev Ⅰ型滤波器的主要特点是在阻带内达到最大平滑。

（3）低通模拟Chebyshev Ⅱ型滤波器原型——cheb2ap

cheb2ap函数用来产生一个低通模拟Chebyshev Ⅱ型滤波器。其语法为

```
[Z,P,K]= cheb2ap (n,rs)
```

Z、P、K分别是n阶Chebyshev Ⅱ型滤波器的零点、极点和增益。滤波器在阻带内的最小衰减为rs。Chebyshev Ⅱ型滤波器的主要特点是在通带内达到最大平滑。

（4）低通模拟椭圆滤波器原型——ellipap

```
[Z,P,K]=ellipap (n,rp,rs)
```

Z、P、K分别是n阶椭圆滤波器的零点、极点和增益。滤波器在通带内的最大衰减为rp，在阻带内的最小衰减为rs。

（5）低通模拟Bessel滤波器——besselap

```
[Z,P,K]= besselap (n)
```

Z、P、K分别是n阶低通模拟Bessel滤波器的零点、极点和增益。

【例8-9】 分别设计20阶低通模拟Chebyshev Ⅰ型滤波器，通带内的最大衰减为0.3dB；20阶低通模拟Chebyshev Ⅱ型滤波器，阻带内的最小衰减为45dB，并给出其频率特性图。

解：MATLAB程序如下。

```
[z1,p1,k1]=cheb1ap(20,0.3);
[num1,den1]=zp2tf(z1,p1,k1);                %将零极点形式转换为系统函数形式
[z2,p2,k2]=cheb2ap(20,45);
[num2,den2]=zp2tf(z2,p2,k2);
figure(1)                                   %绘图
freqs(num1,den1)
figure(2)
freqs(num2,den2)
```

运行结果如图8-9和图8-10所示。

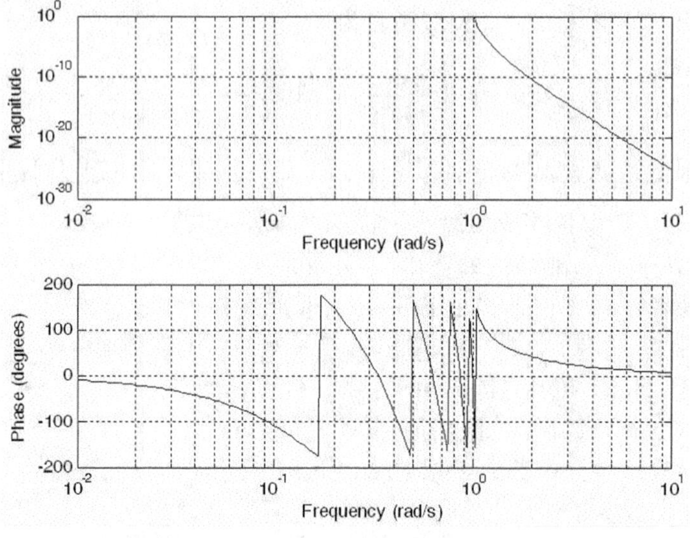

图 8-9 低通模拟 Chebyshev Ⅰ 型滤波器

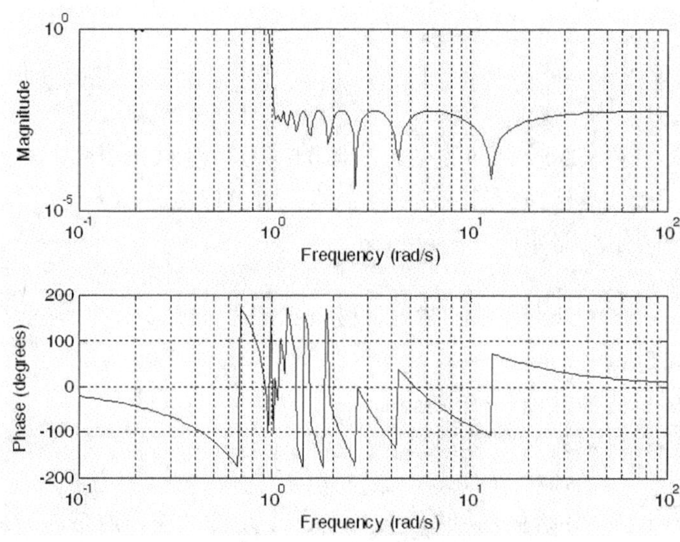

图 8-10 低通模拟 Chebyshev Ⅱ 型滤波器

从图 8-9 和图 8-10 的幅频特性可以看出所设计滤波器满足条件要求和滤波器的平滑特性。

对于模拟高通、带通、带阻滤波器，其设计方法为先将要设计的滤波器的技术指标通过某种频率转换关系转换成低通滤波器的技术指标，并依据这些指标设计出低通滤波器的转移函数，然后再依据频率转换关系变成所设计的滤波器的转移函数。

MATLAB 的信号处理工具箱提供了从低通滤波器向低通、高通、带通、带阻滤波器转换的函数。

（1）低通向低通的转变——lp2lp

```
[numt,dent] = lp2lp(num,den,Wo)
```

```
[At,Bt,Ct,Dt] = lp2lp(A,B,C,D,Wo)
```

这两条语句分别将表示成传递函数形式与状态方程形式的具有任意截止频率的模拟低通滤波器原型转换成截止频率为 Wo 的低通滤波器。

（2）低通向高通的转变——lp2hp

```
[numt,dent] = lp2hp(num,den,Wo)
[At,Bt,Ct,Dt] = lp2hp(A,B,C,D,Wo)
```

这两条语句分别将表示成传递函数形式与状态方程形式的具有任意截止频率的模拟低通滤波器原型转换成截止频率为 Wo 的高通滤波器。

（3）低通向带通的转变——lp2bp

```
[numt,dent] = lp2bp(num,den,Wo,Bw)
[At,Bt,Ct,Dt] = lp2bp(A,B,C,D,Wo,Bw)
```

这两条命令分别将表示成传递函数形式与状态方程形式的具有任意截止频率的模拟低通滤波器原型转换成中心频率为 Wo、带宽为 Bw 的带通滤波器。

（4）低通向带阻高通的转变——lp2bs

```
[numt,dent] = lp2bs(num,den,Wo,Bw)
[At,Bt,Ct,Dt] = lp2bs(A,B,C,D,Wo,Bw)
```

这两条命令分别将表示成传递函数形式与状态方程形式的具有任意截止频率的模拟低通滤波器原型转换成中心频率为 Wo、带宽为 Bw 的带阻滤波器。

【例 8-10】　采用两种方法设计 10 阶模拟椭圆低通滤波器，通带的最大衰减为 3dB，阻带内的最大衰减为 40dB，截止频率为 8π rad。

解：MATLAB 程序如下。

```
[z,p,k]=ellipap(10,3,40);              %根据要求设计零极点形式低通模拟椭圆滤波器
[A,B,C,D]=zp2ss(z,p,k);                %零极点形式向状态方程形式转换
[at,bt,ct,dt]=lp2lp(A,B,C,D,8*pi);     %给定截止频率的低通滤波器
[num2,den2]=ss2tf(at,bt,ct,dt)
figure
freqs(num2,den2)
%%第二种方式
[z2,p2,k2]=ellipap(10,3,40);
[num,den]=zp2tf(z,p,k)                 %零极点形式向传递函数形式转换
[num1,den1]=lp2lp(num,den,8*pi)
figure
freqs(num1,den1)
```

程序运行结果如图 8-11 和图 8-12 所示。

为了设计数字滤波器，需要将模拟滤波器离散化，两个离散化基本方法为冲激响应不变法和双线性变换法，MATLAB 中也有两种相应的函数。

1．冲激响应不变法

冲激响应不变法的基本原理是从滤波器的冲激响应 $g(t)$出发，对其以周期 T 进行采样得到离散序列 $g(nT)$作为数字滤波器的冲激响应。相应的 MATLAB 函数为 impinvar，具体格式为

```
[bz,az] = impinvar(b,a,fs)
```

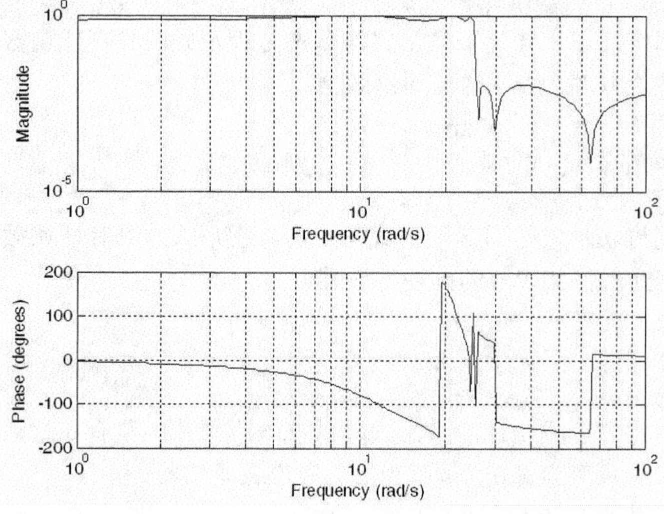

图 8-11　状态方程设计法

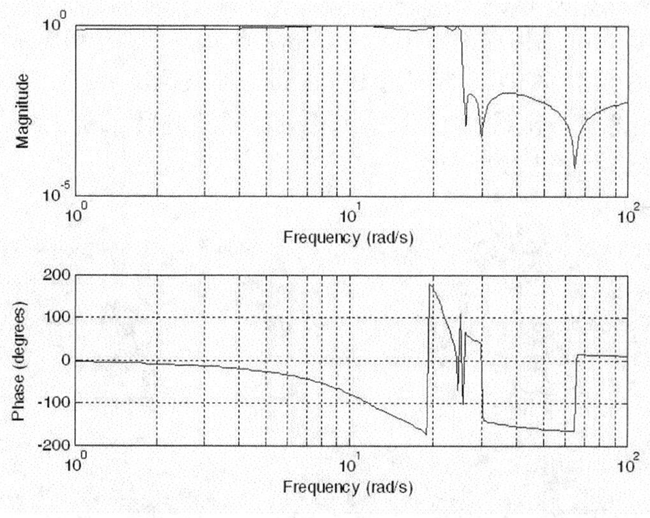

图 8-12　传递函数设计法

即将具有[b,a]模拟滤波器的传递函数模型转换成采样频率为 fs 的数字滤波器的传递函数[bz,az]。如果在函数中没有指定采样频率 fs，默认为 1Hz。

2．双线性变换法

为了克服冲激响应不变法产生的频率混叠现象，模拟向数字的转变通常采用双线性变换法。相应的 MATLAB 函数为 bilinear，具体格式为

① [zd,pd,kd] = bilinear(z,p,k,fs)；

② [numd,dend] = bilinear(num,den,fs)；

③ [Ad,Bd,Cd,Dd] = bilinear(A,B,C,D,fs)。

以上 3 个命令分别将零极点形式、传递函数形式和状态方程形式的模拟滤波器转换成相应形式的数字滤波器，其中 fs 是采样频率。

8.4.2 无限长单位脉冲响应滤波器

设计无限长单位脉冲响应（IIR）滤波器首先要确定其阶数。滤波器阶数选择在整个滤波器的设计中占有重要的作用，将直接影响所设计滤波器的运算速度和滤波效果。

MATLAB 工具箱中给出了对应于不同类型滤波器的函数，根据要求选择合适的滤波器阶数，如表 8-1 所示。

表 8-1 滤波器阶数选择函数

函数名	功能	格式
buttord	计算 Butterworth 滤波器的阶数和截止频率	[N,Wc]=buttord(wp,ws,Rp,Rs, 's')
cheb1ord	计算 ChebyshevI 型滤波器的阶数	[N,Wc]= cheb1ord (wp,ws,Rp,Rs, 's')
cheb2ord	计算 Chebyshev II 型滤波器的阶数	[N,Wc]= cheb1ord (wp,ws,Rp,Rs, 's')
ellipap	计算椭圆滤波器的最小阶数	[N,Wc]= ellipap (wp,ws,Rp,Rs, 's')

表中，N 为滤波器阶数；Wc 为截止频率；wp、ws 是通带和阻带的截止频率；Wc、wp、ws 均为被采样频率归一化后的频率，范围是[0,1]。例如，对于一个采样频率为 2 000Hz 的系统，若截止频率为 500Hz，那么归一化处理后，归一化截止频率为 500/1 000=0.5，即 0.5 是在设计和选择滤波器阶数时采用的值。Rp 是通带内的最大衰减，Rs 是阻带内的最小衰减。's'为可选参数，表示模拟滤波器，去掉's'后就用于数字滤波器设计。计算滤波器阶数后，就可在模拟滤波器的基础上设计数字滤波器。

MATLAB 设计 IIR 数字滤波器可分为以下几步来实现。

① 按一定规则将数字滤波器的技术指标转换成模拟低通滤波器的技术指标；

② 根据转换后的技术指标确定滤波器的最小阶数和截止频率；

③ 利用最小阶数产生模拟低通滤波器原型；

④ 利用截止频率把低通滤波器原型转换成模拟低通、高通、带通或带阻滤波器；

⑤ 利用冲激响应不变法或双线性变换法把模拟滤波器转换成数字滤波器。

【例 8-11】 设计数字信号处理系统，采样频率 f_s=2 000Hz，希望设计成 Butterworth 型高通数字滤波器，通带中允许的最大衰减为 0.4dB，阻带内的最小衰减为 40dB，通带上限临界频率为 400Hz，阻带下限频率为 300Hz。

解：MATLAB 程序代码如下。

```
wp=400*2*pi;ws=300*2*pi;rp=0.4;rs=40;fs=2000;            %转换成模拟滤波器
[N,Wc]=buttord(wp,ws,rp,rs,'s');                          %计算阶数和截止频率
[Z,P,K]=buttap(N);
[A,B,C,D]=zp2ss(Z,P,K);
[AT,BT,CT,DT]=lp2hp(A,B,C,D,Wc);
[num1,den1]=ss2tf(AT,BT,CT,DT);
[num2,den2]=bilinear(num1,den1,fs);                       %双线性法得到数字滤波器
% [num2,den2]=impinvar(num1,den1,fs)                      %冲激响应不变法
[H,W]=freqz(num2,den2);
F=W*fs/2/pi;
semilogy(F,abs(H));grid
```

```
xlabel('频率（Hz）');ylabel('幅值');
```

程序运行结果如图 8-13 所示。

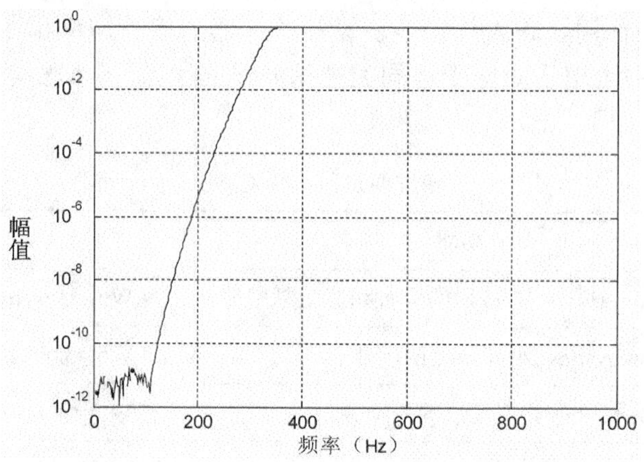

图 8-13　Butterworth 型高通数字滤波器

此外，MATLAB 还提供了几个直接设计 IIR 数字滤波器的函数，如表 8-2 所示，这些函数也要与数字滤波器的阶数选择配合使用。

表 8-2　　IIR 数字滤波器设计函数

函数名（功能）	格式
butter（Butterworth 数字滤波器设计）	[b,a] = butter(n,Wn) [b,a] = butter(n,Wn,'ftype') [A,B,C,D] = butter(n,Wn) [z,p,k] = butter(n,Wn)
cheby1（Chebyshev I 型滤波器设计）	[b,a] = cheby1(n,R,Wp) [b,a] = cheby1(n,R,Wp,'ftype') [A,B,C,D] = cheby1(n,R,Wp) [z,p,k] = cheby1(n,R,Wp)
cheby2（Chebyshev II 型滤波器设计）	[b,a] = cheby2(n,R,Wst) [b,a] = cheby2(n,R,Wst,'ftype') [A,B,C,D] = cheby2(n,R,Wst) [z,p,k] = cheby2(n,R,Wst)
ellip（椭圆滤波器设计）	[b,a] = ellip(n,Rp,Rs,Wp) [b,a] = ellip(n,Rp,Rs,Wp,'ftype') [z,p,k] = ellip(n,Rp,Rs,Wp) [A,B,C,D] = ellip(n,Rp,Rs,Wp)
maxflat(一般 Butterworth 数字滤波器设计——最平滤波器）	[b,a] = maxflat(n,m,Wn) b = maxflat(n,'sym',Wn) [b,a,b1,b2] = maxflat(n,m,Wn) [b,a,b1,b2,sos,g] = maxflat(n,m,Wn)

注：'ftype'为以下参数'high'、'stop'、'low'中的一个，分别表示高通、带阻、低通滤波器。

由于各种函数格式一致，这里以 butter 函数的格式来解释各个参数的含义。

① [b,a] = butter(n,Wn)：设计 n 阶截止频率为 W_n 的 Butterworth 低通数字滤波器的传递函数模型系数[b,a]，系数长度为 n+1。W_n 为归一化截止频率，其最大值为采样频率的一半。当 W_n 为两元素向量 W_n=[w1,w2]时，函数返回 2n 阶的带通数字滤波器，通带为 w1<w<w2。

② [b,a] = butter(n,Wn, 'high')：设计高通滤波器系数 b、a。

③ [b,a] = butter(n,Wn, 'stop')：设计带阻滤波器系数 b、a，频率 W_n=[w1,w2]。

④ [A,B,C,D] = butter(n,Wn)和[z,p,k] = butter(n,Wn)：分别返回所设计数字滤波器的状态模型系数[A,B,C,D]和零极点增益[z,p,k]。

因此，利用 IIR 滤波器阶次估计和 IIR 数字滤波器直接设计函数可以方便地设计数字滤波器。

【例 8-12】 一个数字滤波器的抽样频率为 f_s = 2 000Hz，试设计一个为此系统使用的带通滤波器，希望采用椭圆型滤波器。要求：①通带范围为 300～400Hz，在通带边缘频率处的衰减不大于 0.5dB；②在 200Hz 以下和 500Hz 以上衰减不小于 15dB。

解：MATLAB 程序代码如下。

```
fs=2000;
ws=[300,400]/(fs/2);wp=[200,500]/(fs/2);
rp=0.5;rs=15;                                   %滤波器参数转换
[N,wc]=ellipord(wp,ws,rp,rs);                   %阶数与截止频率
[num,den]=ellip(N,rp,rs,wc);                    %直接设计椭圆滤波器
[H,W]=freqz(num,den);
F=W*fs/2/pi;
plot(F,20*log10(abs(H)));grid
xlabel('频率(Hz)');ylabel('幅值(dB)');
axis([0 1000 -50 0])
```

程序运行结果如图 8-14 所示。

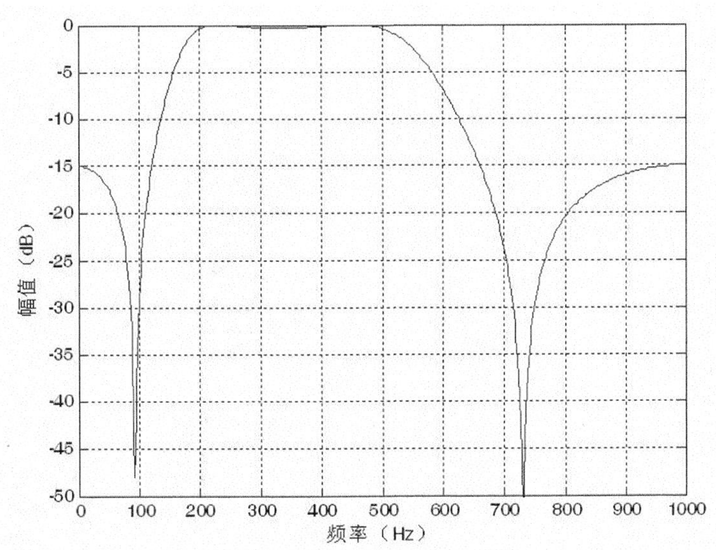

图 8-14 带通滤波器

8.4.3 有限长单位脉冲响应滤波器

有限长单位脉冲响应滤波器 FIR 的系统函数为

$$H(z)=h(0)+h(1)z^{-1}+\cdots+h(M-1)z^{-(M-1)}$$

可见，FIR 系统只有零点，因此 FIR 系统不像 IIR 系统那样易取得较好的通带和阻带衰减特性。但 FIR 系统具有自己突出的优点：总是稳定的，且具有线性相位。这两点 IIR 滤波器不易实现。有限长单位脉冲响应（FIR）滤波器的设计方法建立在对理想滤波器特性做某种近似的基础上，主要包括窗函数法和频率采样法。

1．窗函数法

窗函数法设计的原理是，用一个截短后的单位抽样响应 $h(n)$来逼近理想的非因果的单位抽样响应 $h_{\rm d}(n)$，即

$$h(n)=w(n)h_{\rm d}(n)$$

其中，$h_{\rm d}(n)$具有理想的特性。对于低通滤波器，若其相频响应为 $\alpha\omega$，截止频率为 $\omega_{\rm c}$ 时，其频率响应 $h_{\rm d}({\rm e}^{{\rm j}\omega})$ 为

$$H_{\rm d}({\rm e}^{{\rm j}\omega})=\begin{cases}{\rm e}^{{\rm j}\alpha\omega}, & |\omega|\leqslant\omega_{\rm c}\\ 0, & \omega\leqslant|\omega_{\rm c}|\leqslant\pi\end{cases}$$

$$h_{\rm d}(n)=\frac{1}{2\pi}\int_{-\pi}^{\pi}H_{\rm d}({\rm e}^{{\rm j}\omega}){\rm e}^{{\rm j}n\omega}{\rm d}\omega=\frac{\sin[\omega_{\rm c}(n-\alpha)]}{\pi(n-\alpha)}$$

对于窗函数 $w(n)$，MATLAB 信号处理工具箱提供了 Boxcar（矩形）、Bartlet（巴特利特）、Hanning（汉宁）等窗函数，这些函数的调用格式相同，这里以矩形窗为例说明其格式。

w=boxcar(M)：返回 M 点矩形窗序列，其频率响应的逼近程度好坏完全取决于窗函数的频率特性。

【例 8-13】 用矩形窗设计线性相位 FIR 低通滤波器，通带截止频率为 0.2π，滤波器单位脉冲响应的长度为 21。

解：MATLAB 程序代码如下。

```
M=21;wc=0.2*pi;
r=(M-1)/2;
nr=-r:r;
hdn=sin(wc*nr)/pi./nr;
if rem(M,2)~=0,hdn(r+1)=wc/pi;end
w=boxcar(M);                                    %矩形窗
hn=hdn.*w';                                     %相乘的时域冲激响应
hw=fft(hn,512);w1=2*[0:511]/512;                %频谱特性
subplot(2,1,1),stem(1:M,hn,'o');
xlabel('n'),ylabel('h(n)');
subplot(2,1,2),plot(w1,20*log10(abs(hw)));
xlabel('w/pi');ylabel('幅值（dB）');
axis([0 2 -90 10]);
```

程序运行结果如图 8-15 所示。

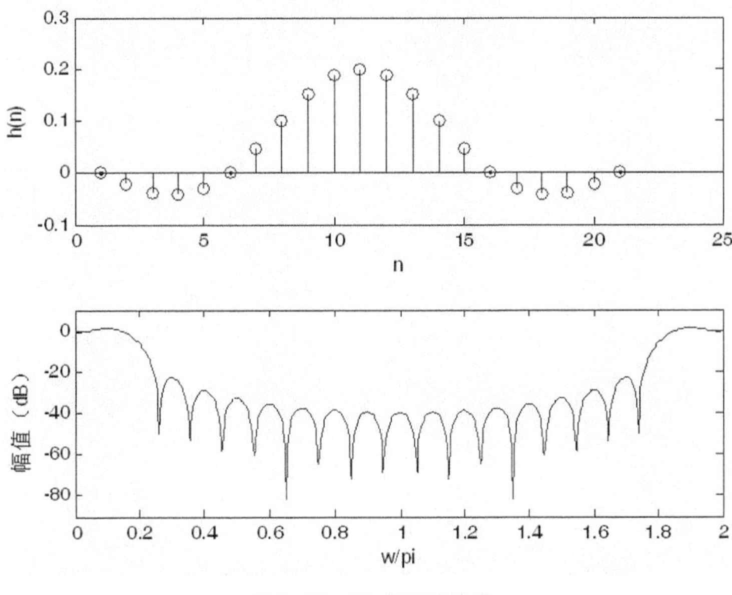

图 8-15　FIR 低通滤波器

除了提供窗函数命令外，MATLAB 还提供了专用窗函数法设计 FIR 滤波器的命令 fir1，可以用来设计具有标准频率响应的 FIR 滤波器，所得滤波器系数为实数，其格式如下。

① b= fir1(n,Wn,'ftype')：用来设计具有线性相位的 n 阶 FIR 数字滤波器，返回的向量 b 为滤波器的系数（单位冲激响应序列），其长度为 n+1。截止频率 W_n 必须在 0～1，数值 1 对应于 $f_s/2$。滤波器的归一化增益在 W_n 处为−6dB。当 W_n=[W_1 W_2]时，fir1 返回一个 N 阶的带通滤波器，通带为[W_1 W_2]。其中，'ftype'是可选参数，可以选择以下参数'high'、'low'、'stop'、'dc-1'、'dc-0'中的一种，分别表示高通、低通、带阻、第一个频带为通带、第一个频带为阻带的意思。若 W_n=[W_1,W_2, W_3,W_4,⋯,W_n]，为多通带滤波器，其频带为 $0<W<W_1$，$W_1<W<W_2$，⋯，$W_n<W<1$。

② b = fir1(n,Wn,window)：window 表示用指定的 window 窗设计 FIR 滤波器。默认情况下，fir1 使用 hamming 窗，还可以指定使用 boxcar、bartlett、blackman、kaiser 等窗函数。

注意：*对于在 $f_s/2$ 附近为通带的滤波器，如高通或带阻滤波器，N 必须为偶数。即使用户定义 N 为奇数，函数 fir1 也会自动对它加 1。*

【例 8-14】　设计一个多通带滤波器，归一化的通带是：[0,0.2]、[0.4,0.6]、[0.8,1]。注意高频端为通带，故滤波器的阶数应该为偶数，取 N=30。

解：MATLAB 程序代码如下。

```
wn=[0.2,0.4,0.6,0.8];                                      %设置多通带
N=30;
b=fir1(N,wn,'dc-1');                                       %令第一个频带为通带
freqz(b)
figure(2)
stem(b,'.');
xlabel('n'),ylabel('h(n)');
```

程序运行结果如图 8-16 和图 8-17 所示。

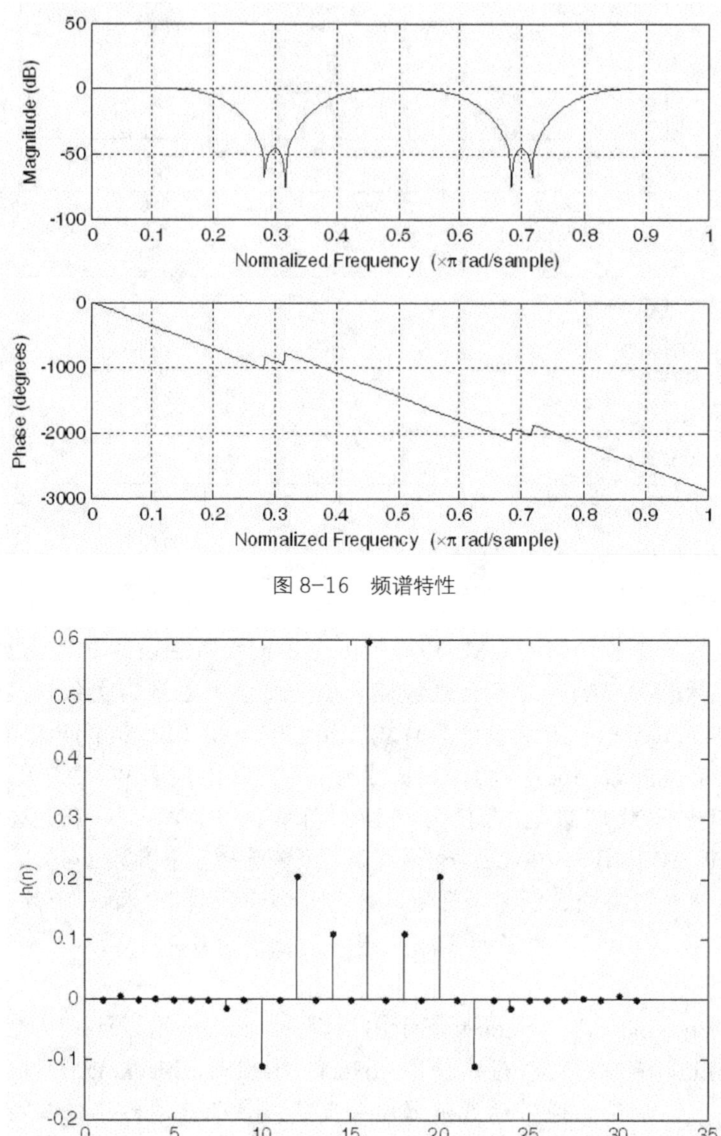

图 8-16　频谱特性

图 8-17　单位冲激响应 $h(n)$

2．频率采样法

频域采样法的基本原理是对理想的滤波器的频率响应 $H_d(e^{j\omega})$ 在频域进行采样，以此来确定 FIR 滤波器的 $H(k)$。在 MATLAB 信号处理箱中，为频率采样法设计 FIR 滤波器提供了专用函数命令 fir2。该函数所得 FIR 数字滤波器的系数为实数，具有线性相位，且满足对称性。fir2 命令的格式如下。

① b= fir2(n,f,m)：返回 n 阶 FIR 数字滤波器的系数 b。向量 f 和 m 分别指定滤波器采样点的频率和幅值，f 为归一化频率。所期望的滤波器的频率响应可用 plot(f,m)绘制。

② b = fir2(n,f,m,window)：用指定的窗函数来设计 FIR 数字滤波器，窗函数包括 Boxar、

Hann、Bartlett、Blackman、Kaiser 及 Chebwin 等。默认情况下，使用 hamming 窗。

注意：与 fir1 一样的是，对于高通或带阻滤波器，n 必须为偶数，若用户定义为奇数，系统会自动为其加 1。

【例 8-15】　使用 fir2 命令设计【例 8-14】中的滤波器。

解：MATLAB 程序代码如下。

```
f=0:0.01:1
m(1:21)=1;m(22:41)=0;m(42:61)=1;m(62:81)=0;m(82:101)=1;%设置多通带
plot(f,m,'k:');hold on
N=30;
b=fir2(N,f,m);                                          %令第一个频带为通带
[h,f1]=freqz(b);
f1=f1./pi;
plot(f1,abs(h));
legend('理想滤波器','设计滤波器');
xlabel('归一化频率'),ylabel('幅值');
```

程序运行结果如图 8-18 所示。

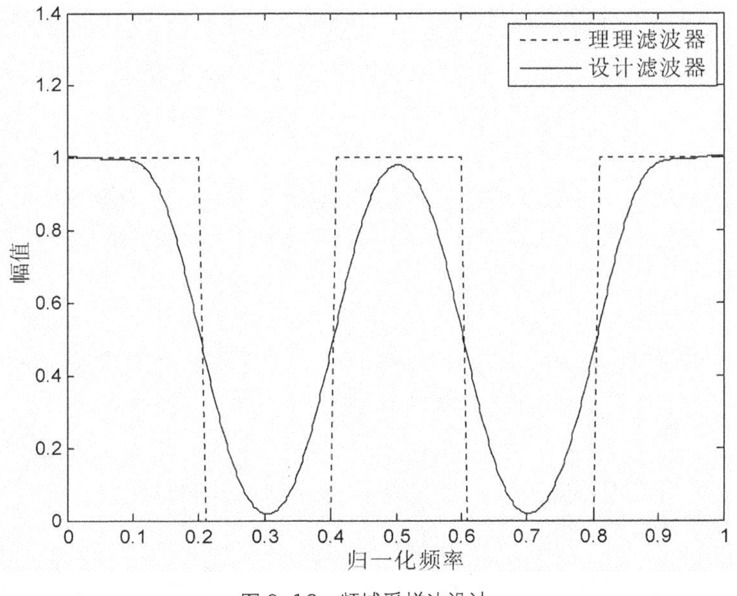

图 8-18　频域采样法设计

注：采样频率越高，滤波器逼近程度越高。

8.5　综合实例

现代数字水印过程就是将被保护的数字对象（如静止图像、视频、音频等）嵌入某些能证明版权归属或跟踪侵权行为的信息，可以是作者的序列号、公司名称、有意义的文本等。数字水印技术是实现版权保护的有效办法，因此已经成为多媒体信息安全研究领域的一个热点，也是信息隐藏技术研究领域的重要分支。数字水印技术可以应用在诸如数字作品的知识

产权保护、加指纹、证件真伪鉴别、声像数据的隐藏标识和篡改提示等方面。数字水印技术具有以下几个特点。

（1）不可察觉性

在大多数数字水印应用中，系统都要求带水印的图像保持极高的品质，与原始图像之间的区别在于肉眼几乎不可分辨。对于以模拟方式存储和分发的信息（如电视节目），或是以物理形式存储的信息（如报刊和杂志），用可见的标识就足以表明其所有权。但在数字方式下，标识信息极易被修改或擦除，因此应根据多媒体信息的类型和几何特性，利用用户提供的密钥将水印隐藏其中，使人无法察觉。

（2）安全性

数字水印的信息应是安全的，难以篡改和伪造，同时，应当有较低的误检测率。当原本内容发生变化时，数字水印应当发生变化，从而可以检测原始数据的变更；当然，数字水印同样对重复添加有很强的抵抗能力。

（3）强壮性

要求在水印图像经受 JPEG 压缩和一般的图像处理（如滤波、平滑、图像矢量化及增强和有损压缩、几何变形和噪声染污等）、无意变形、破坏、篡改或有针对性的恶意攻击后，水印依然存在于多媒体数据中并可以被恢复和检测处理。在数字水印系统中，隐藏信息的丢失即意味着版权信息的丢失，也就失去了版权保护的功能，这一系统就是失败的。除非了解水印的算法原理，否则任何破坏和消除水印的行为都将严重破坏多媒体图像的质量。

（4）容量

要求水印算法能嵌入一定的水印信息量。在典型应用中，一般取 60～100 位的信息量。信息量太少不足以唯一地确定产品，常见的信息有多媒体内容的创建者或所有者的标识信息、购买者的序列号等。

（5）安全性

嵌入水印信息必须只有授权的机构才能检测出，非法用户不能判断水印是否存在，或者即使检测出水印，也不能获取或去除水印信息。

（6）盲检性

水印的检查和解码过程不需要水印的原始载体图像的具体信息。

实现数字水印技术的 MATLAB 程序如下。

```
clear all;
load woman;
I=X;
%小波函数
type='db1';
%2 维离散 Daubechies 小波变换
[CA1,CH1,CV1 ,CD1]=dwt2(I,type);
C1=[CH1,CV1,CD1];
%系数矩阵大小
[len1,wid1]=size(CA1);
[M1,N1]=size(C1);
```

```
%定义阈值 T1
T1=50;
alpha=0.2;
%在图像中加入水印
for count2=1:1:N1
      for count1=1:1:M1
            if(C1(count1,count2)>T1)
                  mark1(count1,count2)=randn(1,1);
                  newc1(count1,count2)=double(C1(count1,count2))+alpha*...
abs(double(C1(count1,count2)))*mark1(count1,count2);
          else
               mark1(count1,count2)=0;
               newc1(count1,count2)=double(C1(count1,count2));
          end
      end
end
%重构图像
newch1=newc1(1:len1,1:wid1);
newcv1=newc1(1:len1,wid1+1:2*wid1);
newcd1=newc1(1:len1,2*wid1+1:3*wid1);
R1=double(idwt2(CA1,newch1,newcv1,newcd1,type));
watermark1=double(R1)-double(I);
subplot(1,2,1);image(I);
axis square;
xlabel('(a)原始图像');
subplot(1,2,2);imshow(R1/250);
axis square;
xlabel('(b)小波变换后图像');
%显示水印图像
figure;
imshow(watermark1*10^16);
axis square;
%水印检测
%水印检测
newmark1=reshape(mark1,M1*N1,1);
%检测阈值
T2=50;
for count2=1:1:N1
     for count1=1:1:M1
          if(newc1(count1,count2)>T2)
               newc1x(count1,count2)=newc1(count1,count2);
          else
               newc1x(count1,count2)=0;
          end
```

```
        end
    end
    newc1x=reshape(newc1,M1*N1,1);
    corr1=zeros(1000,1);
    for corrcount=1:1000;
        if(corrcount==500)
            corr1(corrcount,1)=newc1x'*newmark1/(M1*N1);
        else
            rnmark=randn(M1*N1,1);
            corr1(corrcount,1)=newc1x'*rnmark/(M1*N1);
        end
    end
    %计算图像阈值
    origthreshold=0;
    for count2=1:N1
        for count1=1:M1
            if(newc1(count1,count2)>T2)
                origthreshold=origthreshold+abs(newc1(count1,count2));
            end
        end
    end
    origthreshold=origthreshold+alpha/(2*M1*N1);
    corrcount=999;
    origthresholdvector=ones(corrcount,1)*origthreshold;
    figure;
    plot(corr1,':');
    hold on;
    plot(origthresholdvector,'r-');
    xlabel('水印');ylabel('检测响应');
     axis([0 1000 -0.2 0.5]);
```

此程序的运行结果如图 8-19、图 8-20 和图 8-21 所示。

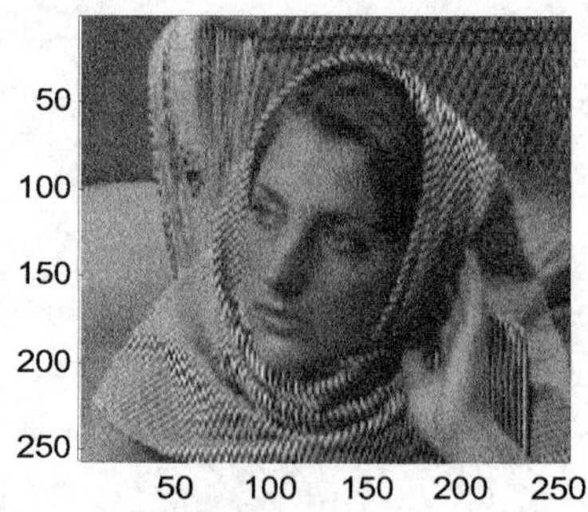

(a) 原始图像

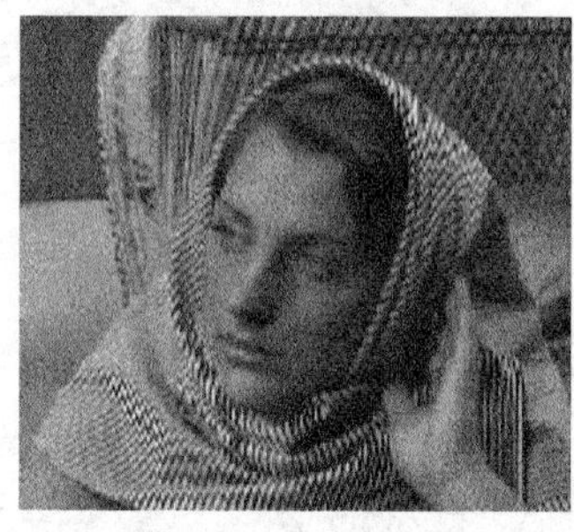

(b) 小波变换后的图像

图 8-19 小波变换前后的图像

图 8-20　水印图像

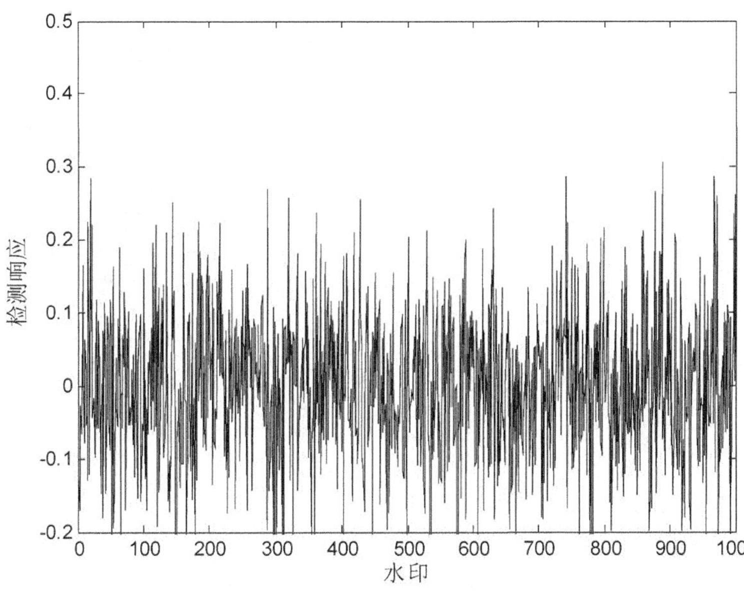

图 8-21　水印的检测响应效果图

习　　题

8-1　求序列 $x(n)=3\mathrm{e}^{0.2n}$ 的翻褶序列 $y(n)=x(-n)$，并绘图。

8-2　编写一个函数文件实现任意两个序列相加。

8-3　完成序列相关运算，并图示各序列及相关结果。

$$y_1(m)=\sum_n x_1(n)h_1(n-m),\qquad x_1(n)=0.9^n R_{20}(n),\qquad h_1(n)=R_{10}(n)$$

8-4　已知序列 $x(n)=0.8^n(0\leqslant n<20)$、$h(n)=1(0\leqslant n\leqslant 5)$，求两序列的线性卷积。

8-5 设计一个 Chebyshev I 型高通滤波器，使其通带截止频率为 80Hz，阻带截止频率为 60Hz，rp=1，rs=40，采样频率为 200Hz，分别表示成传递函数形式、零极点增益形式和状态方程形式。

8-6 设计一个 10 阶带通的 Butterworth 滤波器，它的通带范围为 150～300Hz，并绘制单位冲激响应。

8-7 用频率采样法绘制一个 38 阶的多频带 FIR 滤波器，其频率特性为

$$\left|H(\mathrm{e}^{\mathrm{j}\omega})\right|=\begin{cases}1 & 0\leqslant\omega\leqslant0.4\pi\\ 0 & 0.4\pi\leqslant\omega\leqslant0.6\pi\\ 0.5 & 0.6\pi\leqslant\omega\leqslant0.7\pi\\ 0 & 0.7\pi\leqslant\omega\leqslant0.8\pi\\ 1 & 0.8\pi\leqslant\omega\leqslant\pi\end{cases}$$

第 9 章 MATLAB 在通信原理中的应用

通信原理是电子信息类通信工程专业的一门核心专业基础课，主要描述模拟与数字通信的调制解调原理及抗噪性能分析、最佳传输系统、差错控制编码、同步原理及实现。该课程常常借助于各种信号的时域波形图以及频谱图来对系统进行分析，而这个过程中会用到大量的数学计算，求解过程十分枯燥、抽象。而 MATLAB 强大的运算和图形显示功能，能使求解效率大大提高，特别是其频谱分析功能很强，使得通信原理的知识点讲解过程变得简单、直观。本章结合通信原理的典型例题来说明如何使用 MATLAB 来实现模拟调制解调、数字调制解调以及数字基带传输。

9.1 模拟调制

这一节主要讨论各种模拟调制解调系统的实现，要讨论的包括幅度调制方式（常规调幅、抑制载波的双边带调幅、单边带调幅）和角度调制方式（调频、调相），本节通过一些典型例子来说明调制前后信号时域和频域的变化。

9.1.1 常规调幅

幅度调制是指载波的幅度随着调制信号作线性变化的过程。如果载波表达式为

$$s(t) = A\cos(2\pi f_c t)$$

其中 f_c 表示载波频率，A 表示载波的幅度，那么已调信号的时域和频域表达式分别为

$$s_m(t) = A_m(t)\cos(2\pi f_c t)$$

$$s_m(f) = \frac{A}{2}[M(f - f_c) + M(f + f_c)]$$

$m(t)$ 表示待调制的基带信号（又称为调制信号），$M(f)$ 表示 $m(t)$ 的频谱。

如果基带信号 $m(t)$ 含有直流分量，那么它的表达式可以写成：

$$m'(t) = m_0 + m(t)$$

其中 m_0 表示直流分量，$m(t)$ 表示交流分量，此时已调信号称为常规调幅(AM)信号，基本模型如图 9-1 所示。

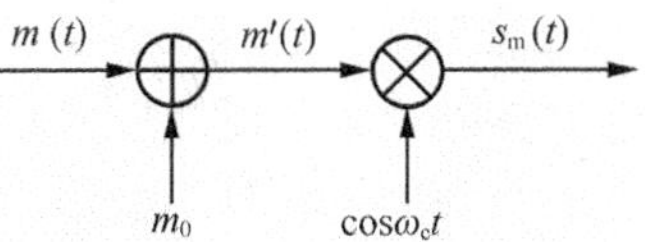

图 9-1　常规调幅的一般模型

假设 A=1，则 AM 信号的时域和频域表达式分别为

$$\begin{aligned} s_{AM}(t) &= [m_0 + m(t)]\cos 2\pi f_c t \\ &= m_0 \cos 2\pi f_c t + m(t)\cos 2\pi f_c t \end{aligned}$$

$$s_{\mathrm{AM}}(f)=\pi m_0[\delta(f-f_{\mathrm{c}})+\delta(f+f_{\mathrm{c}})+\frac{1}{2}[M(f-f_{\mathrm{c}})+M(f+f_{\mathrm{c}})]$$

其中 $m_0\cos 2\pi f_{\mathrm{c}}t$ 称为载波分量，$m(t)\cos 2\pi f_{\mathrm{c}}t$ 称为双边带调幅（DSB）信号分量。

9.1.2 抑制载波的双边带调幅

如果输入的基带信号没有直流分量，此时已调信号的时域和频域表达式为

$$s_{\mathrm{DSB}}(t)=m(t)\cos 2\pi f_{\mathrm{c}}t$$

$$s_{\mathrm{DSB}}(f)=\frac{1}{2}[M(f-f_{\mathrm{c}})+M(f+f_{\mathrm{c}})]$$

这个不含载波分量的双边带调制信号称为抑制载波的双边带调制（DSB-SC）信号，简称 DSB 信号。

【例 9-1】 已知模拟基带信号是频率为 2Hz、幅度为 0.5V 的余弦信号，假设载波频率为 16Hz，使用 MATLAB 编程并画出：

（1）模拟基带信号；

（2）模拟基带信号的功率谱密度；

（3）DSB-SC 调制信号；

（4）该调制信号的功率谱密度。

解： 本题的 MATLAB 脚本如下。

```
%抑制载波的双边带调幅
Ts=1/2048;                                     %采样时间间隔
T=2;                                           %信号时长
Fm=2;                                          %信源信号频率
Fc=16                                          %载波频率
t=0:Ts:T-Ts;
mt=0.5*cos(2*pi*Fm*t);                         %信源信号
t_dsb=mt.*cos(2*pi*Fc*t);                      %时域调制信号
delta_f=1/T;
N=length(t_dsb);                               %采样点数
f=delta_f*[-N/2:N/2-1];
f_mt=fft(mt);
f_mt=T/N*fftshift(f_mt);
psf_mt=(abs(f_mt).^2+eps)/T;
f_dsb=fft(t_dsb);
f_dsb=T/N*fftshift(f_dsb);
psf_dsb=(abs(f_dsb).^2+eps)/T;
subplot(221);
plot(t,mt);grid on;
xlabel('t');ylabel('amp');title('基带信号')
subplot(222);
plot(f,abs(f_mt));grid on;
%plot(f,10*log10(psf_mt));
xlabel('f');ylabel('psf');title('基带信号功率谱')
axis([-20 20 0 1 ]);
subplot(223)
```

```
plot(t,t_dsb);grid on;
xlabel('t');ylabel('amp');title('DSB 信号')
subplot(224)
plot(f,abs(f_dsb));grid on;
%plot(f,10*log10(psf_dsb));
xlabel('f');ylabel('psf');title('DSB 信号功率谱')
axis([-20 20 0 1]);
```

程序运行结果如图 9-2 所示。

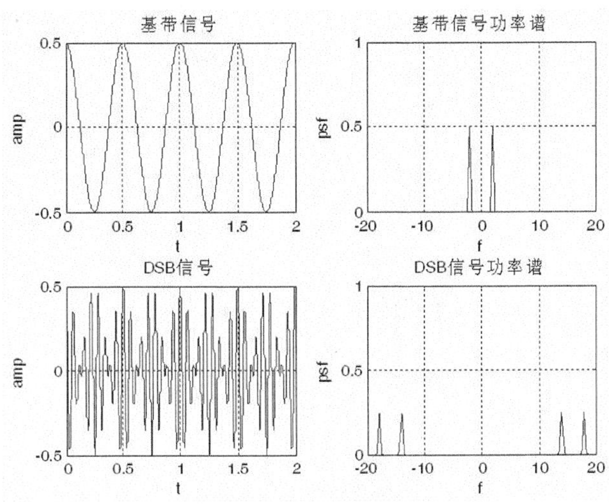

图 9-2　DSB 信号的波形及功率谱

9.1.3　单边带调幅

在双边带调制信号中包含上、下两个边带，携带的信息完全相同，从信息传输的角度来讲，只需要传输其中的一个边带即可，这种只传输一个边带的调制方式称为单边带调制，简称 SSB 调制方式。SSB 调制信号的时域和频域表达式（以下边带为例）分别为：

$$s_{\mathrm{SSB}}(t)=\frac{1}{2}m(t)\cos 2\pi f_{\mathrm{c}}t+\frac{1}{2}\hat{m}(t)\sin 2\pi f_{\mathrm{c}}t$$

$$s_{\mathrm{SSB}}(f)=\frac{1}{4}[M(f+f_{\mathrm{c}})+M(f-f_{\mathrm{c}})][\mathrm{sgn}(f+f_{\mathrm{c}})-\mathrm{sgn}(f-f_{\mathrm{c}})]$$

【例 9-2】　已知模拟基带信号是频率为 2Hz、幅度为 0.5V 的余弦信号，假设载波频率为 20Hz，使用 MATLAB 编程并画出：

（1）模拟基带信号；

（2）模拟基带信号的功率谱密度；

（3）SSB-SC 调制信号；

（4）该调制信号的功率谱密度。

解： 本题的 MATLAB 脚本如下。

```
%单边带幅度信号调制
close all
clear all
Ts=1/2048;                                          %采样时间间隔
```

```
T=2;                                                    %信号时长
Fm=2;                                                   %信号频率
Fc=20;                                                  %载波频率
t=0:Ts:T-Ts;
mt=0.5*cos(2*pi*Fm*t);                                  %基带信号
t_ssb=real(hilbert(mt).*exp(j*2*pi*Fc*t));              %时域调制信号
delta_f=1/T;
N=length(t_ssb);
f=delta_f*[-N/2:N/2-1];
f_mt=fft(mt);
f_mt=T/N*fftshift(f_mt);
psf_mt=(abs(f_mt).^2+eps)/T;
f_ssb=fft(t_ssb);
f_ssb=T/N*fftshift(f_ssb);
psf_ssb=(abs(f_ssb).^2+eps)/T;
subplot(221);
plot(t,mt);grid on
xlabel('t');ylabel('amp');title('基带信号')
subplot(222);
plot(f,10*log10(psf_mt)); grid on
xlabel('f');ylabel('psf');title('基带信号功率谱')
axis([-25 25 -50 0 ]);
subplot(223)
plot(t,t_ssb);grid on
xlabel('t');ylabel('amp');title('SSB 信号')
subplot(224)
plot(f,10*log10(psf_ssb));grid on
xlabel('f');ylabel('psf');title('SSB 信号功率谱')
axis([-25 25 -50 0]);
```

程序运行结果如图 9-3 所示。

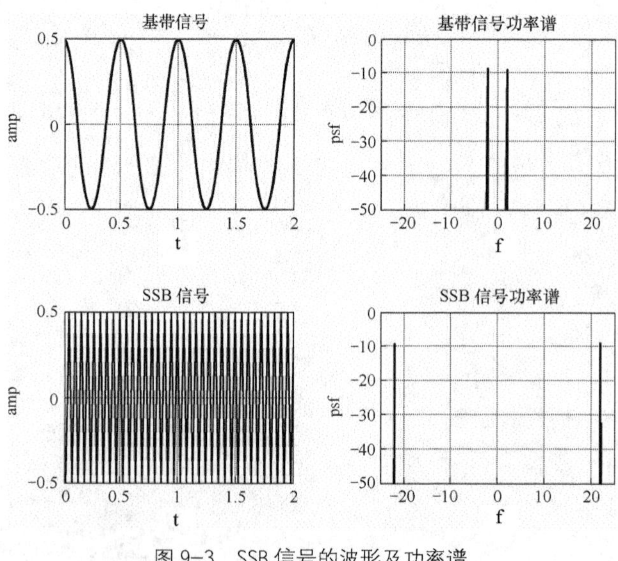

图 9-3 SSB 信号的波形及功率谱

9.1.4　幅度调制的解调

解调（也称检波）是调制的逆过程，其作用是从已调信号中恢复出调制信号（即基带信号）。解调常用的方法有两类：包络检波（非相干解调）和相干解调。

（1）包络检波（非相干解调）

适用条件：AM 信号，且要求 $|m(t)|_{\max} \leqslant m_0$。包络检波器通常由半波或者全波整流器和低通滤波器组成，如图 9-4 所示。

输入信号是 $s_{\mathrm{AM}}(t)=[m_0+m(t)]\cos 2\pi f_c t$。在大信号检波时，检波器的输出为 $m_0+m(t)$，隔去直流后即可得到原信号 $m(t)$。

（2）相干解调

相干解调又称为同步检波，它适用于所有的幅度调制，其一般模型如图 9-5 所示。

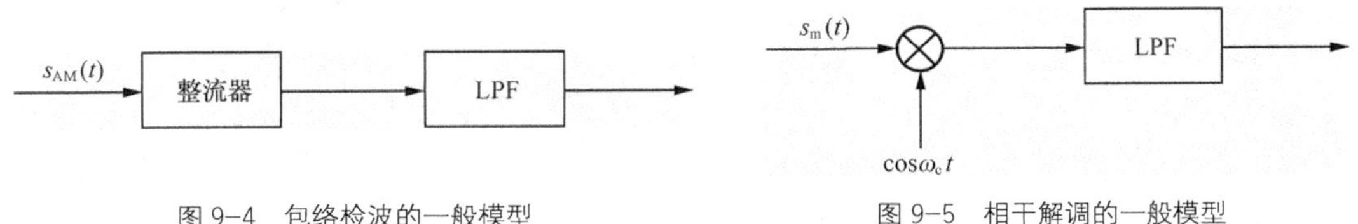

图 9-4　包络检波的一般模型　　　　图 9-5　相干解调的一般模型

为了无失真地恢复原基带信号，接收端的本地载波必须与已调载波同频同相（载波同步），它与接收的已调信号相乘后，经低通滤波器滤出低频分量，就可得到原来的基带信号。

例如，若解调器输入信号为 DSB 信号，即

$$s_{\mathrm{DSB}}(t)=m(t)\cos 2\pi f_c t$$

与同频同相的本地载波相乘后，得

$$m(t)\cos^2 2\pi f_c t=\frac{1}{2}m(t)+\frac{1}{2}m(t)\cos 4\pi f_c t$$

经过低通滤波器后得到输出信号 $\frac{1}{2}m(t)$。

【例 9-3】　已知模拟基带信号是频率为 2Hz、幅度为 0.5V 的余弦信号，假设载波频率为 16Hz，使用 MATLAB 编程并画出：

（1）模拟基带信号；

（2）DSB 信号相干解调后的信号波形。

解：本题的 MATLAB 脚本如下。

```
clear all; close all;
Ts=1/2048;                                  %采样时间间隔
T=2;                                        %信号时长
Fm=2;                                       %信源信号频率
Fc=16                                       %载波频率
t=0:Ts:T-Ts;
mt=0.5*cos(2*pi*Fm*t);                      %信源信号
t_dsb=mt.*cos(2*pi*Fc*t);                   %时域调制信号
delta_f=1/T;
N=length(t_dsb);                            %采样点数
f=delta_f*[-N/2:N/2-1];
```

```
f_mt=fft(mt);
f_mt=T/N*fftshift(f_mt);
psf_mt=(abs(f_mt).^2+eps)/T;
f_dsb=fft(t_dsb);
f_dsb=T/N*fftshift(f_dsb);
psf_dsb=(abs(f_dsb).^2+eps)/T;
t_demod=t_dsb.*cos(2*pi*Fc*t);
f=delta_f*[-N/2:N/2-1];
f_demod=fft(t_demod);
f_demod=fftshift(f_demod);
f_lpf=zeros(1,length(f));
bf = [-floor( 2*Fm/delta_f ): floor(2* Fm/delta_f )]+floor( length(f)/2 );
f_lpf(bf)=1;
f_demod=f_demod.*f_lpf;
% f_demod=T/N*fftshift(f_demod);
f_demod=fftshift(f_demod);
st=ifft(f_demod);
st=real(st);
subplot(211);
plot(t,mt);
xlabel('t');ylabel('amp');title('基带信号')
subplot(212);
plot(t,st);
%plot(f,10*log10(psf_mt));
xlabel('t');ylabel('amp');title('相干解调后输出信号')
```

程序运行结果如图 9-6 所示。

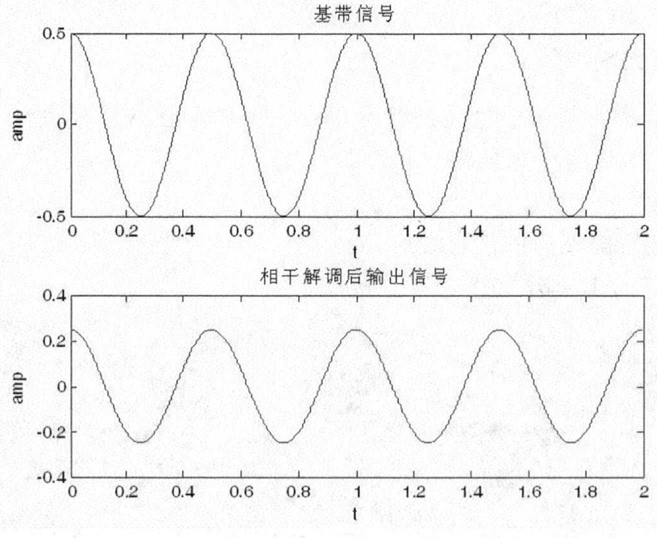

图 9-6 基带信号和 DSB 信号相干解调后的信号波形

9.1.5 角度调制

角度调制是频率调制和相位调制的总称。角度调制是使正弦载波信号的角度随调制信号变化。在某种意义上，调频和调相是等同的，所以都称为角度调制；而在这种调制方式中，载波的幅度保持不变。

角度调制信号的一般表达式为

$$s_{\mathrm{m}}(t)=A\cos[2\pi f_{\mathrm{c}}t+\varphi(t)]$$

其中 A 是载波的振幅，是常量；$2\pi f_{\mathrm{c}}t+\varphi(t)$ 是信号的瞬时相位。

当载波的频率变化与输入信号成线性关系时，就构成调频信号，其表达式为

$$s_{\mathrm{FM}}(t)=A\cos[2\pi f_{\mathrm{c}}t+2\pi K_f\int_{-\infty}^{t}m(\tau)\mathrm{d}\tau]$$

其中 K_f 为调频灵敏度[rad/（s·V）]。

当载波的相位变化与输入信号成线性关系时，就构成调相信号，其表达式为

$$s_{\mathrm{PM}}(t)=A\cos[2\pi f_{\mathrm{c}}t+2\pi K_p m(t)]$$

其中 K_p 为调相灵敏度（rad/V）。

已调信号要在接收端进行解调，因为调相信号与调频信号类似，所以这里只考虑调频信号的解调。调频信号解调主要是用鉴频器（非相干法）实现，其基本模型如图 9-7 所示。

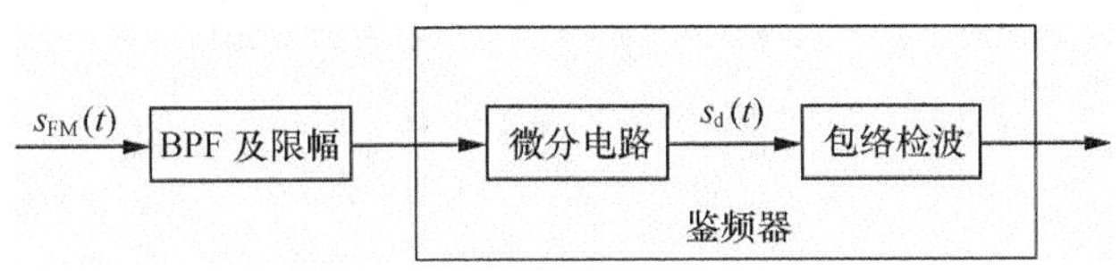

图 9-7 调频信号的鉴频法解调模型

微分器的作用是使调频波变成调幅调频波 $s_{\mathrm{d}}(t)$，即

$$s_{\mathrm{d}}(t)=-A[2\pi f_{\mathrm{c}}+K_{\mathrm{f}}m(t)]\sin[2\pi f_{\mathrm{c}}t+K_{\mathrm{f}}\int_{-\infty}^{t}m(\tau)\mathrm{d}\tau]$$

经微分后的信号其包络变化反映了基带信号的变化，因此经过包络检波器后即可得到原来的基带信号。

【例 9-4】 设基带信号是频率为 1Hz、幅度为 1V 的余弦信号，载波中心频率 8Hz，频率偏移常数为 5，载波平均功率为 1W。

（1）画出基带信号与该调频信号的时域波形；

（2）画出该调频信号的功率谱密度；

（3）使用鉴频器解调调频信号，并与输入信号做比较。

解： 本题的 MATLAB 脚本如下。

```
%调频的调制解调过程
clear all;close all;
Kf=5;
Fm=1;
Fc=8;
T=2;
dt=0.001;
t=0:dt:T-dt;
delta_f=1/T;
```

```
N=length(t); %采样点数
f=delta_f*[-N/2:N/2-1];
A=sqrt(2);
mt=cos(2*pi*Fm*t);
mti=1/2/pi/Fm*sin(2*pi*Fm*t);
t_fm=A*cos(2*pi*Fc*t+2*pi*Kf*mti);
f_fm=fft(t_fm);
f_fm=T/N*fftshift(f_fm);
psf_fm=(abs(f_fm).^2+eps)/T;
figure(1)
subplot(311);
plot(t,t_fm);grid on;hold on;
plot(t,mt,'--');
xlabel('t');ylabel('amp');title('基带信号和调频信号');
subplot(312)
plot(f,10*log10(psf_fm));grid on;
xlabel('f');ylabel('psf');title('调频信号功率谱');
axis([-25 25 -50 0]);
%调频信号解调
for k=1:length(t_fm)-1
    t_dfm(k)=(t_fm(k+1)-t_fm(k))/dt;
end
t_dfm(length(t_fm))=0;
subplot(313)
plot(t,t_dfm);grid on;hold on;
plot(t,A*2*pi*Kf*mt+A*2*pi*Fc,'--');
xlabel('t');ylabel('amp');title('调频信号微分后包络');
```

程序运行结果如图 9-8 所示。

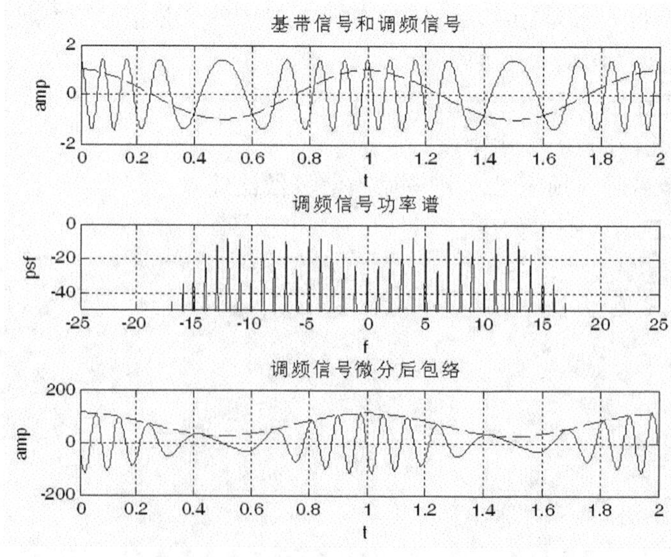

图 9-8 FM 信号的波形及功率谱

9.2　数字基带传输

数字通信系统是利用数字信号来传递信息的通信系统，数字信号可能来自计算机、网络或其他数字设备的各种数字代码，也可能是来自数字电话终端的脉冲编码信号。通常将未经过调制的数字信号称为数字基带信号，这种信号占据的频带通常从直流或低频开始。传输数字基带信号的系统称为数字基带传输系统，在某些有线信道中，特别是传输距离不太远的情况下可以利用数字基带传输来实现，数字基带传输系统的基本结构如图 9-9 所示。

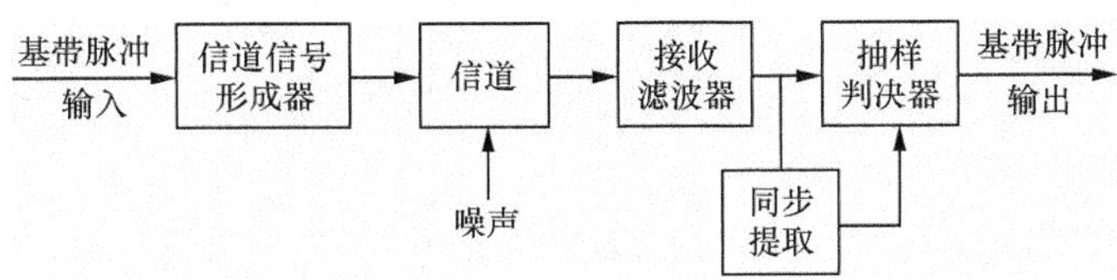

图 9-9　数字基带传输系统的基本结构

9.2.1　数字基带信号

设计数字通信系统时首先考虑的是如何表示数字信息。通常数字信息用一组有限的离散波形来表示，这些离散波形可以是未经调制的不同电平信号，也可以是调制后的信号形式。常用的数字基带信号有单极性非归零码、单极性归零码、双极性非归零码、双极性归零码、双相码、差分双相码和密勒码等。由于数字基带信号是数字信息的电脉冲表示，不同形式的数字基带信号具有不同的频谱结构，可以针对信号谱的特点来选择匹配的信道，或者说根据信道的传输特性来选择适合的信号形式或码型。

【例 9-5】　使用单极性非归零码来表示一个随机生成的二元序列（假设“0”“1”等概分布），画出信号波形示意图和功率谱图。

解： MATLAB 实现脚本如下。

```
%随机数生成 x=(sign(randn(1,16))+1)/2;
function y=snrz(x)
Fs=128;
Ts=1/Fs;
T=length(x);
t=0:Ts:length(x)-Ts;
for i=1:length(x)
    for j=1:Fs
          y((i-1)*Fs+j)=x(i);
    end
end
delta_f=1/T;
N=length(y);
f=delta_f*[-N/2:N/2-1];
f_snrz=fft(y);
f_snrz=T/N*fftshift(f_snrz);
psf=(abs(f_snrz).^2+eps)/T;
subplot(211)
plot(t,y,'k');grid on;
```

```
axis([0,i,-0.2,1.2]);
xlabel('t');ylabel('amp');
title('单极性非归零码');
subplot(212);
plot(f,psf,'k');grid on;
xlabel('f');ylabel('psf');
title('单极性非归零码功率谱');
axis([-4 4 0 max(psf)]);
```

在 command window 中键入如下命令观看运行结果：

```
x=(sign(randn(1,16))+1)/2;
snrz(x);
```

程序运行结果如图 9-10 所示。

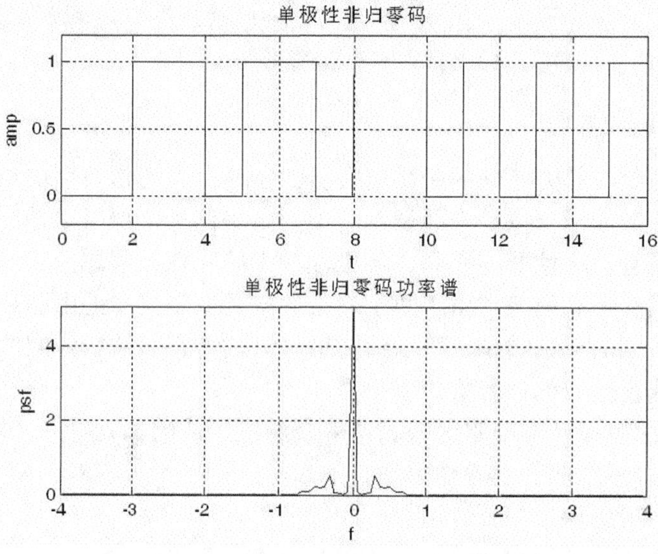

图 9-10 单极性非归零码的波形及功率谱

【例 9-6】 使用双极性归零码表示一个随机生成的二元序列（假设“0”“1”等概分布），画出信号波形示意图和功率谱图。

```
%随机数生成
function y=drz(x)
Fs=128;
Ts=1/Fs;
T=length(x);
t=0:Ts:length(x)-Ts;
for i=1:length(x)
    for j=1:Fs/2
           y(Fs/2*(2*i-2)+j)=sign(x(i)-0.5);
           y(Fs/2*(2*i-1)+j)=0;
    end
end
delta_f=1/T;
N=length(y);
```

```
f=delta_f*[-N/2:N/2-1];
f_snrz=fft(y);
f_snrz=T/N*fftshift(f_snrz);
psf=(abs(f_snrz).^2+eps)/T;
subplot(211)
plot(t,y);grid on;
axis([0,i,-1.2,1.2]);
xlabel('t');ylabel('amp');
title('双极性归零码');
subplot(212);
plot(f,psf);grid on;
xlabel('f');ylabel('psf');
title('双极性归零码功率谱');
axis([-4 4 0 max(psf)]);
```

在 command window 中键入如下命令观看运行结果：

```
x=(sign(randn(1,16))+1)/2;
drz(x)
```

程序运行结果如图 9-11 所示。

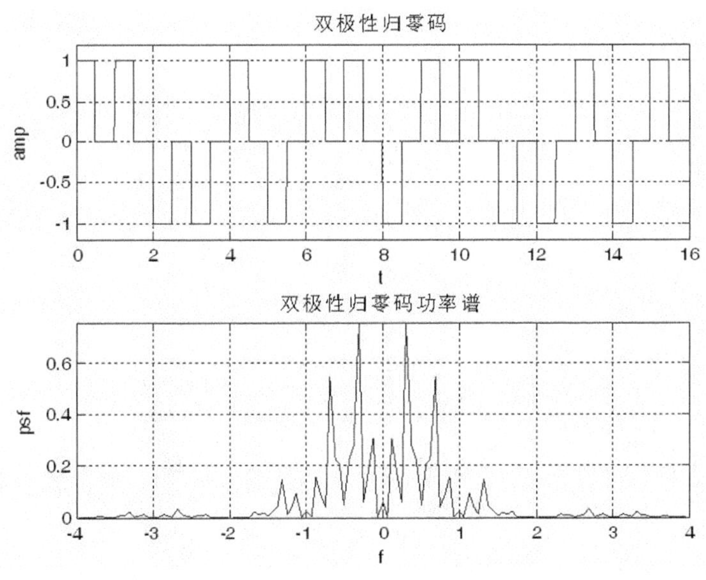

图 9-11 双极性归零码的波形及功率谱

由此可见，二进制基带信号的占空比越小，占用频带越宽。若以谱的第 1 个零点计算，其带宽为$1/\tau$，其中 τ 为脉冲宽度。单极性 NRZ 信号中没有定时分量，若想获取定时分量，要进行波形变换；等概的双极性信号没有离散谱。

9.2.2 带限系统下的基带信号

由以上信号的功率谱图可以看出，不同的数字基带信号，其频谱特性也不同，有的频谱有限，有的无限。在实际系统中，信道经常是带限的，数字基带信号经过信道会造成信号失真，为了避免信号功率的损失，必须设计频带受限的数字基带信号。

根据傅里叶变换的性质，可以知道带限信号一定是时间无限的。因此如果限制数字基带信号的带宽，那么数字基带信号的波形必然是时间无限的，但是由于数字信号是间隔 T 时间发送的，因此时间无限的信号在接收端可能会对别的码元造成干扰，因此带限系统下的基带信号设计的一个重要原则就是如何设计无码间干扰的信号波形。

一类常用的无码间干扰基带传输系统是升余弦滚降系统，它的 $H(f)$ 可以表示成：

$$H(f)=\begin{cases} T_s & 0\leqslant |f|\leqslant \dfrac{1-\alpha}{2T_s} \\ \dfrac{T_s}{2}\left\{[1+\cos\dfrac{\pi T_s}{\alpha}\left[\left(|f|-\dfrac{1-\alpha}{2T_s}\right)\right]\right\} & \dfrac{1-\alpha}{2T_s}<|f|<\dfrac{1+\alpha}{2T_s} \\ 0 & |f|>\dfrac{1+\alpha}{2T_s} \end{cases}$$

其时域表达式为

$$f(t)=\frac{\sin(\pi t/T_s)}{\pi t/T_s}\frac{\cos(\alpha\pi t/T_s)}{1-4\alpha^2t^2/T_s^2}$$

【例 9-7】 使用 MATLAB 编程并画出 $\alpha=0$、0.5、1 的升余弦滚降系统的时域波形和频谱特性。

解：MATLAB 程序如下。

```
%升余弦函数
clear all
close all
Td=1;
Fs=33;
Ts=1/Fs;
delta_f=1.0/(20.0*Td);
t=-10*Td:Ts:10*Td;
f=-2/Td:delta_f:2/Td;
alpha=[0 0.5 1];
for n=1:length(alpha)
    for k=1:length(f)
        if abs(f(k))>0.5*(1+alpha(n))/Td
            Xf(n,k)=0;
        elseif abs(f(k))<0.5*(1-alpha(n))/Td
            Xf(n,k)=Td;
        else
Xf(n,k)=0.5*Td*(1+cos(pi*Td/(alpha(n)+eps)*(abs(f(k))-0.5*(1-alpha(n))/Td)));
        end
    end
xt(n,:)=sinc(t/Td).*(cos(alpha(n)*pi*t/Td))./(1-4*alpha(n)^2*t.^2/Td^2+eps);
end
figure(1)
plot(f,Xf);grid on
axis([-1 1 0 1.2]);
xlabel('f/Ts');ylabel('')
```

```
title('升余弦滚降频谱');
figure(2)
plot(t,xt);grid on
axis([-10 10 -.5 1.1]);grid on
xlabel('t');ylabel('amp');
title('升余弦滚降波形');
```

程序运行结果如图 9-12 所示。

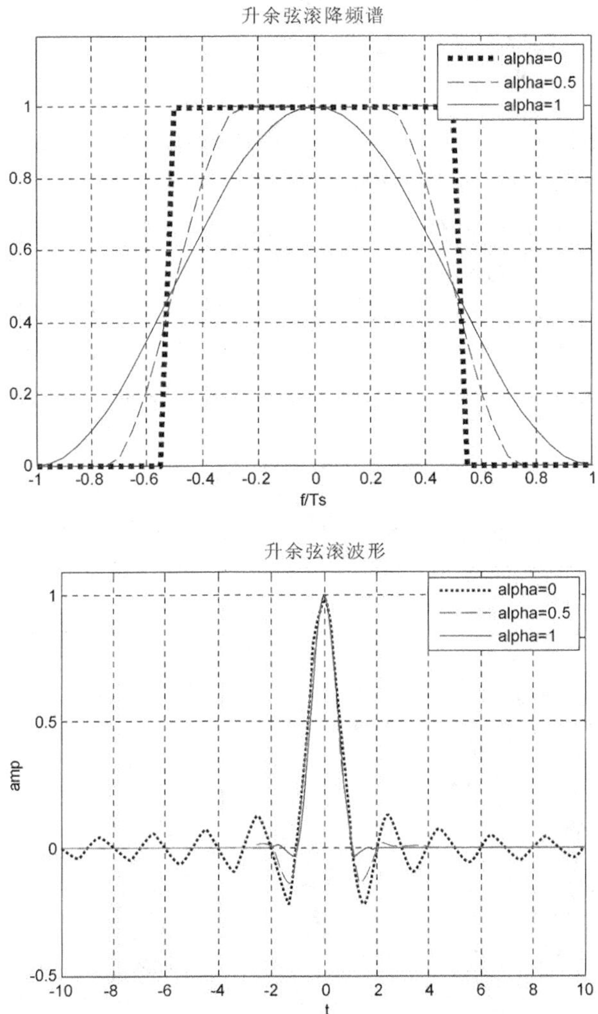

图 9-12 升余弦滚降频谱及波形

由图 9-12 可知，升余弦滚降特性波形在抽样点上（T_s 的整数倍）是周期性零点，而且它的尾部衰减较快，这样就可以实现在抽样值点上无码间干扰传输。另外，随着滚降系数 α 的增加，其带宽也是增加的，这就意味着系统的频带利用率降低。

9.2.3 最佳基带系统

最佳基带系统就是既能消除码间干扰，又有最好的抗噪声性能的系统，其系统如图 9-13 所示。

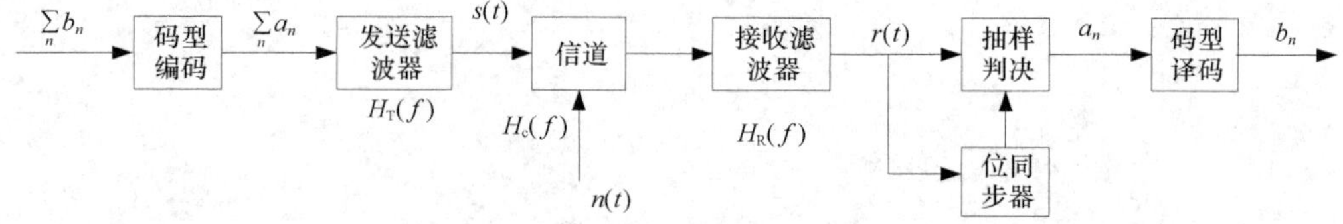

图 9-13　最佳基带系统原理框图

根据定义，最佳系统应满足以下两个条件。

无码间干扰：$H_T(f)H_R(f)=H_{升余弦}(f)e^{-j2\pi ft_0}$。

AWAN 信道上的最佳接收：$H_R(f)=H_T^*(f)e^{-j2\pi ft_0}$。

因此，$|H_T(f)|=|H_R(f)|=\sqrt{H_{升余弦}(f)}$，所以通常满足最佳基带系统设计的发送滤波器和接收滤波器的幅度谱可以采用升余弦滚降特性的根号函数。

由于码间干扰与噪声都存在，对实际系统的定量分析很困难，因此在实际应用中用一种简便的方法——眼图来定性评价系统的性能。眼图产生的方法如下：将接收波形输入示波器的垂直放大器，同时调整水平扫描的周期与码元定时同步，则在示波器屏幕上可以观察到类似人眼的图案，称为“眼图”。眼睛张得越大，码间干扰越小，噪声越小。

【例 9-8】　使用 MATLAB 设计一个最佳基带系统，并使用眼图验证该系统的性能。

解：MATLAB 程序如下。

```
%最佳基带系统实现
clear all;
close all;
M=256;
Rb=2;
Tb=1/Rb;
Fs=32;
L=Fs/Rb;
N=M*L;
Bs=Fs/2;
T=M*Tb;
t=-T/2+[0:N-1]/Fs;
f=-Bs+[0:N-1]/T;
alpha=0.5;
Hcos=zeros(1,N);
ii=find(abs(f)>(1-alpha)/(2*Tb)&abs(f)<=(1+alpha)/(2*Tb));
Hcos(ii)=Tb/2*(1+cos(pi*Tb/alpha*(abs(f(ii))-(1-alpha)/(2*Tb))));
ii=find(abs(f)<=(1-alpha)/(2*Tb));
Hcos(ii)=Tb;
Hrcos=sqrt(Hcos);
Htcos=Hrcos;
EP=zeros(1,N);
for loop=1:2000
    a=sign(randn(1,M));
    s1=zeros(1,N);
    s1(1:L:N)=a*Fs;
```

```
    S1=t2f(s1,Fs);
    S2=S1.*Htcos;
    s2=real(f2t(S2,Fs));
P=abs(S2).^2/T;
    EP=EP*(1-1/loop)+P/loop;
%    if rem(loop,100)==0
%        fprintf('\n % d',loop)
%    end
end
N0=0.01;
nw=sqrt(N0*Bs)*randn(1,N);                          %高斯白噪声
r=s2+nw;                                            %接收信号
R=t2f(r,Fs);
Y=R.*Hrcos;                                         %匹配滤波
y=real(f2t(Y,Fs));
plot(f,EP,'k');
xlabel('f');ylabel('psf');
title('最佳基带系统频谱图');
axis([-2,2 0,max(EP)])
eyediagram(y,3*L,3,9);
```

程序运行结果如图 9-14 所示。

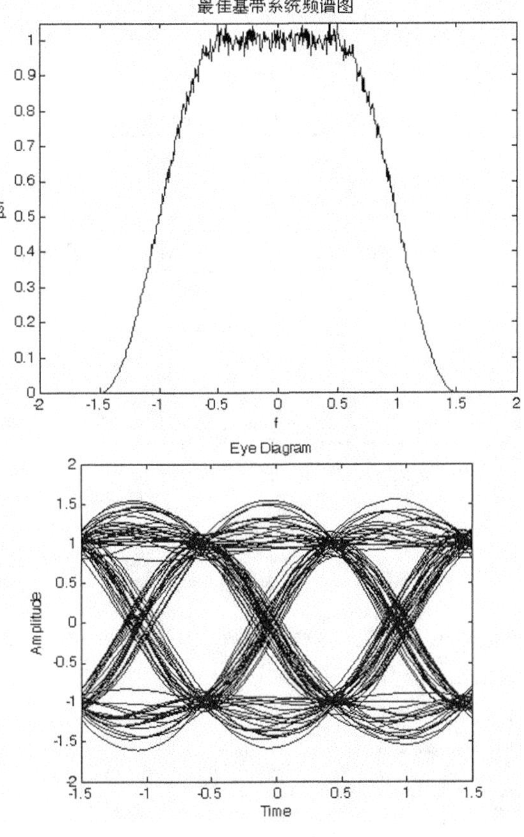

图 9-14　最佳基带系统频谱图及眼图

9.3 数字频带传输

数字信号的传输方式分为基带传输和频带传输，前面已详细描述了基带传输系统，但是在实际中大多数信道只具有带通特性而不能直接传送基带信号。为了使数字信号能在带通信道中传输，就必须将基带信号变为频带信号，这个过程就是数字调制。调制后的信号就是频带信号，传送数字频带信号的通信系统就称为数字频带传输系统。正如在模拟调制中介绍的一样，可以借助于载波的幅度、频率、相位的变化来传递基带信号。因数字信号有离散取值的特点，其数字调制可以通过开关键控来实现，所以可称为振幅键控、频移键控和相移键控。本节主要介绍 OOK、2FSK、2PSK，并分析和仿真这些调制方式在 AWGN 信道下的性能。

9.3.1 振幅键控

在振幅键控（ASK）中，载波幅度随调制信号变化，如果二进制码元“1”对应着 $A\cos 2\pi f_c t$，二进制码元“0”对应着信号“0”，那么 OOK 信号就可以写成：

$$s(t)=\{\sum_n a_n g(t-nT_d)\}A\cos 2\pi f_c t$$

其中 a_n 是脉冲幅度取值，$a_n=0$ 或者 $a_n=1$；$g(t)=\begin{cases}1\ , & 0\leqslant t\leqslant T_d\\ 0\ , & \text{其他}\end{cases}$。

这种调制方式的调制框图如图 9-15 所示。

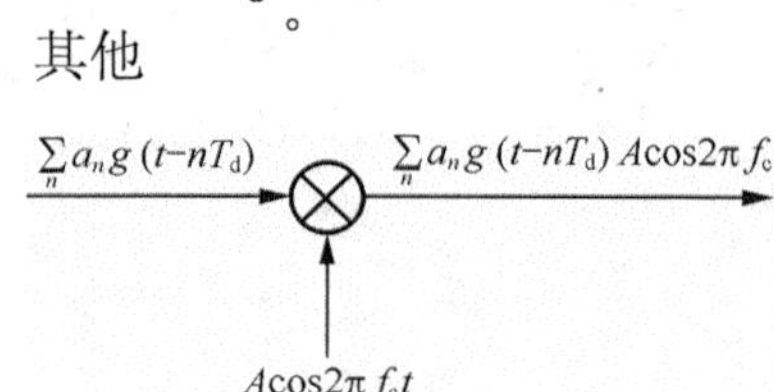

图 9-15　OOK 信号调制框图

与 AM 信号的解调方法一样，OOK 信号也有两种基本解调方法：非相干解调（包络检波）和相干解调，相应的接收端模型如图 9-16 所示。与模拟信号解调相比，这里增加了一个“抽样判决”框，这对于数字信号的接收是必要的。

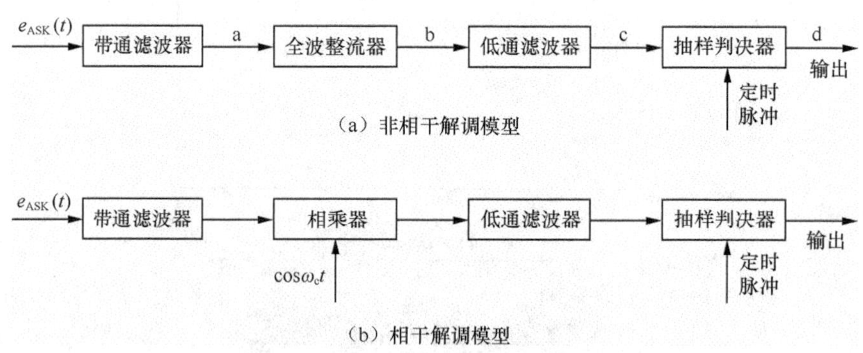

图 9-16　OOK 信号解调框图

【例 9-9】 使用一个随机生成的二元序列（假设“0”“1”等概分布）画出 OOK 信号波形和频谱图及相干解调后的波形。

解：MATLAB 程序如下。

```
%OOK
clear all;
close all;
```

```
A=1;
Fc=2;
Fs=128;
Ts=1/Fs;
M=20;                                         %二进制码元个数
Td=1;
T=M*Td;
t=0:Ts:T-Ts;
N=length(t);
d=sign(randn(1,M));                           %产生 0、1 等概分布的随机序列
dd=sigexpand((d+1)/2,Fs);
gt=ones(1,Fs);
figure(1)
subplot(221);
t_snrz=conv(dd,gt);
delta_f=1/T;
N=length(t);
f=delta_f*[-N/2:N/2-1];
f_snrz=fft(t_snrz(1:length(t)));
f_snrz=T/N*fftshift(f_snrz);
psf=(abs(f_snrz).^2+eps)/T;
plot(t,t_snrz(1:length(t)));grid on
axis([0 10 0 1.2]);
xlabel('t');ylabel('amp');title('基带信号');
subplot(222);
% plot(f,10*log10(abs(f_snrz).^2/T+eps));grid on
plot(f,abs(f_snrz).^2/T+eps);grid on
axis([-2 2 0 10]);
xlabel('f');ylabel('psf');title('基带信号功率谱');
%OOK 信号
ht=A*cos(2*pi*Fc*t);
t_2ask=t_snrz(1:N).*ht;
f_2ask=fft(t_2ask);
f_2ask=T/N*fftshift(f_2ask);
psf=(abs(f_2ask).^2+eps)/T;
subplot(223)
plot(t,t_2ask);grid on
axis([0 10 -1.2 1.2]);ylabel('OOK');
xlabel('t');ylabel('amp');title('OOK 信号');
subplot(224)
% plot(f,10*log10(abs(f_2ask).^2/T+eps));grid on
plot(f,abs(f_2ask).^2/T+eps);grid on
axis([-Fc-4 Fc+4 0 5]);
xlabel('f');ylabel('psf');title('OOK 信号功率谱');
%sigexpand 函数
function[out]=sigexpand(d,M)
N=length(d);
```

```
out=zeros(M,N);
out(1,:)=d;
out=reshape(out,1,M*N);
```

程序运行结果如图 9-17 所示。

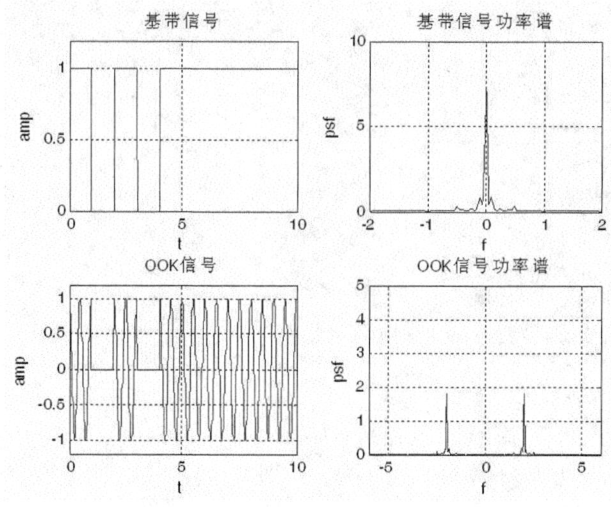

图 9-17　OOK 信号波形及功率谱

由图 9-17 可知，OOK 信号的带宽是基带信号带宽的 2 倍，且含有载频分量。

9.3.2　频移键控

二进制频移键控是数字调频中最简单的实现方式，在 2FSK 中二进制码元分别对应不同的载频，“1”对应载频 f_{c1}，“0”对应载频 f_{c2}，2FSK 信号可以写成如下表达式：

$$s(t)=\sum_{n}a_{n}g(t-nT_{d})A\cos(2\pi f_{c1}t)+\sum_{n}\overline{a_{n}}g(t-nT_{d})A\cos(2\pi f_{c2}t)$$

其中 $a_{n}\in\{0,1\}$，$g(t)=\begin{cases}1\ ,& 0\leqslant t\leqslant T_{d}\\0\ ,& 其他\end{cases}$。

从 2FSK 信号表达式可以看出一路 2FSK 信号可以看作两路 2ASK 信号的叠加，其产生过程如图 9-18 所示。

2FSK 信号的解调同样可以用非相干解调和相干解调两种方法，其非相干解调框图如图 9-19 所示，如果是相干解调，只需将包络检测波器换成相干解调器即可。

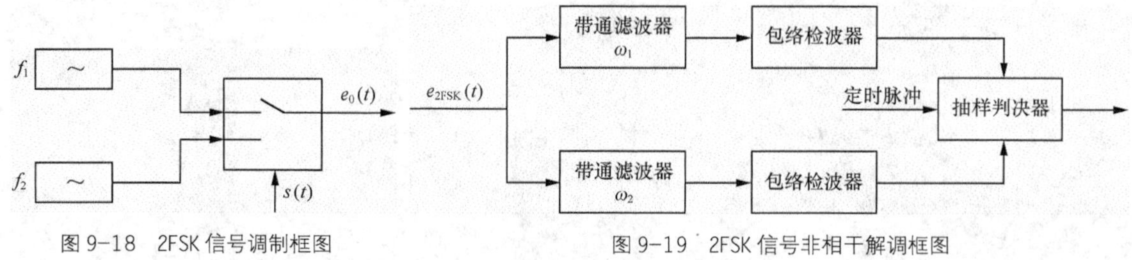

图 9-18　2FSK 信号调制框图　　图 9-19　2FSK 信号非相干解调框图

【例 9-10】　使用一个随机生成的二元序列（假设“0”“1”等概分布）画出 2FSK 信号波形和频谱图。

解：MATLAB 程序如下。

```
%2FSK
clear all;
close all;
A=1;
Fc1=2;
Fc2=4;
Fs=128;
Ts=1/Fs;
M=20;                                              %二进制码元个数
Td=1;
T=M*Td;
t=0:Ts:T-Ts;
N=length(t);
d=sign(randn(1,M));                                %产生 0、1 等概分布的随机序列
dd=sigexpand((d+1)/2,Fs);
gt=ones(1,Fs);
figure(1)
subplot(221);
t_snrz=conv(dd,gt);
delta_f=1/T;
N=length(t);
f=delta_f*[-N/2:N/2-1];
f_snrz=fft(t_snrz(1:length(t)));
f_snrz=T/N*fftshift(f_snrz);
psf=(abs(f_snrz).^2+eps)/T;
plot(t,t_snrz(1:length(t)));grid on
axis([0 5 0 1.2]);
xlabel('t');ylabel('amp');title('基带信号');
subplot(222);
% plot(f,10*log10(abs(f_snrz).^2/T+eps));grid on
plot(f,abs(f_snrz).^2/T+eps);grid on
axis([-2 2 0 10]);
xlabel('f');ylabel('psf');title('基带信号功率谱');
ht1=A*cos(2*pi*Fc1*t);
ht2=A*cos(2*pi*Fc2*t);
t_2fsk=(1-t_snrz(1:N)).*ht1+t_snrz(1:N).*ht2;
f_2fsk=fft(t_2fsk(1:N));
f_2fsk=T/N*fftshift(f_2fsk);
psf=(abs(f_2fsk).^2+eps)/T;
%2PSK 信号
subplot(223)
plot(t,t_2fsk);grid on;
axis([0 5 -1.2 1.2]);
xlabel('t');ylabel('amp');title('2FSK 信号');
```

```
subplot(224)
plot(f,abs(f_2fsk).^2/T+eps);grid on;
axis([-10 10 0 2]);
xlabel('f');ylabel('psf');title('2FSK 信号功率谱');
```

程序运行结果如图 9-20 所示。

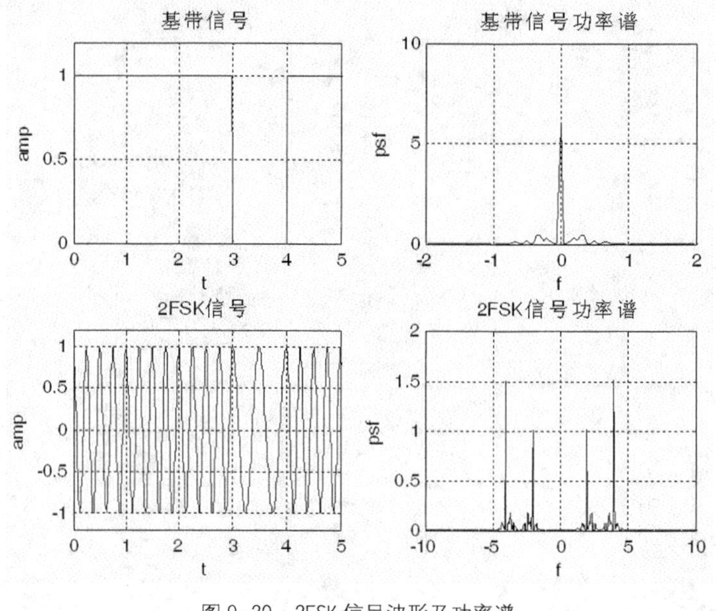

图 9-20　2FSK 信号波形及功率谱

由图 9-20 可知，2FSK 信号的功率谱可以看作两路 OOK 信号功率谱的叠加，其带宽不仅与基带信号带宽有关，还与两个载频之间的差值有关，且与 OOK 信号一样也含有载频分量。

9.3.3　相移键控

二进制相移键控是指载波相位按照基带脉冲改变的一种数字调制方式，二进制码元“0”对应载波相位为 π 的载波 $A\cos(2\pi f_c t-\pi)$，“1”对应载波相位为 0 的载波 $A\cos(2\pi f_c t)$，那么 2PSK 信号的表达式可以写成：

$$s(t)=\left\{\sum_n a_n g(t-nT_d)\right\}A\cos(2\pi f_c t)$$

其中 $a_n\in\{+1,-1\}, g(t)=\begin{cases}1\ , & 0\leqslant t\leqslant T_d\\ 0\ , & 其他\end{cases}$。

2PSK 的调制实现框图与 OOK 相同，2PSK 信号只能用相干解调法进行解调，其接收端框图与 OOK 相干解调法框图一样。

【例 9-11】　使用一个随机生成的二元序列（假设“0”“1”等概分布）画出 2PSK 信号波形和频谱图。

解： MATLAB 程序如下。

```
clear all;
```

```
close all;
A=1;
Fc=2;
Fs=128;
Ts=1/Fs;
M=20;                                              %二进制码元个数
Td=1;
T=M*Td;
t=0:Ts:T-Ts;
N=length(t);
d=sign(randn(1,M));                                %产生 0、1 等概分布的随机序列
dd=sigexpand((d+1)/2,Fs);
gt=ones(1,Fs);
figure(1)
subplot(221);
t_snrz=conv(dd,gt);
delta_f=1/T;
N=length(t);
f=delta_f*[-N/2:N/2-1];
f_snrz=fft(t_snrz(1:length(t)));
f_snrz=T/N*fftshift(f_snrz);
psf=(abs(f_snrz).^2+eps)/T;
plot(t,t_snrz(1:length(t)));grid on
axis([0 5 0 1.2]);
xlabel('t');ylabel('amp');title('基带信号');
subplot(222);
% plot(f,10*log10(abs(f_snrz).^2/T+eps));grid on
plot(f,abs(f_snrz).^2/T+eps);grid on
axis([-2 2 0 10]);
xlabel('f');ylabel('psf');title('基带信号功率谱');
ht=A*cos(2*pi*Fc*t);
t_2psk=(2*t_snrz(1:N)-1).*ht;
f_2psk=fft(t_2psk(1:N));
f_2psk=T/N*fftshift(f_2psk);
psf=(abs(f_2psk).^2+eps)/T;
%2PSK 信号
subplot(223)
plot(t,t_2psk);grid on;
axis([0 5 -1.2 1.2]);
xlabel('t');ylabel('amp');title('2PSK 信号');
subplot(224)
plot(f,abs(f_2psk).^2/T+eps);grid on;
axis([-Fc-4 Fc+4 0 2]);
xlabel('f');ylabel('psf');title('2PSK 信号功率谱');
```

程序运行结果如图 9-21 所示。

由图 9-21 可知，2PSK 信号的是基带信号带宽的 2 倍，且不含载频分量。

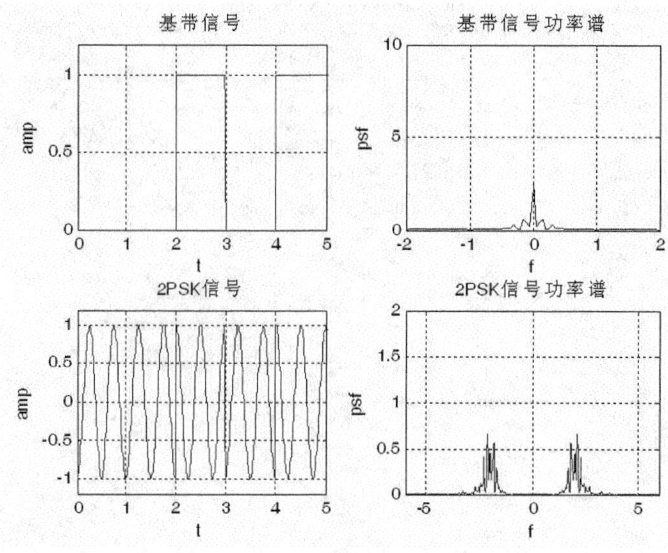

图 9-21　2PSK 信号波形及功率谱

9.4　综合实例

正交频分复用（Orthogonal Frequency Division Multiplexing，OFDM）是一种新型的调制技术。随着要求传输的码元速率不断提高，传输带宽也越来越宽，而移动通信的传输信道是多径衰落严重的无线信道，信号传输带宽和传输信道相关带宽的不匹配会使得信号传输受到严重影响。为了解决这个问题，并行调制体制再次受到重视。OFDM 技术就是一种多载波并行调制体制，它的特点如下。

（1）为了提高频谱效率，增大传输速率，各路子载波的已调信号频谱有部分重叠；

（2）各路已调信号是严格正交的；

（3）每路子载波是多进制调制，且调制制度可以不同，可根据信道特性采用不同的体制。

OFDM 中，各相邻子载波的频率间隔等于最小容许间隔 $\Delta f = 1/T_s$，各路子载波重叠，但是在一个码元持续时间内它们是正交的，如图 9-22 所示。在接收端可以根据此正交性把各路子载波分开。由于 OFDM 的信号表示形式如同逆离散傅里叶变换（IDFT），因此可以用计算 IDFT 和 DFT 的方法进行 OFDM 调制和解调。这样系统实现变得简单可行。关于 OFDM 的原理在此不再赘述，其系统实现框图如图 9-23 所示，所发射信号为

$$x_k(t) = B_k \cos(2\pi f_k + \varphi_k) \quad k = 0,1,\cdots,N-1$$

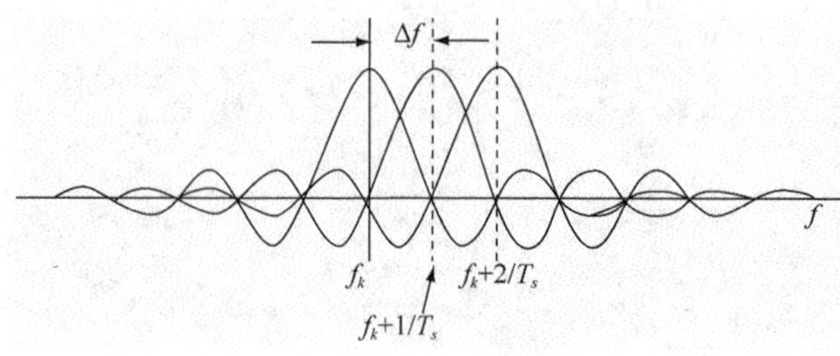

图 9-22　正交频分复用频谱图

如图 9-23 所示，图的上半部分为 OFDM 调制，下半部分为 OFDM 解调。在 OFDM 调制中，首先对输入信号进行串并变换，降低数据传输速率，对每路并行信号进行调制，可采用 BPSK、QPSK、4QAM 和 64QAM 等，接着对各路子载波信号进行逆傅里叶变换，并加入循环前缀（CP），此目的是为了保证各路子载波的正交性，将各路子载波信号构成 OFDM 码元，经过成型滤波和 D/A 转换后由射频单元发送出去。在接收端是上述过程的反过程。

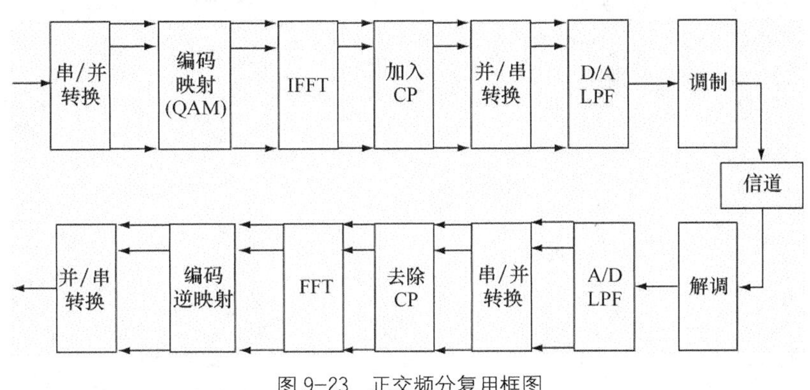

图 9-23　正交频分复用框图

实现该系统的 MATLAB 程序如下。

```
clear all;
close all;
N=input('输入码元数: ');
SNR=input('请输入信噪比: ');
xx=randint(1,4*N); %原序列
figure(1),stem(xx,'.r');%原序列图形
B=0;
for m=1:4:4*N
     A=xx(m)*8+xx(m+1)*4+xx(m+2)*2+xx(m+3);
     B=B+1;
     ee(B)=A;
end
figure(2),stem(ee,'.b');
title('化为 0~15 的码元');
yy=star(ee,N);%子程序, 星座映射
figure(3),plot(yy,'.k');
title('星座图');
ff=ifft(yy,N);%逆傅里叶变换
N1=floor(N*1/4);
N3=floor(N*3/4);
N5=floor(N*5/4);
figure(4),stem(ff,'.m');
title('傅里叶反变换后');
for j=1:N1
     ss(j)=ff(N3+j);
end
for j=1:N
```

```
        ss(N1+j)=ff(j);
    end
    figure(5),stem(ss,'.k');
    title('加 N/4 循环前缀后');
    ss=awgn(ss,SNR);
    figure(6),stem(ss,'.m');
    title('加入噪声后');
    zz=fft(ss((N1+1):N5),N);%傅里叶变换
    figure(7),plot(zz,'.b');
    title('傅里叶变换后');
    rr=istar(zz,N);
    figure(8),plot(rr,'.r');
    title('纠正后的星座图');
    dd=decode1(yy,N);%子程序，解码
    figure(9),stem(dd,'.m');
    title('星座图纠错并解码后');
    bb=d2bb(dd,N);%子程序，进制转换
    figure(10),stem(bb,'.b');
    title('转化为 0/1 比特流后');
```

该程序中涉及的子程序分别如下。

（1）QAM 调制程序 star.m

```
    function yy=star(xx,N)
     B=[-3-3*i,-3-i,-1-3*i,-1-i,-3+3*i,-3+i,-1+3*i,-1+i,3-3*i,3-i,1-3*i,1-i,
3+3*i,3+i,1+3*i,1+i];
    for j=1:N
        yy(j)=B(xx(j)+1);
    End
```

（2）QAM 解调程序 istar.m

```
    function rr=istar(zz,N)
    for j=1:N
        if(mod((floor(real(zz(j)))),2)==0)
             zz1(j)=ceil(real(zz(j)));
        else zz1(j)=floor(real(zz(j)));
        end
        if(mod((floor(imag(zz(j)))),2)==0)
              zz1(j)=ceil(imag(zz(j)));
        else zz1(j)=floor(imag(zz(j)));
        end
        rr(j)=zz1(j);
    End
```

（3）解码程序 decode1.m

```
    function y1=decode1(r1,N)
    %r1=yy;
    for j=1:N
        switch(r1(j))
        case -3-3*i
```

```
        y1(j)=0;
        case -3-i
        y1(j)=1;
        case -1-3*i
        y1(j)=2;
        case -1-i
        y1(j)=3;
        case -3+3*i
        y1(j)=4;
        case -3+i
        y1(j)=5;
        case -1+3*i
        y1(j)=6;
        case -1+i
        y1(j)=7;
        case 3-3*i
        y1(j)=8;
        case 3-i
        y1(j)=9;
        case 1-3*i
        y1(j)=10;
        case 1-i
        y1(j)=11;
        case 3+3*i
        y1(j)=12;
        case 3+i
        y1(j)=13;
        case 1+3*i
        y1(j)=14;
        case 1+i
        y1(j)=15;
        otherwise break
    end
    End
```

（4）进制转换程序 d2bb.m

```
    function bb=d2bb(dd,N)
    for j=1:N*4
        bb(j)=1;
    end
    j=1;
    while(j<=N*4)
        N1=ceil(j/4);
        a4=mod(dd(N1),2);
        dd(N1)=floor(dd(N1)/2);
        a3=mod(dd(N1),2);
        dd(N1)=floor(dd(N1)/2);
        a2=mod(dd(N1),2);
```

```
        dd(N1)=floor(dd(N1)/2);
        a1=mod(dd(N1),2);
        bb(j)=a1;
        j=j+1;
        bb(j)=a2;
         j=j+1;
        bb(j)=a3;
         j=j+1;
        bb(j)=a4;
        j=j+1;
    End
```

此程序为 OFDM 中一路子载波的映射、IFFT、加噪声、FFT、逆映射的过程。读者需设置码元数和信噪比，运行此程序，观察结果。

习　　题

9-1　输入信号 $m(t)=0.1\cos150\pi t+0.3\sin200\pi t$，设载波频率为 10kHz，试画出 DSB-SC 调制信号及功率谱图。

9-2　输入信号为 $m(t)=1-|t-1|\quad(0\leqslant t\leqslant2)$，设载波频率为 20kHz，采用 AM 方式进行信号调制，使用 MATLAB 画出 AM 信号波形及功率谱。

9-3　试比较单极性非归零码、单极性归零码、双极性非归零码、双极性归零码功率谱（假设输入的二元信息序列为随机信号）。

9-4　使用 MATLAB 画出 AMI、HDB_3 码的功率谱图。

9-5　使用随机产生的二元序列（假设 0、1 出现的概率分别为 0.3、0.7）：

（1）画出 2FSK 信号波形及功率谱；

（2）与例题 9-10 的运行结果进行比较。

参考文献

[1] 陈怀琛，吴大正，高西全．MATLAB 及在电子信息课程中的应用（第 3 版）．北京：电子工业出版社，2006．

[2] 王琦，徐式蕴，赵睿涛等．MATLAB 基础与应用实例集粹．北京：人民邮电出版社，2007．

[3] 郑君里，应启珩，杨为理．信号与系统（第二版）．北京：高等教育出版社，2000．

[4] 黄忠霖，黄京．控制系统 MATLAB 计算及仿真（第 3 版）．北京：国防工业出版社，2010．

[5] 王洪元，石澄贤，郑明芳等．MATLAB 语言及在电子信息工程中的应用．北京：清华大学出版社，2004．

[6] 唐向宏，岳恒立，郑雪峰．MATLAB 及在电子信息类课程中的应用（第 2 版）．北京：电子工业出版社，2010．

[7] 王嘉梅．基于 MATLAB 的数字信号处理与实践开发．西安：西安电子科技大学出版社，2007．

[8] 张德丰．MATLAB 通信工程仿真．北京：机械工业出版社，2010．

[9] 卢元元，王晖．电路理论基础．西安：西安电子科技大学出版社，2004．

[10] 郭文彬，桑林．通信原理——基于 Matlab 的计算机仿真．北京：北京邮电大学出版社，2006．

[11] 章坚武，姚英彪，骆懿．移动通信实验与实训．西安：西安电子科技大学出版社，2011．

[12] 周品．MATLAB 图像处理与图形用户界面设计．北京：清华大学出版社，2013．